개념의 인문학

개념의 인문학

발행일 2022년 7월 30일 초판 발행

저자 박창선

기획 김정한

제작 김정한

발행 도서출판 수이당

주소 인천시 서구 완정로117번길 13

전자우편 bolthan@gmail.com

출판등록 제2021-000050호

ISBN 979-11-977203-4-5 (03130)

가격 17,000원

개념의 인문학

박창선 지음

수이당

개념의 인문학

책 소개

학교에서 수많은 이론들을 배운다. 어려운 개념들을 왜 배울까? 나한테 하나도 도움이 되지 않는데. 이렇게 생각해 본 적이 있을지도 모르겠다. 책을 통해 독자들이 가지고 있는 고정관념을 한번 바꿔보고 싶었다. 이론들이 현실을 어떻게 설명하고 있으며 동시대의 어떤 고민으로부터 나왔는지 생각하며 읽으면 재미있을 것이다. 『개념의 인문학』에서 다룬 개념들은 살아가는 데 필요한 도구가 될 수도 있다.

경험은 큰 학습효과를 가지고 있다. 사람들이 정치에 대해 관심이 높아진 것도 정치가 나의 삶과 밀접한 관련이 있다는 것을 몇 번의 정부를 거치며 직접 체험해서가 아니겠는가. 플라톤의 말처럼 정치에 관심을 두지 않으면 가장 질 낮은 인간에게 지배받게 된다. 지난 몇 년간 우리도 겪었다. 책에서 다룬 학자들의 개념은 인문학과 사회과학의 범주에 묶여 있다. 시대별로 구분하지도 않았고 엄격한 학술논문의 형태를 갖춘 것도 아니다. 하지만 다양한 학자들의 개념을 이성의 기획이라는 거대한 흐름으로 묶어 보려 했다. 독자의 지적 욕구를 충족할 수 있도록 고민을 거쳐 나온 결과물임을 알아주었으면 하는 바람이다.

　신문사에서 기자를 했지만, 회사가 나와 잘 맞지 않는다는 것을 이후에 알았다. 이후 학문의 주변부에서 강의를 했고 책을 썼다. 동시대의 한 사람으로 배우고 고민한 것을 사람들과 나누고 싶었다. 영화와 대중문화에 관심이 많았다. 강의를 하면서 적절한 비유와 현실의 문제에 이론을 녹여내는 재주가 있다는 것도 뒤늦게 알았다. 동네 형이 들려주는 편하고 자유로운 강의를 듣는 것처럼 아 저런 의미가 있었어? 재벌들은 아비투스라 불리는 구별짓기를 하네. 언론사가 왜 진실을 알려주지 않는지 알 것 같아. 역사를 둘러싸고 역사가 해석의 역사로 불리는 것이 이런 의미였네. 『개념의 인문학』에서 읽은 내용과 비슷하군. 더 알아봐야겠어. 어떤 책을 읽으면 될까? 독자들이 이런 생각을 한다면 책의 목적은 달성한 것이다.

1. 정보가 아닌 지식으로

지식은 맥락과 시대적 상황에 대한 이해를 포함해야 한다.

『개념의 인문학』은 인문학을 쉽게 이해할 수 있도록 만들고 싶은 기획에서 출발했다. 개별정보가 아니라 시대적 맥락을 통해 개념이 등장한 동시대 사람들의 고민을 함께 따라가고자 한다. 매일 새로운 정보가 쌓이는 시대에 살고 있다. 정보가 지식이 되기는 쉽지 않다. 정보와 지식은 다르다. 맥락과 의미를 포괄하지 못한다면 정보는 지식으로 거듭나지 못한다. 폐품같이 쌓여 갈 뿐이다. 이 책은 그 고민의 결과물이다. 책에서 다루는 개념과 이론이 시대의 요구와 어떻게 연결되는지 이해하면 사고의 폭을 확장시킬 수 있을 것이다.

2. 자신의 관심 분야부터 먼저 읽어도 좋다.

책은 3장으로 구성된다. 개념과 이론을 자연스레 서로 씨줄과 날줄처럼 얽혀 있도록 구성했다. 독자의 이해를 돕기 위한 의도이다. 순서대로 읽어도 되고, 관심 있는 분야부터 봐도 상관은 없다. 하나의 개념이 다른 개념에 어떻게 영향을 주고받았는지도 책을 통해 알 수 있으면 좋을 것이다. 불필요한 용어를 어렵게 나열하는 것은 가급적 하지 않으려 했다. 고전을 배우는 이유는 시대와 상관없이 인간이 살아가면서 처한 모든 문제에 대한 고민이 담겨 있는 보편성 때문이 아닐까. 어떻게 사는 것이 바람직한 삶인가라는 물음은 과거나 지금이나 인간에게 여전히 중요한 근원적 물음이다. 이러한 고민이 내가 사는 세계를 좋은 방향으로 끌어낼 수 있다.

학문은 세계를 바라보는 방법은 '철학'에서 출발했다. 하지만 이 책에서는 사상이라는 개념어를 활용했다. 우리가 직면한 문제를 해결할 수 있는 방법을 찾는 것도 중요하기에 사상이라는 용어를 활용하는 것이 더 낫다고 여겼기 때문이다. 문제를 파악했다면 그것을 해결하기 위한 실천이 필요하다. 그래야 발전할 수 있다. 마르크스가 말한 것처럼 우리의 목표는 세상을 해석하는 것에서 끝나지 않고 바람직한 방향으로 바꾸기 위해 실천해야 한다고 한 것처럼. 이론과 실천은 함께 해야 한다.

사회과학의 분야인 경제학, 정치학, 심리학, 사회학, 문화인류학 등은 19세기와 20세기에 걸쳐 꾸준한 발전이 이루어졌다. 사회과학은 자연과학보다 역사가 짧다. 19세기 사회과학의 발전 초기에는 동일한 방법으로 현상을 연구하기도 한 적이 있었다. 하지만 이 둘은 분명한 차이가 있다. 사회현상이 자연현상과 같을 수는 없기 때문이다. 사회현상에는 이론과 가치가 개입될 수밖에 없고 연구자의 가치가 개입됨을 인정한다. 연구자가 '중소기업과 대기업의 임금 분배 구조 연구'라는 주제를 선정했다면 이미 현재의 분배가 문제를 가지고 있는 것이다.

사상가들은 논쟁을 이어갔고 당면한 문제에 대한 해결책을 제시했다. 우리는 많은 부분을 이들에게 빚지고 있다. 먼저 공부한 사람들에 대한 존경과 예의는 그래서 꼭 필요하다. 논쟁과 해결책을 만드는 과정에서 역사는 진보하고 발전했다. 20세기는 역사학자 에릭 홉스봄의 말처럼 극단의 시기이기도 했지만, 대중사회의 원형을 갖춘 시대이기도 하다.

3. 문제에 대한 답을 찾을 것이다. 언제나 그랬듯이.

1장은 근대와 현대가 갈라지는 변곡점에서 출발한다. 20세기는 프로이드의 무의식의 발견에서 시작한다고 해도 좋을 것이다. 프로이트는 이성으로 꿈을 해석해 무의식이 존재한다는 것을 밝히려 했다. 또한 그 무의식의 작동원리를 파악하면 정신의 문제를 치료할 수 있다고 보았다. 그러나 그의 연구와 이론은 전혀 예상하지도 못한 결과를 가져오기도 했다. 이성 중심의 세계관의 한계를 인식할 수 있는 기회를 만들어 주었다.

인간은 이성적 존재만은 아니었다. 무의식과 동물적 욕망에 지배받는 존재라는 것이다. 그의 꿈에 대한 다양한 해석, 리비도라는 개념은 커다란 논쟁을 낳았고 다양한 분야에 영향을 끼쳤다. 인간의 이성을 신뢰하고 인간은 이를 통해 발전해 나갈 수 있다는 믿음도 깨졌다. 사람들은 1차와 2차 대전을 일으켰다. 수많은 사람이 전쟁에서 목숨을 잃는다. 우리는 이성의 노예가 되었다. 이성을 통한 과학기술과 문명의 진보는 오히려 우리를 스스로 파괴한 것이다. 이성의 폭력성에 대한 고민과 반성은 다양한 사유의 방식으로 이어진다. 20세기 중반의 실존주의는 이러한 맥락에서 이해해야 한다.

과학기술을 통한 문명의 발전에 대한 우려와 동시에 이성의 지배가 결국 우리의 모든 것을 감시하고 통제하게 된다는 감시사회의 모습을 띨 것이라는 푸코의 우려는 현실이 되었다. 우리는 이성이 만든 체제에 의해서 벗어날 수 없는 상태에 살고 있다. 이 사회체제는 정보를 통제하고 수집하며 사람들을 통제한다. 과연 우리는 그런 사회에서 벗어날 수 있을까. 한편에서는 여전히 현대사회의 문제의 해결책을 합리적 이성이라고 강조한다. 하버마스는 『의사소통행위이론』을 바탕으로 신 사회운동을 전개했다. 현대사회의 문제를 해결하기 위해서는 여전히 이성이 중심이 될 수밖에 없다는 주장이다. 그는 우리가 아직 제대로 근대화를 이루지 못했다고 본다. 누구의 말이 맞을까.

경제체제로서의 신자유주의에 대한 의미도 간략하게 다뤘다. 2008년 미국의 서브프라임 모기지 사건은 세계를 금융 혼란에 빠뜨렸다. 시장만능주의자들은 모든 것을 시장의 자유에 맡기라고 주장한다. 이들은 정부의 규제를 철폐하는 것을 목표로 삼았다. 그러나 인간은 스스로 탐욕을 조절하지 못했다. 인간의 이성은 탐욕을 설계했고 거대한 사기극을 만들어 냈다. 이 사건을 계기로 시장의 자유를 통한 무분별한 탐욕과 이윤추구를 제한해야 한다는 목소리가 커졌다. 현실은 바뀌었는가.

신자유주의 이념은 사실 시장만능주의자의 주장과 크게 다르지 않았다. 우리는 1997년에 IMF 체제와 관련된 상황을 돌아봐야 한다. 이 시기에 등장한 사상가가 바로 앤서니 기든스다. 그는 당시에 『제3의 길』을 통해 복지와 분배 그리고 효율의 조화를 강조하며 우리 앞에 나타났다. 신자유주의 체제에서 벗어나 사회를 바꿀 준비가 되어 있는 것인가. 좌파와 우파 진보와 보수의 개념은 무엇인가. 기든스의 '제3의 길'과 '구조화 이론'은 좌파와 우파라는 양측의 진영에서 벗어나기 위한 노력이었다.

2장은 근대적 이성의 기획을 대중 문화영역과 관련해 살펴보았다. 문화는 범주가 너무도 넓다. 생활양식이기 때문이다. 인간이 태어나면서 갖는 규범, 신념 가치체계인 무형의 질서이기도 하다. 우리는 이 과정을 통해서 타인과 협력하고 소통한다. 주목할 부분은 20세기 이후 대중사회를 형성하고 유지하는 데 기여한 대중문화이다. 대중문화는 어떻게 사회체제를 유지하는데 기여했는가. 더불어 미디어를 바탕으로 소비사회를 위해 만들어진 욕망과 대중문화가 가지고 있는 숨겨진 의미를 살펴보려 했다.

20세기 이후 현대사회는 대중소비사회로 나아갔다. 사람들은 끊임없이 물건을 구매해야 했고 사회는 이를 추동했다. 이를 통해 자본주의 사회가 유지될 수 있기 때문이다. 사회는 구성원들의 사고와 인식을 어떻게 변화시켰는가. 자본과 지배 질서는 어떤 방법을 활용해 끊임없이 소비를 통해 사회질서와 체제를 유지하도록 만들까. 대중문화가 크게 기여했다. 대중문화를 이해하기 위해 언어의 구조와 관련지어 관련성을 파악하는 작업이 필요하다. 자본주의 사회의 숨겨진 코드를 파악하고 대중매체를 통해 전달되는 의미를 파악하려면 언어의 구조를 이해해야 한다. 또한 대중문화는 미디어를 통해 전달되며 뉴스는 여론을 형성한다. 따라서 대중사회와 대중문화를 이해하기 위해서 미디어의 숨겨진 의미와 본질을 파악할 필요가 있다. 우리 사회에서 중요한 의제를 설정하는 미디어가 제 역할을 하고 있는지 현실의 문제에 적용해 살펴보게 될 것이다.

3장은 고정관념에서 벗어나 새로운 시각으로 현실을 이해하고자 하는 이론에 주목했다. 우리는 이성의 기획에 포섭된 존재이지만 끊임없이 한계를 극복해 왔다. 역사적 사실은 객관적인가. 사실의 기록에 대해 의문을 제기하는 것부터 출발한다. 2장에서 다뤘던 언어와 사고의 관계를 이해했다면 역사는 주관적이며 지배집단의 이념에 불과하다는 역사 이론을 이해할 수 있을 것이다. 이 논의는 '과거를 지배하는 자가 현재와 미래를 지배한다'라는 포스트모던 역사관으로 이어진다. 박근혜 정부의 교과서 국정화 논란과 일본의 새 역사 교과서를 만드는 모임 '새역모'에 담긴 역사를 보는 관점 및 기록된 사실인 역사를 해석하는 방법을 알아보자. 상식과 고정관점에 도전한 역사가의 견해를 이해할 필요가 있다. 새로운 방식으로 역사를 볼 수 있을 것이다.

현대사회의 빈부격차와 사회갈등을 이해하는 데 『정의론』은 큰 영향을 끼쳤다. 다양한 사회제도와 정책에도 존 롤스의 사상은 반영돼 있다. 복지는 단순하게 시혜를 베푸는 것이 아니다. 무상복지, 무상급식, 보편적 복지 등을 둘러싼 논쟁이 왜 시대착오적인지 실질적 평등을 위한 제도로서의 정의의 원칙이 왜 필요한가에 대해 다시 고민해야 한다. 대기업이

성장하면 자연스레 그 부가 모든 계층에게 흘러넘친다는 낙수이론은 허구임이 밝혀졌다. 또한 세계에서 가장 잘 사는 나라인 미국의 의료공공성이 전 세계 40위권에 머물고 있으며, 수많은 사람이 빈곤에 시달리고 있는 미국의 사례는 정의와 분배의 문제가 긴밀하게 연결되어 있다는 것을 시사한다.

합리적 선택과 관련된 '게임이론'을 통해 미소 냉전은 결국 제로섬 게임이 지나지 않았다는 것을 확인할 수 있다. 개인의 합리적 이익추구가 사회전체에 도움이 되지 않는다는 주장은 아담 스미스에서 시작한 고전경제학의 토대를 무너뜨렸고 그 한계를 지적했다. 고전경제학 이론은 완전하지 않았다. 고정관념은 새로운 사고를 방해한다. 그가 놓친 부분에 대한 보완이 이뤄졌다. 폰 노이만과 존 내쉬가 든 사례는 흥미롭다. 개인의 이익은 공동체 전체를 위해 노력할 때 달성된다는 것이다. 게임이론에서는 죄수의 딜레마를 어떻게 해결할 수 있는지 그 대안도 생각해 볼 것이다.

사이드의 오리엔탈리즘은 서양이 동양과 타자를 바라보는 방식에 대한 개념이다. 소수자와 차별에 대한 문제도 함께 다룰 수 있다. 서구가 동양을 바라봤던 방식과 유사하게 우리도 외국인 노동자를 바라보고 있는 것은 아닌가. 여기에는 차별과 배제가 뒤따른다. 서구를 비판하면서 우리도 같은 방식으로 누군가를 차별하고 억압하고 있는 것은 아닐까. 서구는 그리스와 로마 문명에 영향을 받았다. 그들은 페르시아를 야만과 괴물로 묘사한다. 영화 〈300〉은 오리엔탈리즘을 쉽게 이해할 수 있는 텍스트다.

그동안 우리는 서양의 시각을 무분별하게 수용하고 스스로 그들의 시각을 모방해 다른 문화와 타자를 판단했는지도 모른다. 수많은 영화 및 대중 매체에 숨어 있는 차별의 구조를 이해해보고 사회현상에 적용해 사고의 폭을 넓혀보자.

2장 대중사회에 숨겨진 의미를 찾아서

3장 다른 방식으로 사고하라

1장
새로운 시대를
만든 개념들

1강
인간은
이성적 존재가 아니다

#SF(science fictions)의 미래 예측 시나리오

21세기 중반 핵전쟁이 일어나 전 인류의 80%는 죽음을 맞이했다. 방사능 구름이 지구를 뒤덮어 빙하기가 지속됐고 푸른 하늘은 사라졌다. 전쟁 이후 살아남은 사람은 소수였다. 남은 사람들도 결국은 죽음을 피할 수 없었다. 문명은 종말을 고한다. 수만 년이 흘렀다. 방사능이 줄어들기 시작하고 세상은 쥐 떼가 지배하고 있다. 이들은 희뿌연 들판을 무리 지어 뛰어다닌다. 인간의 흔적은 사라졌다. 폐허에 남아 있는 대부분의 건물은 풍화작용에 의해 형체만 남아있었다. 시멘트 먼지가 사방으로 흩날린다. 공장의 기계와 생산 설비 등 절반은 사라졌다. 녹슨 철제 구조물도 거의 형체는 남아있지 않았다. 넝쿨식물이 도심의 건물을 뒤덮고 있다. 일조량이 적어도 살 수 있는 이끼류만이 건물에 위태롭게 붙어 있다. 지구의 자전축도 바뀌어 계절은 이제 달마다 변한다. 인간의 후예들은 동굴에서 새벽에 몸을 내밀고 먹을 것을 찾아다니고 있었다.

두 번째 파멸의 시나리오는 외계문명의 지구 침공이다. 압도적 기술문명으로 인류를 정복한 외계지적 생명체는 우리를 실험 대상으로 삼고 자원을 빼앗아 지구를 식민지로 만들어 버렸다. 21세기 초 미확인 비행현상(UPA)이 빈번하게 일어나더니 지구 두 배 크기의 거대한 모선이 전 세계하늘을 뒤덮었다. 인간은 이들의 노예가 되었다. 외계문명은 지구상의 모든 생명을 소멸시켰다. 지구는 거대한 사막이 되었다. 세 번째는 기계에 의한 인간의 멸종이었다. 스스로 자의식을 얻게 된 인공지능은 인간을 지구의 위협요소로 보았다. 인공지능은 상태계를 유지하기 위해 인간을 말살할 계획을 세운다. 결국 기계와 인간의 전면전이 발발하고 우리는 이 전쟁에서 패배했다.

인간이 만든 기계가 인간을 파멸로 몰아넣은 것이다. 인공지능이 발달한다면 일어날지도 모를 미래이다. 올더스 헉슬리는 1932년 『멋진 신세계』로 인간이 과학기술의 노예가 되고 유전자 조작으로 인간을 만들어 내는 사회를 예측했다. 조지 오웰 역시 『1984』에서 개성이 말살된 통제된 사회에 대한 우려를 드러냈다. 〈터미네이터〉나 〈매트릭스〉 등의 영화는 극단적 상황을 실감 나게 그렸다. 스티븐 호킹은 100년 안에 인간을 뛰어넘는 인공지능이 인간을 멸망시킬 가능성 그리고 인공지능이 지금까지 알려진 적 없는 무기를 활용해 인간을 정복할 것이라는 섬뜩한 예측을 내놓기도 했다. 구글 X의 창립자로 자율주행, 인공지능 관련 연구를 총괄한 세바스천 스런은 인공지능이 머지않아 인류를 위협할 것이라고 주장했다. 그의 말은 결국 실현되었다. 이 상황을 머릿속에서 떠올려보자. 인류 문명은 지속할 수 있을까.

하지만 반대의 예측도 있다. 인류는 완벽한 유토피아에 살게 된다. 인간은 이성을 통해 우리가 처한 문제의 해결책을 끊임없이 찾아냈다. 핵융합을 통해 에너지를 만들고 기후 위기를 극복했다. 자원으로 인한 다툼은 없어졌다. 기술문명은 우리 모두의 삶을 개선하는 데 사용되고 있다. 많은 사람이 이 문명의 혜택을 누린다. 노동은 로봇의 역할로 대체되었고, 지구는 이제 하나의 단일국가가 되었고, 정치체제는 민주정으로 바뀌었다. 빈부격차도 거의 사라졌다. 이동 기술의 발달은 사람들을 전 세계 어느 곳이든 1시간에 도달할 수 있도록 만들었다. 많은 사람이 삶의 여유를 찾은 뒤 갈등은 점점 소멸했다. 인류는 인종, 종교, 문화적 갈등을 초월한 하나의 공동체로 생활한다. 더 이상 생산을 위한 인간의 노동도 거의 필요 없는 완벽한 사회다. 모든 인간은 최저소득을 보장받는다. 노동은 창조적인 역할을 위해서 필요할 뿐이다. 특별하게 일하지 않아도 생활에는 문제가 없다. 사람들이 바라던 미래가 드디어 도래한 것이다.

우리는 어디로 방향을 정할 것인가. 미래는 우리의 선택에 달려 있다. 시나리오의 결말은 아직 모른다. 새로운 밀레니엄이 시작된 지 20년이 흘렀지만, 문명의 종말은 일어나지 않았고 일상은 지속되고 있다. 우리들은 직장을 다니고 교회와 학교에 가며, 퇴근하고 사람들을 만난다. 그러나 종교 분쟁, 영토 분쟁, 체제경쟁으로 인한 갈등은 여전하다. 기후 위기가 우리를 위협하기도 한다. 변화의 방향이 낙관적이지는 않다. 또한 과학기술이 점차 사람들의 일자리를 빼앗고 사회적 갈등의 수위는 점점 높아지고 있다. 사회적 자원을 둘러싼 경제적 갈등은 더 심해지고 있다. 대학을 졸업해도 취업은 쉽지 않다. 소득격차와 양극화는 더 커지고 있다. 노력이 태어난 계급을 넘기가 힘들다는 의미의 '수저론'까지 등장했다. 디스토피아로 향하는 거대한 변화의 흐름이 이미 시작되고 있는지도 모른다. 변화의 시기를 알지 못했을 뿐 위기는 필연적인 것이었고 문명의 쇠퇴와 몰락의 징후가 우리 시대에서 이미 시작되고 있을지도 모를 일이다.

공동체는 적절한 판단을 내려야 한다. 하지만 단편적인 정보나 개별 사안으로 현상을 보는 것은 한계가 있다. 현재의 상황을 이해하고 변화의 방향을 파악하기 위해서는 사회구조를 거시적이고 총체적으로 이해하고 파악할 수 있어야 한다. 우리는 어떤 사회를 만들어 나가야 하는가. 사회는 개인의 총합으로 볼 수 있다. 구성원이 현재의 문제 상황을 인식하고 원인을 파악한 뒤 공론화를 거쳐 합의를 통해 문제를 해결하는 과정이 필요하다. 아리스토텔레스의 지적처럼 우리는 폴리스의 구성원이다. 사람들은 능동적이고 주체적이기 때문에 자율성을 통해 문제를 함께 해결해 나갈 수 있다. 이 과정에 참여해야 하는 것은 의무이면서도 동시에 권리다. 이를 위해서는 우리 사회를 이해해야 하지 않을까. 이해하지 못하면 설명할 수 없다. 문명과 사회를 만든 이성의 기획에 기여한 사상가들의 고민을 따라가 보자.

자본주의의 변화

'너무나 당연한 것에 대해서는 의심해야 한다.' 이 잠언은 고정관념에서 벗어나야 새로운 사고와 상상력이 발휘될 수 있다는 의미를 담고 있다. 우리는 사회에서 살고 있다고 말하지만 대체 사회란 무엇인가. 실체는 분명하지 않다. 그러나 수많은 학자는 사회에 대한 개념적 정의를 내렸다. 또한 사회가 존재하고 있다는 것에는 동의할 것이다. 사회가 존재한다면 이 복잡한 사회가 어떻게 유지되고, 운영되고, 어떤 원리에 의해서 작동하고 있는가. 이에 대한 질문에 답하기는 쉽지 않다. 눈에 보이지도 않고 실체도 없지만, 사회는 제도를 바탕으로 정교하게 움직이고 사람들은 서로 연관을 맺고 살아간다. 이러한 공동체의 체계를 설계하고 유지하도록 만든 것이 바로 인간의 '이성'일 것이다. 이성은 단순하게 개인의 사고만을 말하는 것이 아니다. 인간이 만들어낸 사회를 조직하고 유지하는 모든 활동과 시스템을 포괄하는 개념으로 보아야 한다. 근대 이후 인간은 합리적 사고를 통해 공동체가 유지 운영될 수 있는 체계 즉, 사회 시스템을 만들어 냈다. 이러한 이성의 기획안에서 우리는 사는 것이다. 이러한 완벽한 체계 안에서 우리의 일상은 익숙하고 평온하다. 하지만 익숙함은 정체된 것이다. 기존의 방식에 길든 사고, 익숙함에서 변화와 혁신은 나오지 않는다. 주어진 것에 의문을 제기하는 사고훈련이 필요하다.

우리는 16세가 되면 모두 주민등록을 발급받게 된다. 그 이유에 대해서 생각해 본 적이 있는가. 수업 시간은 왜 50분으로 이뤄졌으며 왜 국가의 부름을 받고 병역의 의무를 수행해야 하는가? 자신의 일상에 의문을 제기하는 것은 쉽지 않다. 또한 필요성마저 느끼지 못한다. 하지만 다른 각도에서 전체를 조망하면 새로운 것이 보일 때도 있다.

주거 공간을 새로운 시각에서 보면 어떨까. 주변을 돌아보면 아파트가 나를 둘러싸고 있다. 우리 사회에서 아파트는 익숙하다. 위치와 평수 그리고 생활을 위한 거주 공간, 편의성 등이 떠오른다. 아파트는 근대자본주의와 밀접한 관련이 있다. 물론 한국 사회에서 아파트가 가지고 있는 의미는 서구 문화권과 좀 다르다. 우리 사회에서 아파트는 사회 문화적으로 부의 상

▶ 유니테 다비타시옹

징 지위와 차별화 그리고 재산 가치로써의 의미가 크다. 서구와 다른 산업화의 과정에서 나타났기 때문이다. 이 부분은 나중에 따로 다뤄볼 것이다.

프랑스 마르세유에 독특한 아파트가 눈에 띈다. '유니테 다비타시옹'이라고 불렸다. 용어 그대로 집단 거주 시설이다. 이 건축물이 만들어진 것은 1952년이다. 설계와 시공까지 생각하면 40년대 중 후반에 기획되었다고 볼 수 있다. 기존의 아파트라 불리던 공동 거주 공간이 효율성만을 위한 공간이었다면 유니테 다비타시옹은 대중사회로의 전환기를 상징하는 새로운 주거모델로 볼 수 있을 것이다. 2차 대전 이후 전 유럽은 폐허

가 되었다. 전쟁이 끝난 뒤 프랑스 정부는 새로운 사회와 공동체를 만들기 위한 방안을 찾기 위해서 여러 노력을 기울였고, 이 건물은 정부의 전폭적인 지지로 탄생했다. 보수적이고 완고한 프랑스 남부 사람들은 처음에는 이 건물을 미치광이 짓이라고 여기고 실패할 것으로 보았다.

하지만 사람들은 점차 이 건축물을 긍정하기 시작했다. 또한 유니테 다비타시옹은 새로운 공동 거주 공간으로서의 일정한 기준을 제시하기도 했다. 이 아파트가 독특한 것은 기능과 효율만을 강조한 집단 거주용 아파트와는 결이 좀 달랐다는 데에 있다. 유니테 다비타시옹은 18층의 수직 콘크리트 형태로 1,800여 명이 살 수 있는 복층구조의 형태이다. 이 건물에는 가게, 학교, 호텔, 병원, 체육관 등의 시설이 들어가 있다. 즉, 공동체로서 자급자족이 가능한 주거 공간이 될 수 있도록 한 것이다. 구성원은 휴식 공간, 옥상 수영장 등을 공동으로 이용할 수 있었다. 현재의 주상복합아파트와 유사하지만, 당시 이러한 공간과 건축은 발상의 전환으로 탄생했다. 유니테 다비타시옹은 변화하는 시대를 상징하고 있었다.

여기에 어떤 배경이 있을까. 근대 자본주의 사회에서 부는 노동력 즉, 노동자를 통한 이윤 창출이 큰 비중을 차지한다. 노동자와 노동력이 수익 창출의 도구였기 때문이다. 더 효율적인 노동을 통해 더 많은 이윤을 내는 것. 그것이 원칙이고 진리였다. 노동자는 수익을 늘리기 위한 도구로 여겨졌다. 효율을 극대화하기 위해 자본가는 노동자의 식사와 휴식, 용변 횟수, 출퇴근 시간을 초와 분 단위로 나눠 관리하기도 했다. 당연히 공동주택은 효율성을 높이기 위해 거주 공간의 기능적 역할만을 강조할 뿐이었다. 하지만 유니테 다비타시옹은 공동 거주 공간에 인간을 배려하려는 의지를 담았다. 건축가 르 코르뷔지에는 각각의 공간설계의 단위에 인간을 기준으로 한 모듈화를 도입한다. 인체의 비례를 단위로 공간을 활용했고 자신만의 철학을 이 집단 거주 공간에 집어넣었다. '건축은 그 공간을 활용하는 구성원을 고려해서 만들어야 한다.' 유니테 다비타시옹은 비록 공동 거주 공간에 불과하지만, 자본주의가 인간의 얼굴을 한 새로운 형태로 진화하고 있으며 변화가 이뤄지는 신호였다.

새로운 생활방식과 욕망을 팝니다

이제 미국으로 건너가 보자. 비슷한 시기 미국 주거 공간의 변화도 흥미롭다. 할리우드 영화의 백인 중산층이 거주하는 동네의 이미지는 비슷하다. 롱아일랜드 래빗 타운은 그 시초이다. 격자로 가로지른 도로와 넓은 앞마당에 잔디와 스프링클러가 물을 내뿜고 있다. 단층이나 이층집의 형태로 차고가 있으며 길은 아스팔트로 덮여 있다. 미국 교외주택 단지의 전형적 이미지다. 1947년 주택건축업자 래빗은 뉴욕 맨해튼 근처 롱아일랜드에 120만 평 일대에 1만 7천 세대의 집을 짓는 사업에 뛰어들었다. 2차 대전이 끝난 후 제대군인이 늘어나기 시작한 시기였다. 그들은 살 집이 필요했다. 경제가 불황이라고 해도 새로운 주택에 대한 수요는 언제나 있었다. 래빗은 주택 수요가 급증할 것으로 판단했고 무모하다는 지적을 무릅쓰고 120만 평에 1만 8천여 주택을 짓는 사업을 시작했다. 당시에 전례가 없던 주택단지였다. 그는 효율을 높이기 위해 생산 공정을 줄이고 주택건설에 포디즘적인 생산방식을 적용했다. 곧이어 전문 인력이 규격 표준화된 공정에 따른 분업을 통해 하루 40채의 집을 만들어 내기 시작했다. 하루 평균 4채의 집을 평균적으로 짓던 시기였다. 래빗은 2차 대전에 참전한 경험을 살려 막사와 대량 건설시스템에서 힌트를 얻었다. 교외 주택 단지의 시대가 이렇게 막이 오른 것이다.

이 주택은 저렴한 분양가가 장점이었다. 당시 4인 가구의 평균소득은 연 6,000달러 정도였고 대지 150평 건평 50m², 이 주택의 가격은 8,000달러 안팎이었다. 연방주택청은 참전용사들에게 장기간 저리의 금융비용을 조달해 주었고, 이들은 가격의 10%만 내고 얼마든지 주택을 구매할 수 있었다. 수요는 폭발적으로 늘어나기 시작했고 몇 년 후 교외주택 단지는 미국 전 지역으로 빠르게 확대되었다. 미국 중산층 교외주택의 시초가 탄생한 것이다. 곧이어 주택경기가 활성화되고 관련된 전자제품 산업도 호황을 맞았다. 단독주택에는 캐리어의 에어컨이 기본으로 들어가고 냉장고, 텔레비전, 세탁기 등 전자제품도 추가되기 시작했다. 사람들의 삶의 방식은 변하기 시작했다. 불과 3년 후 〈타임지〉에 윌리엄 래빗이 등장한다. 제목은 '새로운 삶의 방식을 팝니다'였다. 교외 주택은 가족 수가 늘어나도 증축이 가능했다. 사람들은 2층을 올리고 방을 넓히기도 하고 수영장과 잔디밭을 앞마당에 설치하기도 했다.

자본주의는 전환기를 맞이했다. 새로운 물건이 끊임없이 쏟아져 나와도 사람들이 소비할 수 있는 여력이 생기기 시작했다. 풍요와 새로운 욕망 속에서 노동자 즉, 대중을 바라보는 자본가들의 인식도 바뀌기 시작했다. 19세기처럼 억압과 착취의 방법으로 노동자를 대하는 것은 한계가 있었고 이 같은 방식으로 수익을 늘리는 것도 한계가 있었다. 노동법이 개선되고 노동조합의 설립도 한몫했다. 대중의 삶에 변화가 일어났다.

노동 생산성을 높이고 소비시장의 확대를 위해서라도 이런 일련의 과정은 필연적일 수밖에 없었다. 새로운 삶에 대한 욕구와 욕망을 자극하는 방식으로 자본주의는 거듭났다. 20세기는 대량생산과 대량소비를 통해 발전했다. 포드자동차를 설립한 포드는 1908년 컨베이어벨트에서 분업을 통해 자동차를 대량으로 만들어 값싸게 파는 전략을 생각해 냈다. 이러한 생산방식을 '포드주의(fordism)'라고 부른다. 박리다매 방식이었다. 귀족이나 돈이 많은 사람만 타던 자동차를 이제는 싼값에 일반인들도 구매하는 시대가 열리게 된 것이다. 이러한 생산방식은 산업 전반으로 퍼져나갔다. 기술 발전은 자본주의를 고도화시켰고 더 많은 물건을 값싸게 만들 수 있게 되었다.

▶ 래빗타운 전경

산업자본가는 더 많은 돈을 벌고 싶었고 그러한 욕망을 실현하고 싶었다. 그러나 문제는 언제나 시장이었다. 다수의 사람이 물건을 구매할 수 있도록 해야 했다. 제품을 소비할 수 있는 시장을 더 많이 찾아야 이윤을 지속해서 확보할 수 있기 때문이다. 생명체가 산소와 영양분을 혈관을 통해 움직여 생명 활동을 유지하듯 자본주의 경제체제는 시장참여자들이 돈과 상품을 교환할 수 있는 시장의 확대를 원했다. 집약적 소비시장을 위해 도시는 커지기 시작했다. 대량생산과 대량소비는 사회 전 분야에 자리를 잡았다. 그러나 소비가 문제였다. 무작정 만들기만 해서는 과잉생산으로 공황이 발생한다는 것을 이미 경험한 뒤였다. 자본주의는 항상 사회가 필요로 하는 물건 이상을 생산할 수밖에 없다.

소비를 위해서는 끊임없이 소비에 대한 욕망을 만들어야 한다. 노동소득을 늘리고 이들에게 최소한의 삶을 유지할 수 있도록 만드는 것 그리고 장기적으로 소득을 높여 자본주의 경제체제를 유지하게 만들어야 한다. 인간의 욕구와 욕망을 어떻게 만들어 낼 것인가. 전략의 변화가 필요한 시기였다. 시장의 규모를 키우기 위해 노동자들에게 재생산을 위한 최소한의 삶과 휴식을 취할 수 있는 거주 공간 그리고 욕망과 동기가 필요하다. 유니테 다비타시옹과 래빗타운은 시대가 만들어낸 산물이다. 대중의 사회적 지위는 높아지기 시작했다.

더 많은 소비를 유도하고 욕망을 만들기 위해서는 인간의 특성을 정확하게 파악해야 한다. 노동자인 인간은 기계가 아니다. 인간적인 삶을 위한 주거 공간의 변화처럼 욕망을 끌어내기 위한 전략이 필요했다. 기존의 방식으로는 한계가 있었다. 사고의 전환이 필요했다. 인간은 욕망과 무의식을 가진 존재이며 감성의 지배를 받는 존재다. 이성을 통해 인간의 무의식과 욕망을 분석할 수 있다는 프로이트의 이론은 독특했다. 인간은 이성적이고 합리적 존재만은 아니다. 인간에게는 감성과 본능의 영역이 있으며 의식과 자아는 무의식과 리비도에 지배를 받는다. 대중의 욕망을 이해하고 자극하기 위해서 인간을 알아야 했다. 프로이트가 불려 나왔다.

정신분석학 – 인간은 무의식과 성욕의 산물

프로이트는 20세기에 가장 큰 영향을 끼친 사람 가운데 한 명으로 평가받았다. 과학자를 대상으로 한 〈타임지〉의 설문조사 결과 프로이트는 20세기에 가장 많은 영향을 끼친 3명의 인물 중 한 사람이었다. 나머지 두 명의 인물은 바로 칼 마르크스 그리고 찰스 다윈이다. 마르크스는 의심의 여지가 없는 문제적 인물로 나중에 다시 소개할 것이다. 사회주의 이론을 만든 사상가이며 경제학자 철학자이다. 그의 이론으로 20세기 사회주의 국가 소련이 탄생했고 미국과 냉전이 지속됐다. 다음으로 진화론을 주장한 다윈이 있다. 그가 가져온 세계관의 변화를 생각할 때 이러한 투표 결과는 설득력이 있다. 환경에 적응한 개체가 더 많은 자손을 남겨 지구상에 수많은 종은 진화했다는 것이다. 인류 역시 호모사피엔스라고 불리는 하나의 종에 불과하다. 반면에 프로이트가 20세기에 끼친 영향력에 대해서는 쉽게 납득하지 못할 수도 있다. 하지만 인간이라는 존재에 대한 우리의 생각을 바꿨다는 점에서 그의 업적 역시 위대하다.

프로이트가 인간이 무의식에 지배받고 있다는 이론을 공식적으로 발표한 것은 20세기가 시작되는 해였다. 1900년에 그는 『꿈의 해석』을 출간한다. 책을 발표하기 몇 년 전 정신분석학의 개념을 제시하지만, 그의 견해에 주목하는 사람은 많지 않았다. 그 역시 자신의 이론이 후대에 거대한 영향력을 행사할 것이라고 예상하지도 못했을 것이다. 그는 철저하게 근대적 사고방식을 추구했던 즉, 이성을 무한히 신뢰한 사람이었다. 또한 의사로서 이성을 통해 정신병의 원인을 밝히고 알려지지 않은 미지의 무의식 구조를 탐구하고 분석해 병을 고칠 수 있다고 믿었다.

19세기 중반 사람들은 과학기술이 끊임없이 발전하는 과정을 보게 된다. 도시화가 진행되고 사회는 급격하게 변했다. 이성은 중세의 미신적 사고에서 벗어나 인간을 세계의 중심으로 만들었고, 이성에 대한 인간의 믿음은 진리 그 자체이기도 했다. 사회는 계속 진보하고 발전할 수 있다는 사고와 믿음은 사람들 사이에서 굳건했다. 우리는 신의 선택을 받은 존재인 것이다. 이성을 통해 진리로 나아갈 수 있다는 믿음 즉, 계몽주의(enlightenment)는 지배적 이념이기도 했다. 이러한 시대에 프로이트는 파격적인 이론을 발표한다. 그는 인간이라는 존재가 리비도 즉, 성욕이라는 본능에 의해 영향을 받고 무의식에 지배받는 존재라는 주장을 펼쳤다. 인간은 신의 선택을 받은 이성을 가진 주체가 아니다. 그는 인간을 본능을 가진 동물의 영역으로 끌어내렸다. 다윈이 진화론으로 인간을 보는 새로운 시각을 제시했다면 프로이트는 한 걸음 더 나아가 우리의 인식과 사고를 전복시켰다. 정신분석학이 끝없는 반발과 다양한 논쟁을 불러온 것은 당연했다.

이상한 행동을 하는 여성 – 꿈은 무엇인가

프로이트는 1856년에 오스트리아에서 태어나 1939년 사망했다. 그는 빈 대학교에서 의학을 전공했다. 그가 정신분석이라는 용어를 처음 사용한 것은 1896년쯤이다. 그의 이론은 상당히 방대하고 복잡하기 때문에 중요한 키워드를 바탕으로 정신분석학의 의미와 그의 연구가 20세기에 끼친 영향에 대해 살펴볼 것이다. 사실 뇌 과학이 발달한 지금도 꿈의 작용 그리고 뇌의 여러 기능과 역할은 아직 대부분 밝혀지지 않았다. 그가 콕 집어낸 것은 바로 꿈이었다. 인간의 정신에 대한 그의 의문은 꿈에서 시작한다.

우리는 대체 왜 꿈을 꾸는가. 잠을 자며 꿈을 꿀 때 우리는 스스로 의식으로 이를 통제하지 못한다. 또한 우리가 일상에서 경험한 것들이 변형된 형태로 꿈에서 나타난 경험을 한 적이 있을 것이다. 왜 일상의 모습이 꿈에서 변형되는가. 하늘을 나는 꿈, 지인의 얼굴이 갑작스레 변형되는 등 초현실적이고 비현실적 상황도 나타난다. 입에 담기도 힘든 성적인 꿈을 경험하기도 한다. 꿈에는 다양한 상징이 자리 잡고 있으며, 일상에서 억압된 것을 드러내 표출되는 통로로 보통 알려져 있다. 프로이트의 논의에 주목해 보면 결국 꿈은 우리가 소망하고 욕망하는 것을 여러 사회적 제약 때문에 하지 못했던 것을 표현하는 작용을 한다는 것이다. 어느 부인 환자가 프로이트를 찾아왔다. 그녀는 네 살 때 처음 꾼 꿈을 프로이트에게 들려준다.

"나의 오빠와 언니 그리고 아이들이 풀밭에서 놀고 있었는데
갑자기 날개가 생겨서 모든 아이들이 하늘로 날아가 사라졌다."

　그는 이렇게 해석했다. 이 꿈은 자신의 부모와 형제 그리고 자매들이
죽었으면 하는 소망과 그 욕망의 충족을 담아내고 있다고 말이다. 지금도
그렇지만 당시에도 이 주장은 파격적이었다. 내가 나의 형제자매 그리고
부모의 죽음을 원한다는 것을 어떻게 설명할 수 있을까. 가족의 죽음을
원한다는 것을 받아들일 수 있는가. 그가 보기에 이러한 꿈에서 표출되는
것은 유아기 때의 성적 욕망 즉, 리비도의 발현과 관련돼 있다. 아이는 부
모에게 처음으로 성적 욕망을 느끼고 남아는 아버지를 그리고 여아는 어
머니를 경쟁상대로 느끼는 것이다. 그는 이것을 그리스 신화에서 이름을
따 '오이디푸스 콤플렉스'로 불렀다. 이 부분은 이후에 자세하게 다룬다.
　이런 욕망이 실제로 발현될 수 있을까. 당연히 표출되면 안 된다. 우리
는 이러한 본능적인 욕망을 눌러야 한다. 이는 억압해야 하는 금기와 터
부이다. 하지만 욕망을 계속 누르면 어떻게 될까. 끝없이 욕망에 대해 압
력을 가하고 억압만 할 수는 없다. 누른 것은 결국 튀어 오른다. 이를 해결
하려면 결국 꿈으로 수면 중에 분출될 수밖에 없는 것이다. 자신의 욕망
을 감추고 숨겨야 하고 금지된 욕망은 꿈으로 표출될 수밖에 없다는 것.
그가 꿈에서 가장 중요하게 여긴 의미다. 또한 꿈에는 자아의 방어 메커
니즘도 담겨 있다. 자아는 스스로 욕망을 드러내는 것을 두려워한다. 생
각해 보라. 우리가 동물처럼 욕망을 드러낸다고 하면 어떤 일이 발생할

까. 드러내놓고 성욕과 식욕 등 본능의 영역을 표현할 수는 없다. 우리는 자신의 소망과 욕망을 그대로 드러내지 못한다. 따라서 자아는 소망을 스스로 검열하게 되고, 소망은 왜곡된 형태로 등장하게 된다. 비현실적이고 초현실적인 꿈은 억눌린 욕망이 표출되는 마지막 비상구이다.

서양 사람들에게 숨겨진 장소 특히 벽장이라는 공간은 억압된 무의식의 영역을 상징하는 경향이 있다. 즉, 벽장에 괴물이 있다는 것은 언제 튀어나올지 모를 억압된 욕구와 욕망에 대한 잠재적인 공포다. '말을 듣지 않으면, 벽장에서 괴물이 나타난다.'라는 말은 욕망과 공포가 크게 다르지 않다는 것을 나타낸다. 공포는 욕망으로 변형되는 것이다. 부모를 성적 대상으로 욕망하고 가족의 죽음을 바란다는 것은 숨겨진 욕망이지만 자아에게는 공포일 수 있다. 그는 이러한 꿈의 의미를 설명하기 위해 인간의 사고를 구조로 만들었다. 프로이트가 설명한 우리의 의식은 빙산과 같다. 빙산을 떠올리면 물 표면에 드러난 빙산은 조그맣게 보인다. 그러나 실제 그 안에는 엄청난 크기의 빙하가 감춰져 있다. 결국 우리의 의식과 이성이 수면 위의 빙산이라고 한다면, 그 안에는 더 큰 무의식이라고 하는 거대한 숨겨진 구조가 있는 것이며 무의식이 우리의 의식에 영향을 끼친다고 본 것이다.

▶ **빙산의 비유**: 수면 위는 의식이 드러난 영역이며 이를 지배, 통제하는 무의식의 영역이 아래에 존재한다.

인간의 에너지 – 리비도, 이드, 자아, 초자아

의식과 무의식의 영역을 파악했다면 이제 인간의 심리 구조가 어떻게 이루어져 있는지를 알아볼 차례이다. 프로이트는 정신분석학에서 인간의 심리구조를 이드(id), 자아(ego), 초자아(superego)로 구분했다. 사람이 처음 태어났을 때는 동물과 마찬가지로 본능적 행동을 한다. 생존이 무엇보다도 우선이기 때문이다. 갓 태어난 아이는 울음을 통해서 보호자로부터 삶에 필요한 기본적 조건을 해결할 수밖에 없다. 배고픔을 해결하고 추위와 잠자리 등 생존에 필요한 요건을 충족해야 한다. 조금 더 시간이 지나면 아이는 상황을 파악할 수 있다.

이후 순수한 쾌락적 욕망과 욕구를 조절할 수 있는 자아(ego)가 발달하게 된다. 아직 완전하지 않지만, 자신을 스스로 인식하는 것이다. 이것이 바로 자아(ego)다. 자아의 역할은 생존만을 위한 원초적 욕망(이드)을 조절하고, 슈퍼에고를 적절하게 조율하게 된다. 이드가 통제되거나 조율될 수 없다면 인간사회는 욕망만이 난무하는 즉, 세기말 영화에 자주 등장하는 만인에 의한 생존 투쟁의 본능적 욕망만을 추구하는 곳이 되어버린다. 이러한 환경에서 당연히 문명과 공동체가 존재할 수 없다. 그는 『문명 속의 불만』에서는 인간이 사회를 유지하기 위해 스스로 욕구를 조절할 수밖에 없으며, 이러한 불만족을 결국 역사의 진보와 사회발전의 원동력으로 보기도 했다.

무의식의 영역에서 초자아(super ego) 즉, 슈퍼에고는 가장 나중에 형성된다. 초자아는 우리의 도덕과 윤리를 관장하고 있다. 어떤 사람이 너무 배가 고파서 배를 움켜잡고 패스트푸드점에 들어가 햄버거를 4개를 시킨다. 맛있게 두 개를 먹고 하나를 더 먹으려고 하는데 갑자기 내 의식(에고)이 나에게 말을 건다. "이것을 다 먹으면 너는 살이 많이 찔 거야. 이봐, 그만 좀 먹지 그래? 너의 욕구와 욕망을 좀 조절해." 슈퍼에고가 다시 등장할 것이다. "햄버거를 하나만 먹고 나머지 금액을 제3세계 어린이에게 보낸다면, 너는 그들이 일주일 치 먹을 식량을 해결해 줄 수 있어. 너만 배불리 먹는 것이 이들에게 미안하지도 않아?" 이 부분이 바로 슈퍼에고의 역할이다. 초자아는 이렇게 도덕 윤리의 영역에 관여한다. 내 머리 주변에 천사와 악마가 나와서 서로 싸우고 있는 장면이 떠오른다. 영화에서 많이 접한 장면이다.

프로이트는 이러한 세 가지 영역이 적절하게 조화를 이루어야 한다고 생각했다. 만약 이드가 너무 강하면 그는 반사회적 행동을 하거나 범죄를 저지르고 욕망에 충실한 행동을 할 것이다. 그렇지만 슈퍼에고가 너무 강하다면 이 사람은 모든 부분에서 금욕적이고 죄의식에 시달릴 가능성이 커진다. 에고는 이 둘을 적절하게 조절한다. 생존과 본능 그리고 도덕의 영역은 적절하게 조화되어야 개인, 개체는 생존이 가능하다. 이러한 욕망과 욕구를 만들어낸 가장 근원적인 힘은 리비도라 불리는 에너지이다. 흔히 프로이트가 성욕을 강조한 사람으로 잘못 알려져 있는데 바로 이러한 에너지를 성적으로만 해석하기 때문이다. 이 에너지는 성적인 욕망으로만 제한해서 볼 수는 없다. 삶을 위한 본능인 이드에서 나오는 근원적 에너지 자체로 보는 것이 더 타당한 설명이다. 한편 그는 삶과 본능의 욕구와 대비되는 파괴와 죽음의 욕구인 타나토스도 존재한다고 보았고, 이 개념은 정신분석학에서 세워놓은 하나의 가설이기도 하다. 삶에 대한 욕구 그리고 죽음에 대한 충동인 타나토스는 이렇게 서로의 영역을 차지하고 있다.

유아기에 너의 모든 성격이 결정되는 것이다

프로이트의 이론 중에서 마지막으로 살펴볼 부분이 바로 인간의 발달 단계와 관련된 내용이다. 이 이론은 유아교육과 현대 심리학에 많은 영향을 끼쳤다. 인간도 자기 삶과 생명을 우선으로 보전하려 한다고 보았다. 생명체로서 당연한 본성이다. 태어난 아이는 최대한 쾌락과 욕망을 추구할 수밖에 없다. 생존을 위해서 이 과정은 필수적이기 때문이다. 첫 번째 단계로 출생에서 2세 정도까지는 구강기로 구분한다. 이 시기는 쾌락이 구강에 집중되는 단계이고 사람은 생존을 위해 최대한 먹을 것에 쾌락을 느낀다. 유아가 생존하기 위해서는 우선 먹는 욕구가 충족되어야 하는 것 아닌가. 본능적인 욕구는 입으로 빠는 것이다. 아이는 엄마의 젖을 빨면서 최대한의 쾌락을 느끼게 된다. 리비도는 이렇게 작용한다. 이때 이 욕구가 충족되지 못한다면, 아이는 성인이 되어서도 먹는 것과 손가락을 빠는 것에 집중한다고 프로이트는 설명했다. 프로이트 역시 시가를 물고 있는 모습이 많은데 자신이 어렸을 적 이 욕구가 충족되지 못했다고 설명했다.

두 번째 단계는 항문기이며 2~4세까지가 이 기간에 해당한다. 쾌락과

에너지는 본능적으로 배뇨와 관련이 있다. 아이는 소변과 대변을 가리게 되고 스스로 자신이 만든 배설물에 대해 흥미를 느끼기도 한다. 쾌적한 환경을 추구하는 것은 자신의 생존에 도움을 가져오고 자신의 욕구에 대한 즉각적인 반응을 이끌어 보호자와 긴밀한 관계를 맺을 수 있다. 그러나 이 시기에 너무나 엄격한 배변 훈련을 하게 되면 깨끗함에 대한 강박증이 생긴다고 그는 보았다. 또한 구두쇠로 대표되는 인색함과 과도하게 낭비하는 성향도 이 단계를 리비도의 욕구가 제대로 해결되지 못해 발생한다고 강조한다.

아이가 4~7세가 되면 아이들은 자신의 성적인 정체성을 깨닫게 된다. 이 시기는 성기기로 불린다. 프로이트가 꿈의 해석에서 유아가 느끼는 성에 대한 에너지를 강조해 오해를 불러온 부분이기도 하다. 우선 남자아이는 자신과 엄마의 성이 다르다는 것을 인식하고 엄마의 관심을 독차지하려고 한다. 그러나 어머니에게는 아버지가 있다. 아이는 어머니를 독차지한 아버지에 대해 적대감을 느끼고 경쟁자를 제거하려고 한다. 아이는 꿈에서 아버지의 부재와 죽음을 소망한다. 꿈은 그렇게 발현된다. 아버지가 없었으면 어머니의 사랑을 혼자 독차지할 수 있기 때문이다. 프로이트는 이를 매우 자연스러운 성장 과정이라고 여겼고 '오이디푸스 콤플렉스'로 불렀다. 처음으로 아버지를 증오하고자 하는 대상으로 설정하고, 어머니에게 성적 욕망을 느끼는 인간의 원초적인 감정과 본능적 힘인 것이다.

이 용어는 소포클레스가 쓴 비극 『오이디푸스 왕』에서 가져왔다. 오이디푸스는 신탁을 받아서 아버지를 죽이고 어머니와 결혼한 비극의 주인

공이다. 자아는 방어기제를 통해 욕망을 꿈에서 표현하게 된다. 앞서 언급했던 형제자매가 날아가는 것도 이와 유사한 꿈이다. 아이는 이제 자신의 어머니에 대한 욕망 때문에 아버지로부터 거세가 되지 않을까 하는 불안에 시달린다. 하지만 이 단계를 지나 아버지의 권위를 인정하게 되고 자신을 아버지와 동일화하고 아버지의 질서를 수용한다. 이는 곧 사회의 질서다. 그는 이 과정에서 사회화 단계에 들어서게 된다. 앞서 설명한 것처럼 프로이트는 남자를 중심으로 이 이론을 설명해 많은 비판을 받았다. 이후 이 단계를 여자아이에게까지 확대해 남자아이처럼 아빠에 대한 애정을 느끼고 엄마를 질투하는 심리를 개념화했는데 이를 '엘렉트라 콤플렉스'로 불렀다. 그가 남근 중심주의로 비판받게 된 것도 이러한 이유 때문이다.

잠복기는 7~12세 정도가 되었을 때이다. 성과 관련된 본능적인 욕구는 이제 억제되고 아이는 성장하기 시작한다. 친구들과 어울리며 지적인 활동에 힘을 기울인다. 이후 마지막 단계인 생식기는 13세 이후부터 시작된다. 성적에너지가 이제 무의식적으로 활동하는 단계로 성에 대한 관심이 다시 생기게 된다. 사춘기라고 부르는 용어가 이 시기이다. 이러한 발달단계를 모두 거치면서 자연스럽게 아이는 어른으로 성장해 가게 되는 것이다. 이 발달과정을 제대로 보내지 못하고 각 단계에서 욕구가 제대로 충족되지 못하면 여러 정신질환에 시달린다는 것이 프로이트의 정신분석학이다. 그의 이론은 꿈의 동기가 소망이며, 그 내용은 '소망과 욕구의 충족'이라는 명제로 부를 수 있다.

프로이트의 정신분석학의 의미

▶ 오이디푸스 왕 이야기

근대적 가치관을 송두리째 뒤바꿔 버린 그의 이론은 많은 논란을 불러왔다. 하지만 이성을 통해 비이성의 영역인 꿈과 무의식을 분석하고, 비이성의 영역을 치유하려고 했지만, 오히려 인간이 이성적 존재만은 아니라는 인간에 대한 새로운 가능성을 열어주었다. 절대 이성을 통해 무한한 인간의 진보와 발전을 믿었던 근대적 세계관은 이후 조금씩 균열의 틈을 보이기 시작했다. 정신분석학은 사실 엄밀한 의미에서의 과학과는 거리가 있다. 과학은 현상을 원인과 결과로 파악하는 인과론에 기초해 있고, 실험을 통해 가설을 검증하고 그 결과를 입증해 이론으로 현상을 설명한다.

하지만 그의 이론은 과학적 정합성을 갖고 있지 않다. 검증이 불가능하기 때문이다. 한 사람이 어떤 심리적인 문제를 겪고 있다고 한다면 그 원인은 다양할 수 있다. 그러나 프로이트는 이를 어릴 적의 욕구 충족의 실패로 환원시켜 설명한다.

결국 '어릴 때 발달단계에서 그 욕구를 제대로 충족하지 못했기 때문에 모든 정신적, 심리적인 문제가 발생한 것'이 된다. 그의 정신분석학은 종교와 같은 믿음의 영역에 불과할 수 있다. 종교와 신앙을 검증하고 반박할 수 없는 것과 마찬가지다. 정신분석학은 과학처럼 가설을 설정하고

▶ 초현실주의 작가 살바도르 달리; 기억의 지속

증명해 타당성을 검증하는 즉, 반증 가능성이 없다. 이러한 한계에도 불구하고 그의 이론은 우리를 한 걸음 앞으로 나아가게 했다. 인간을 이성적인 존재로만 보는 시각에서 벗어나게 해준 것이다. 인간을 감성과 감정 그리고 무의식이 있는 입체적인 존재로 볼 수 있게 되었다. 우리는 이제 더 넓은 차원으로 자신을 이해할 수 있게 되었다. 그는 이성을 바탕으로 이성을 비판할 수 있도록 했으며 우리의 세계가 어떻게 설계되었는지를 알 수 있는 가능성을 부여했다. 프로이트의 정신분석학은 20세기를 뒤흔들 만큼 인문, 사회, 철학, 심리학, 예술 등에 두루 영향을 끼치게 된다. 이성의 기획은 이제 한층 더 넓은 것을 다룰 수 있게 되었다.

〈싸이코〉, 비평의 영역에서 프로이트 이론의 활용

프로이트의 이론은 각종 비평에서 무의식과 욕망을 다룰 때 자주 활용된다. 앨프리드 히치콕의 고전인 〈싸이코(psycho), 1960〉를 프로이트의 이론으로 분석해 보자. 회사원인 마리온은 그녀의 연인인 샘과 결혼하기 위해 자신의 회사 사장의 돈을 횡령하고 그를 만나러 가는 길이다. 날이 저물고 그녀는 외딴곳에 있는 한 호텔에 도착했다. 호텔 주인인 노먼은 어머니와 함께 살고 있다고 말하지만, 어머니는 어디에도 보이지 않는다. 그녀는 내키지 않지만, 호텔에 묵기로 하고 짐을 푼 뒤에 샤워한다. 샤워도중 갑자기 괴한이 들이닥쳐 그녀를 무참하게 살해한다. 샤워실 장면은 영화 역사상 가장 무서운 장면 중에 하나로 손꼽힌다. 그 이유는 샤워실은 가장 편안하게 여기는 사적인 공간이기 때문이다. 이 장소에서 무방비로 죽임을 당하는 것은 극단적인 두려움을 불러일으킨다. 이후 수많은 공포영화에서 이 장면이 변주되어 활용되기도 했다.

갑작스러운 주인공의 죽음에 당황스럽지만, 영화는 계속된다. 노먼과 이 호텔에는 비밀이 있다. 아버지가 죽은 뒤 모자는 10년간 호텔을 운영하면서 단둘이 살고 있었다. 어머니는 끊임없이 무엇인가를 요구하고 집착하는 성격이다. 그녀의 이러한 성격은 노먼이 유년기에 프로이트가 지적한 것처럼 발달단계에 맞게 제대로 욕구를 충족하지 못하게 만들었을 수 있다. 어느 날 노먼은 어머니가 새로운 남성을 만나고 있다는 것을 알게 된다. 그는 질투를 느끼고 있었다. 결국 노먼은 어머니가 자신을 버린다고 생각하고 둘을 살해한다. 이 부분은 오이디푸스 콤플렉스의 변형이다. 그는 자신의 욕망을 참지 못하고 억눌린 욕망을 현실에서 실행에 옮겼다. 또한 역할모델을 할 수 있는 아버지가 없었기에 그는 사회화와 질서를 제대로 수용하는 법을 배우지 못했다고 볼 수 있다. 이제 그의 자아는 이 죄책감을 숨기고 지워야 한다. 그는 어머니의 시신을 버릴 수 없었다. 자신의 자아에 일부

분을 어머니의 인격을 만들어 넣는다. 그의 인격은 이제 전혀 다른 두 가지로 나타나게 된다. 어머니는 자신이 죽였지만, 노먼은 자신이 이성에게 좋아하는 감정을 느끼면 어머니가 질투한다고 여긴다고 생각한다. 어머니의 인격이 결국 호텔에 묵은 마리온을 죽인다.

정신분석학의 창시자 프로이트, 1856-1939

프로이트는 정신과 의사였다. 1856년에 오스트리아에서 태어나 1939년 사망했고 빈 대학교에서 의학을 전공했다. 그가 정신분석이라는 용어를 처음 사용한 것은 1896년이다. 그는 오스트리아 출신의 의학자, 생리학자, 심리학자, 철학자다. 정신분석학의 창시자로서, 근대사회를 만든 인간의 이성에 대한 한계를 지적하고 인간이 무의식에 지배를 받는다는 이론을 제창했다.

그는 인간에 대한 사고 즉, 패러다임을 새로 설계하는 데 공헌했다. 그의 모든 이론은 성적 욕구 즉, 리비도와 관련이 있으며, 인간의 이성과 의식을 지배하고 있는 것이 무의식이라고 주장했다. 인간은 19세기 이후 이성을 바탕으로 완벽한 세계를 만들려고 했다. 하지만 인간 이성의 한계를 역설적으로 깨닫게 된다. 인간은 비합리적인 존재임을 거꾸로 인식했기 때문이다. 프로이트의 정신분석학은 가장 비이성적인 영역인 꿈을 이성을 통해 분석하려 했다.

그는 인간의 심리구조를 파악해 정신의 문제를 해결하려 한다. 인간의 의식은 수면 위로 드러난 빙하와 같다. 또한 의식을 좌우하는 거대한 무의식의 영역이 있다고 보았다. 이 영역은 이드, 에고, 수퍼에고로 이뤄져 있다. 이드는 본능을 수퍼에고는 도덕과 윤리를 관장하고, 에고는 이 둘의 균형을 맞춘다. 프로이트는 유아기의 심리발달단계를 크게 구강기, 항문기, 성기기 그리고 잠복기로 구분하고 각각의 단계에 맞는 욕구 충족이 이뤄지지 못하면 정신적, 심리적 문제를 가져온다고 주장했다. 그러나 그의 이러한 분석은 과학의 영역이 아니기에 검증이 불가능하다. 그러나 그의 이론은 20세기의 다양한 학문의 영역에 크게 영향을 끼쳤다. 또한 인간이 비이성적인 존재일 수 있다는 새로운 사고를 가능하게 만들었다는 점에서 큰 의미가 있다.

2강
실존주의와
운명론의 대립

#잃어버린 세대(lost generation)

20세기가 시작되고 사람들은 미래를 장밋빛으로 전망했다. 역사는 진보한다고 믿었다. 또한 과학기술의 발달로 삶은 개선되고 있었다. 비극적인 사건들이 종종 발생했지만 이런 문제들은 대부분 극복해 나갈 수 있다고 믿었다. 그러나 낙관론을 비웃기라도 하듯 1차 대전이 1914년에 발발한다. 사람들의 믿음은 흔들렸다. 단순한 분쟁과 갈등이 아닌 전 세계적인 대전이었다. 900만에 이르는 사상자를 낸 전례가 없는 인류사의 비극이었다. 기술과 산업 그리고 전술의 발전은 희생자를 기하급수적으로 늘렸다. 제1차 세계 대전은 역사상 사망자가 가장 많았던 전쟁 중 하나이며, 전쟁이 끝난 뒤 참전국은 모두 정치, 경제적 거대한 변화의 소용돌이에 빠져들었다.

패전의 책임을 놓고 일부 국가에서는 혁명이 일어났다. 정치적 갈등으로 지배 세력은 교체되었고 정치집단은 끊임없이 정쟁을 벌였고 내전이 일어나기도 했다. 사회적 혼란은 극에 달했다. 1차 대전은 전쟁의 판도와 양상도 바꿔버렸다. 기존의 전쟁은 특정한 지역이나 영토에서 전선을 두고 대치하는 방식이었지만, 1차 대전은 기존과 다른 총력전의 형태가 되었다. 전방과 후방의 의미도 흐릿해졌다. 전쟁을 치르기 위해서 물자 생산, 수송, 후방지원 등이 필요했고 전쟁은 일반 병사만이 아니라 국가 구성원 다수가 참여하는 형태의 총력전으로 바뀌었다. 전쟁은 사회 구성원 모두에게 트라우마를 남겼다.

1차 대전은 오스트리아 황태자의 암살을 계기로 일어났지만, 근본적인 원인 즉, 전쟁의 본질은 제국주의 체제로 인한 식민지 쟁탈이었다. 경제문제가 근본 원인이었다. 뒤늦게 산업화에 뛰어든 독일은 몇십 년 만에 풍부한 자국의 자원을 바탕으로 선진공업 국가와 대등한 수준의 공업화를 이뤘다. 영국과 프랑스 등의 선진공업 국가도 꾸준하게 성장률을 유지하고 있었다. 이 시기 부르주아들은 다른 기업을 인수하고 합병하며 점점 부유해졌다. 가격경쟁을 버티지 못하는 기업은 더 큰 기업에 인수될 수밖에 없었다. 부르주아들은 경제력의 우위를 바탕으로 더 많은 이익을 얻게 되었고 국가 역시 자본가들의 편이었다. 하지만 문제가 생겼다. 자국에서 물건을 팔 수 있는 시장은 더 이상 남아 있지 않았다. 공급이 수요를 초과하기 시작한 것이다. 대중들의 소비 여력은 아직 미흡했다. 충분한 내수 시장은 아직 성장 전이었다. 답은 국외에 있었다. 이들 국가는 식민지를 개척해 수요와 공급의 문제를 해결할 수밖에 없다고 판단했고, 적극적으로 해외시장 개척에 뛰어들어 수요를 늘리려고 했다. 이러한 형태의 시장 개척은 이미 19세기 중반부터 활발하게 진행되고 있었지만, 식민지 쟁탈전은 치열해졌다. 영국이 해가 지지 않는 나라라는 별칭으로 불리며 가장 많은 식민지를 확보했고, 독일과 네덜란드 등의 후발 산업 국가들도 식민지 확대를 국가적 과제로 삼은 시대였다.

결국 이들은 제국주의로 나아가게 된다. 제국주의는 다른 국가를 침략하고 무력으로 점령해 지배원을 확립하는 정치체제다. 경제적으로는 원료 산지와 소비시장을 개척하기 위한 목적이다. 식민지에서 재료를 싼값에 구매하고 이를 가공해 다시 식민지에 비싼 값에 되팔아 수요를 창출하는 것이다. 자본주의 경제 체제를 유지하기 위한 전략이며 이 과정에서는 필연적으로 무력이 동원될 수밖에 없다. 선진자본주의 국가들에게 식민지는 설득의 대상이라기보다는 개척해야 하고 착취하며 문명을 전달해야 하는 미개한 나라에 불과했다. 이들은 무력을 통한 방식이 더 효율적이라고 판단했다. 더 많은 시장을 확보하기 위한 식민지 확보 경쟁은 결국 필연적으로 거대한 전쟁을 불러오게 된다. 1차 대전은 대영제국, 프랑스, 러시아로 이뤄진 삼국 협상 국가와 독일 제국과 오스트리아-헝가리 제국의 동맹국들 사이에 발생했지만, 곧 확전된다. 더 많은 국가가 자국의 이권을 추구하며 개입하게 되었다. 과학의 발달은 더 효과적인 살상 무기를 고안하고 기술 발전은 이를 실현할 수 있게 만들었다. 이로 인해 수 백만 명의 인명피해가 발생했다. 많은 사람을 효과적으로 죽이기 위한 방식과 무기체계를 만드는 것. 우리의 삶을 개선하고 문명의 진보를 가능하게 만든 이성은 이제 과학기술을 통해 인류를 위협하기 시작했다. 1차 대전 이후 인간의 이성에 대한 회의 그리고 전쟁 이후의 무력감들은 전후 다양한 형태로 나타나게 된다. 니힐리즘 즉, 허무주의 등이 출현하게 되었고 1920년대는 기존 예술의 형태를 부정하고 불합리성을 강조하며, 영화나 회화에서 구체적인 맥락이 없는 극단적 형태의 예술 양식이 눈길을 끌었다. 이러한 예술의 양식은 다다이즘(dadaism)으로 불렸다.

한편 미국은 1차 대전에 가장 마지막으로 참여하고 승전국이 되어 경제적인 이득을 누렸다. 하지만 전쟁에 직접 참전한 미국의 젊은이들은 전쟁 이후의 상실감과 회의주의에 빠져들었다. 이상과 도덕, 윤리에 대한 문제의식 없이 전후 막대한 경제적 부를 손에 넣게 된 미국 사회와 기성세대에 대한 실망감을 느꼈다. 일부 예술가들은 이런 사회 분위기에서 벗어나 당시 예술의 중심이었던 파리로 향한다. 대표적인 인물이 헤밍웨이 그리고 피츠제럴드 등이다. 이들 세대는 상실과 실망감에 가득한 세대라는 의미의 로스트 제너레이션(lost generation)으로 불리게 되었다. 하지만 평화는 잠깐이었다. 전쟁은 아직 끝나지 않았다. 몇 년 지나지 않아 더 큰 규모의 두 번째 세계적 전쟁이 사람들을 기다리고 있었다. 비극은 되풀이되었다. 사르트르의 실존주의는 이 시대와 관련이 깊다. 사르트르는 1차 대전을 겪었으며 2차 대전에서는 독일에 저항해 레지스탕스 즉 저항군으로 전선에 직접 참여하기도 했다. 실존주의는 이러한 시대적 배경을 고려해야 한다.

실존과 운명의 대립

프로이트가 발견한 무의식의 영역은 인간의 이성의 한계를 드러내는 데 기여했지만, 당시 큰 영향력을 끼치지 못했다. 기존의 체계는 공고했기 때문이다. 1차 대전이 발발하기 이전까지도 인간에게 이성은 절대적이었다. 이성은 곧 진리와 동일한 의미였다. 프로이트가 말한 무의식의 영역이라는 것도 시간이 지남에 따라 이성이 발달해 곧 정복이 가능한 대상이라고 생각했다. 이성이 해결할 수 없는 것은 없었다. 무의식은 이성으로 조절이 가능하고 통제할 수 있는 부분이다. 이성의 세례를 아직 받지 못한 미개척의 영역에 불과한 것이다. 문명화된 우리가 가서 이들을 개화시켜주겠다는 사고가 아직은 사람들을 지배한 것과 유사하다고 볼 수 있다.

▶ 〈매트릭스 리로리드, 2003〉 네오는 소스로 돌아가 기계와의 전쟁을 끝내고 사람들을 해방시키려 한다. 그 과정에서 시스템을 설계한 아키텍쳐 즉 기계를 만난다. 그는 인간의 모습으로 네오를 맞이하고 있다. 아키텍쳐는 네오에게 "완벽한 세계를 만들려 했지만 인간들이 그것을 견뎌내지 못해 첫 번째 매트릭스는 실패했고 너는 시스템을 개선하기 위해 만들어진 변종이며 7번째"라는 말을 건낸다. 아키텍쳐의 모습은 이성을 믿었던 프로이트와 닮았고 기계가 원했던 완벽한 매트릭스는 이성의 기획과 유사해 보인다.

그러나 이러한 사고는 서서히 사람들을 옥죄기 시작했다. 1차, 2차 대전을 거치며 기존의 믿음과 사고체계가 흔들렸기 때문이다. 이성은 과연 우리의 삶에 어떤 영향을 끼쳤을까. 이성의 발달이 물질적 풍요와 편리한 생활을 만들어 주었다. 그러나 빛과 그림자는 언제나 같이 존재할 수밖에 없다. 거꾸로 이성은 인간을 도구로 만들었다. 인간은 수단이 되어버렸다. 전쟁에서 승리하기 위해 병사는 소모품이 되었고, 많은 수익을 내기 위해 인간의 노동력은 공장의 부품처럼 취급받았다. 불평불만을 털어놓거나 시스템에 반하는 노동자는 언제든 해고하고 교체하면 되었다. 사상가들은 인간이 목적으로서의 존재가 아닌 수단으로 취급받고 있는 것은 아닌가 하는 의문을 품기 시작한다. 사람의 목숨은 언제나 쓰고 버리는 물건이며 목적을 달성하기 위해 치러야 하는 비용에 불과해졌다. 사람은 이제 소모품이 되었고 인적 자원으로 불렸다.

"적진에 3만 명을 투입하고 진격 명령을 내려라."
"그 지역을 지켜야 한다. 병사는 얼마든지 희생해도 상관없다."

인간이 전쟁이라는 목적을 수행하기 위한 게임 아이템처럼 변해버렸다. 수많은 인명피해를 낸 1차와 2차 대전 이후 인간에 대한 믿음과 신뢰 그리고 이성의 기획과 한계에 대한 비판적 그리고 반성적 사유가 나올 수밖에 없었던 것은 당연한 결과였다.

실존주의는 2차 대전이라는 비극적 상황 이후의 반성적 사유와 맞닿아 있다. 극단의 시대였다. 하지만 비극적 상황에서도 인간은 현재를 살고 있다. 우리는 스스로 삶의 의미를 찾아야 하고, 어떤 삶을 추구해야 하는지에 대해서 고민해야 하는 존재이다. 인간이 절대적으로 믿었던 완벽

▶ 1차 대전의 무기체계: 인명살상을 최우선으로 두었다.

한 이성에 대한 믿음은 두 번의 전쟁을 거치며 신뢰를 잃었다. 이성을 절대적으로 믿었던 인간의 오만에 대한 반성이 필요했다. 인간은 반성하는 주체로서 물질문명의 부작용을 막고 폭력을 통해 세계를 파괴하고자 하는 욕망에 대해 성찰을 해야 한다. 현재의 문제를 스스로 파악해야 할 필요가 있었다.

실존은 본질에 앞선다

1980년 프랑스에서 두 명의 위대한 사상가인 롤랑 바르트와 사르트르가 죽음을 맞이했다. 이 두 사람은 학문적으로 위대한 업적을 남겼지만, 삶의 태도와 추구하는 목표 및 실행 방향은 전혀 달랐다. 사르트르가 사회참여에 적극적이었고 자유를 위협하는 모든 것에 대해 투사처럼 행동했다면 바르트는 특정한 단체나 모임에 참여하는 것에 관심을 두지 않았다.(바르트는 구조주의 사상가로 2장의 4강에서 다루게 된다.) 이 둘을 놓고 누가 더 좋고 나쁜가. 혹은 우월한 사상가인가 등의 가치판단과 비교 우위를 말하고자 하는 것은 아니다. 그럴 수도 그럴 필요도 없다. 그들은 자신의 신념과 삶의 지향에 따라 다른 원칙을 가지고 삶을 살았을 뿐이다. 사르트르는 지식인의 역할은 현실에 적극적으로 참여해 사회를 개혁해야 한다는 입장이었다. 따라서 현실의 문제에 대해서 발언하는 것을 당연한 것으로 여겼다. 그는 이론뿐만 아니라 실천하는 것이 참된 지식인의 삶이라는 신념을 실천하려 했다.

실존주의의 가장 유명한 명제는 "실존은 본질에 앞선다."라는 것이다. 먼저 실존은 무엇이고 본질은 무엇인가. 이러한 의문부터 들 것이다. 추상적 의미에 접근하는 방법 중의 하나는 대립하는 개념이나 의미를 떠올리는 것이다. 실존주의를 놓고 '구조주의'가 이에 상반된 개념과 사조를 대표한다고 볼 수는 없지만, 편의상 이 두 사상을 대립시켜 쟁점을 비교할 수 있다. 가령 인간이라는 존재는 (사회)구조에 의해 만들어지는가. 아니면 스스로 선택에 의해서 모든 것을 결정할 수 있는 존재인가. 인간이라는 존재를 두고 이 두 사상은 전혀 다르게 접근한다. 1960년대 양측의 입장은 첨예하게 대립하며 논쟁을 이어 나갔다.

구조주의라고 할 때, 구조라는 어휘를 볼 때 일정한 모양과 체계가 떠오르지 않는가. 그렇다면 실존주의는 구조와 체계 그리고 모양과 형식을 중요하게 여기지 않는다. 즉, 대립하는 견해를 가지고 있을 것으로 추측할 수 있다. 우선 실존주의 유명한 말인 실존은 본질에 앞선다는 의미부터 생각해보자. 사르트르가 강조한 이 명제의 의미는 그가 철저한 무신론자였다는 것과 관련이 깊다. 사람은 왜 태어나는가. 우리가 태어나는 이유를 우리는 설명할 수 있는가. 사람이 목적을 가지고 태어나는 것은 아닐 것이다. 자기 삶의 가치와 목표 그리고 가치관, 삶의 목적을 처음부터 가지고 있는 사람은 없다.

내가 어떤 목적을 위해 이 세상에 태어난다는 것, 이러한 사고를 결정론이라고 부를 수 있다. 하지만 사르트르는 이러한 사고방식을 거부한다. 다시 구조주의를 떠올려보자. 이 이론은 인간이 구조의 영향에서 벗어날 수 없다는 것, 그것이 필연적임을 인정한다는 것을 의미한다. 구조주의는 우리의 사고는 언어의 구조와 문화의 영향에 의해 지배받고 있다고 주장한다. 실존주의의 입장에서 사르트르는 당연히 이러한 전제를 받아들일 수는 없었을 것이다. 필연적으로 논쟁이 뒤따르게 된다.

우리는 지구에 살고 있다. 사실 우주의 크기를 생각할 때 태양계에서 지구는 먼지 하나만도 못하다. 그렇다면 우리는 지구의 주인이고 신의 선택을 받은 특별한 존재인가. 우리를 구성하고 있는 원자단위의 성분이 사실 우주의 먼지에 불과하다는 것도 알고 있다. 정확하게 말하면 우리는 우주먼지의 원소로 구성된 것이다. 천문학자 중에서 우울증과 자살자의 비율이 높다는 통계자료가 있다. 광대한 세계를 관찰하고 그 안에서 의미를 찾다 보면 인간으로서 자신의 한계를 역설적으로 깨닫기 때문일지 모른다. 우리는 얼마나 왜소한가.

태양계를 은하계와 비교해 보면 더 보잘것없다. 우주에는 우리가 관찰할 수 있는 은하가 50억 개 정도이며, 이 숫자는 지구에 있는 모든 모래알의 개수를 합한 것보다 많다. 그렇다면 그 안의 행성과 항성의 수를 세어본다면 어떨까. 우주의 크기는 인간으로서는 상상이 불가능한 영역이다. 우리는 사고와 사유는 경험에 의존하기 때문에 상상할 수 없는 정도의 크기를 인간의 언어로 정의한다. 그것이 의미가 있을까. 사르트르가 무신론자인 이유는 분명하다. 인격을 가진 신이 특별한 이유가 있어서 인간만을 주의 깊게 관찰한다는 것, 그리고 인간의 삶을 주관하는 인격화된 신이 있다는 믿음 자체가 실존주의의 입장에서 의미가 있을까. 사르트르의 실존주의가 무신론적 실존주의라고 불리는 이유이다.

천문학자이며 과학저술가로 『코스모스(cosmos)』를 쓴 칼 세이건은 지구를 '창백한 푸른 점(Pale Blue Dot)'이라고 불렀다. 사진은 그가 참여한 보이저 1호가 1990년 6월 명왕성 부근에서 촬영한 사진이다. 보이저호에 실린 촬영 카메라의 방향을 돌려 약 64억km 떨어진 곳에서 본 지구의 모습을 우리에게 전송했다.

"*여기 있다. 저것이 우리의 고향이다. 저것이 우리다. 우리가 사랑하는 모든 이들, 우리가 알고 있는 모든 사람들, 당신이 들어봤을 모든 사람들, 존재했던 모든 사람들이 그곳에서 삶을 영위했다. 우리의 기쁨과 고통이 총합, 확신에 찬 수많은 종교, 이데올로기들, 경제적 독트린들, 모든 사냥꾼과 약탈자, 모든 영웅과 비겁자, 문*

© NASA

명의 창조자와 파괴자, 왕과 농부, 사랑에 빠진 젊은 연인들, 모든 아버지와 어머니, 희망에 찬 아이들, 발명가와 탐험가, 모든 도덕의 교사들, 모든 타락한 정치인들, 모든 슈퍼스타, 모든 최고의 지도자들, 인간 역사 속의 모든 성인과 죄인들이 저기—태양 빛 속에 부유하는 먼지의 티끌 위—에서 살았던 것이다." _ 칼 세이건

우연히 지구라는 작은 공간에 태어난 인간에게 존재의 타당성과 결정된 운명이라는 것이 과연 있을까. "신이 너를 이러한 일을 하도록 만들어 준 거야. 그러니까 딴생각하지 말고 그냥 밭을 갈아라. 너의 주어진 운명을 받아들여라." 이러한 주장은 실존주의에서 허용되지 않는다. 또한 자신이 태어난 이유와 목적에 대해 말할 수 있는 사람도 없다. 우리는 그냥 아무 이유 없이 태어난 것이다. 태어난 이유로 삶을 살아가고 있는 것이다. 인간은 다양한 목적을 위해 신을 스스로 만들어낸 것에 불과하다. 우리의 존재 이유를 찾기 위해서라면 『이기적 유전자』의 리처드 도킨스의

견해가 더 타당해 보일 수도 있다. 그 역시 신의 존재를 인간의 필요에 의해서 만들어진 것으로 본다.

도킨스는 더 극단적이다. 우리의 선택과 행위 선호 등은 모두 유전자의 선택에 불과하다고 보기 때문이다. 지나친 유전자 결정론으로 비판받기도 하지만 운명론 그리고 초월적인 존재인 신을 부정하고 있다는 부분에서 큰 차이는 없다. 모든 것이 예정되어 있고 결정되어 있다는 결정론 그리고 운명론은 독재와 지배를 정당화하기 위해 활용되는 이데올로기가 될 수 있기에 위험하기도 하다. 박정희 정권이 국민교육헌장을 외우게 만들고 '우리가 민족중흥의 역사적 사명을 가지고 태어났다'고 주입한 이유도 통치의 정당화를 위한 목적이었다. 그들은 국가와 권력에 충성하고 지배 질서를 따르며 주어진 환경과 제도가 불합리하다고 해도 순응할 것을 요구했다. 즉, 국민교육 헌장은 불합리한 제도와 질서를 자연스레 포장하기 위해 거창한 의미를 붙인 것에 불과하다.

한편 구조주의는 인간 모두에게 보편적으로 적용되는 구조라는 개념을 바탕으로 논의를 전개한다. 구조주의자들은 우리는 사회나 이데올로기 그리고 언어라는 구조에 의해 우리가 영향을 받고 있다고 본다. 대립하는 부분이 명확하다. 인간은 아무런 의미 없이 자유롭게 태어났다. 살아가면서 스스로 자신을 만들어 나가는 것이 진정한 인간의 본질적 가치를 추구하는 과정이다. 사르트르가 강조한 실존이 본질에 앞선다는 것은 우리의 삶에 정해진 목적은 없으며 스스로 선택을 통해 끊임없이 자신을 변화시킨다는 것을 강조한 것이다. 삶을 살아가면서 우리는 끊임없이 선택해야 한다. 시험을 잘 못 봤다고 가정했을 때 "올해 재수를 해야 하나? 그냥 점수에 맞춰서 학교를 다녀야 할까?" 선택해야 하고, "이 여자를 선택해야 할까? 다른 남자를 만나야 하나?" 하면서 우리는 매 순간 판단을 내릴 수밖에 없다. 인간은 자유로 저주받은 존재이다. "저는 선택을 하지 않습니다. 부모님께 모두 맡길 겁니다."라는 표현도 마찬가지로 부모에게 선택을 맡긴 자신의 실존적 선택이다. 선택이 지금의 나를 만든 것이다.

즉자존재와 대자존재 그리고 자유

실존주의를 잘 설명할 수 있는 영화가 〈영웅본색, 1986〉이다. 1986년 홍콩인들은 홍콩의 중국반환을 앞두고 우려가 컸다. 영화에는 사람들의 이런 집단 심리가 투영돼 있다. 하지만 곳곳에 선택의 문제라는 실존적 고민을 다양하게 변주해 보여준다. 이러한 의미를 드라마의 갈등 구조에 잘 숨겨 놓았다. 〈영웅본색〉이란 인간의 본성과 본질을 뜻한다. 4명의 캐릭터가 극을 끌어간다. 소마라는 캐릭터가 바로 이 실존주의를 대표하는 인물이다. 그리고 소마의 친구인 호와 경찰인 호의 동생 자걸과의 갈등도 등장한다. 소마와 호를 배신하고 자신의 권력과 이익에 충실한 대립적 인물인 아성도 중요한 상징적 의미가 있다. 소마와 호는 폭력조직이지만 인간과 인간에 대한 의리와 신뢰를 중요하게 여긴다. 극적인 장치를 위해 언제나 그렇듯 호는 마지막 한 건을 하고 조직에서 나가려고 한다. 그러나 부하인 아성의 배신으로 경찰에 붙잡히게 된다. 호의 동생 아걸은 형이 조폭인 줄 모른다. 지금껏 형의 도움으로 가족과 그는 경제적인 어려움이 없이 살아왔다. 배신자인 아성이 호와 자걸 형제의 아버지를 살해하고 호에게 누명을 씌운다. 이 상황을 알게 된 소마는 호의 복수를 하다가 다리에 총을 맞게 되고 폐인으로 삶을 살아가고 있다. 배신자인 아성은 옛 보스인 호와 소마를 착취하고 무시한다. "강호의 의리가 땅에 떨어졌다."라는 말과 함께 소마와 호는 모든 상황을 알게 되고 조직의 보스가 된 자신의 옛부하인 아성 만나서 최후의 대결을 벌이려 한다. 결전에 돌입하기 전 이 둘은 신을 모신 사당에서 만난다. 호는 소마에게 묻는다.

"신을 믿나?" 소마는 대답한다.

"신은 없어. 내가 바로 신이야. 왜? 스스로의 운명을 통제할 수 있는 것이 신"이라고 대답한다.

▶ 〈영웅본색, 1986〉

총격전이 벌어지지만 적을 모두 상대하기는 버겁다. 호는 소마가 죽을 것을 염려해 동생을 보트에 태우고 먼저 이곳을 빠져나가라고 설득한다. 소마는 보트를 타고 출발했지만 갈등한다. 자신이 먼저 나가게 되면 결국 호는 죽게 될 것이다. 소마는 다시 방향을 돌린다. 그는 실존의 문제에서 선택해야 했다. 둘을 구하기 위해서 돌아가면 자신이 죽을 수도 있다. 결국 그는 자신을 희생해 호와 동생 아걸을 살린다. 그리고 스스로 영웅 같은 죽음을 맞이한다. 인간의 본성과 본질은 결국 자신의 선택으로 이뤄진다는 것이다. 이것이 인간의 본질이며 영웅의 본색이라는 의미를 영화를 통해 보여주고자 했다. 우리는 이렇게 매번 자신의 판단으로 자신을 만들어 간다. 친구를 살리겠다는 의지와 자의식이 자신을 죽음으로 몰아넣겠지만 그렇게 할 수밖에 없다. 자신의 결정과 판단 그리고 그 판단에 책임을 지는 것. 이것이 바로 영웅의 모습인 것이다.

인간은 자유로 저주받았다

우리는 어떤 삶을 살아야 하나. 인간은 스스로 선택할 수 있는 존재는 자의식을 가진 존재, 자기를 알고 끊임없이 변화해 만들어 나갈 수 있는 존재다. 사르트르는 이런 존재를 대자존재라고 불렀다. 자신을 끊임없이 부정하는 존재라는 의미이다. 사람은 선택해야 한다. 고정된 하나의 대상에 머무르는 것이 아니다. 계속 스스로 변화시킬 수밖에 없고 그것이 삶인 것이다. 하지만 내 앞에 있는 컵이나 분필 등은 자기를 벗어날 수 없다. 본질이 고정된 존재들이다. 이들은 자의식이 없다. 도구로 활용되는 수단이다. 이는 즉자존재이다. 용도에 맞게 제작된 존재. 존재에 앞서 이미 본질이 주어져 있는 것들이다.

이러한 개념은 사람에게도 동일하게 적용된다. 현대사회에서 우리는 사회의 구성에 맞춰진 어쩌면 즉자존재가 아닐까. 아무런 생각 없이 주어인 일을 기계적으로 처리하는 일상. 주어진 업무와 역할에서 벗어날 수 없으며, 기계적으로 책상에 앉아 부품으로 전락해 버린 인간이라는 즉자존재. 스스로 선택하고 판단하며 결과에 책임을 지는 존재가 될 수 있는가. 인간관계와 사회생활에서도 즉자존재와 대자존재는 여전히 존재한다. 타인은 나를 공격하고, 경쟁에서 승리해 밟고 올라서려 한다. 경쟁에서 승리하면 나는 대자존재가 되고 상대방은 즉자존재가 된다. 사르트르는 이를 적용해 냉정하게 현실을 바라보았다. 사람은 타인에 의한 사랑을 통해 변화하는 것이 아니라 남을 이기려는 욕망으로 존재하며 그것이 삶의 비극이지만 본질이 될 수밖에 없다고 보았다. 타인은 결국 지옥이다.

남과 나의 관계는 한쪽이 즉자존재가 되고 한쪽은 대자존재가 되면 끝난다. 이 과정은 끊임없는 연속적 과정이다. 삶은 대자존재가 되기 위한 투쟁이다. 이러한 지옥과 같은 삶에서 벗어날 수 있을까. 사르트르는 이에 대한 직접적인 해답을 내놓지는 않는다. 다만 그는 인간의 자유와 자유의지를 믿었다. 우리가 선택에 따라 사회와 제도도 달라진다고 본 것이다. 사르트르가 끊임없이 현실에 참여하고 실천을 강조한 이유는 인간의 자유를 위협하는 모든 제도와 사상 그리고 자유를 제한하는 권력을 참을 수가 없었기 때문이다. 그가 부당한 현실에 끊임없이 목소리를 낸 이유이다. 자유의지를 가진 인간이라는 존재는 억압적 질서를 인간에 덧씌우고 교묘하게 이를 숨기고 이용하려는 자에 대해서 저항해야 한다. 자유는 사회적 책임까지 포괄하고 있다. 그는 이렇게 이성이 만든 기획 그리고 거대한 제도와 체제의 문제에서 사는 우리에게 고민거리를 남겼다.

〈미드나잇 인 파리, 2011〉

미국인 소설가 길은 약혼녀와 함께 파리로 여행을 온다. 그러나 약혼녀인 그녀는 파리의 낭만과 예술에는 관심이 없고 쇼핑과 화려함만을 추구한다. 소설을 구상하며 밤거리를 거닐던 길은 우연히 12시 파리 한복판에서 차를 타고 1920년대로 되돌아간다. 매일 밤 그가 가는 클럽에서 그는 헤밍웨이, 살바도르 달리, 피카소, 루이스 브뉘엘 등을 만난다. 그리고 피카소의 연인 애드리아나와 사랑에 빠진다.

영화가 배경으로 삼고 있는 1920년대 파리는 1차 대전이 끝난 뒤 전 세계의 예술가들이 모여드는 곳이었으며, 이들은 다양한 교류를 통해서 창작을 위한 영감을 얻기도 한다. 로스트제너레이션 의미는 전쟁 이후 삶의 방향과 가치를 잃어버린 세대라는 뜻을 담고 있으며, 헤밍웨이의 전반기 작품들의 주제 의식과 관련이 있다. 영화가 말하고자 하는 것도 실존주의의 의미와 관련이 깊다. 사람은 지금이 아닌 과거의 황금기를 동경한다. 완벽한 과거를 꿈꾸지만 결국 자신의 황금시대는 지금이라는 것. 당신이 여기에 머물면 이 시대가 당신의 현재가 된다. 현재에 충실하라는 의미도 담고 있다.

장폴 샤를 에이마르 사르트르(1905년~1980년)

프랑스 철학자이자 작가이며 실존주의의 대표적인 사상가이다. 실존주의는 운명을 거부하고 자유의지를 바탕으로 스스로의 선택을 통한 삶의 의미와 가치를 강조한다. 사르트르는 수재들의 산실이었던 파리고등사범학교를 졸업했다. 그를 말할 때 항상 언급되는 부분이 보부아르와의 계약 결혼이다. 그의 삶에 큰 영향을 끼친 부분은 1939년 2차 세계대전에 참전하고 포로가 된 것이다. 전쟁에서 그가 경험한 부분은 실존주의가 강조하는 인간성에 대한, 인간을 바라보는 태도에 대한 문제와 관련이 깊다. 전쟁 이후 사회의 불합리와 모순, 개인의 자유를 제한하는 사회제도의 모순을 개선하려는 사회참여 활동을 이어갔다. 그는 자신의 사상과 의미 그리고 주제 의식을 문학으로 형상화했다. 『구토(1938)』를 통해 처음으로 명성을 얻게 된다. 또한 대표작인 『존

재와 무』를 비롯해 1943년에 『실존주의는 휴머니즘이다(1946)』를 출간한다. 1964년 노벨 문학상을 자신의 신념과 맞지 않는다는 이유로 거절하기도 했다.

3강
현대사회의 원형 –
감옥과 정신병원

#저 반역자들을 잔혹하게 죽여라

곧 처형이 시작될 것이다. 수많은 사람이 콜로세움에서 검투사가 싸우는 것을 보듯 사형수에 환호한다. 함성과 동시에 사형수들 목이 잘려 나간다. 환호와 야유가 두려움과 함께 묻어나왔다. 공개 처형은 사회를 통치하고 질서를 유지하기 위한 하나의 방법이었다. 과거나 지금이나 공동체 생활을 하는 인간은 규칙을 어겼을 때 형벌과 처벌을 받게 된다. 죄에 따른 처벌은 사회정의(social justice)의 실현이기도 하다. 그러나 과거와 같은 방식의 처벌은 더 이상 활용되지 않는다. 무엇이 이러한 변화를 만들어 낸 것인가. 왜 이러한 공개처형제도가 사라진 것일까. 이 변화의 과정에서 우리는 사회 구조의 변화를 파악할 수 있으며 현대사회의 운영원리와 관련된 이성의 기획을 찾아낼 수 있다. 연구주제를 찾을 때 필요한 것은 상상력과 호기심이다. 특히 사회현상을 연구할 때 이러한 호기심과 상상력은 중요한 역할을 한다. 사회학에서는 이를 사회학적 상상력으로 부른다.

왕의 통치가 이루어졌던 전근대와 중세에 공개처형은 공포감을 극대화하는 통치 방식 가운데 하나였다. 반역을 꾀하면 처벌받게 된다는 것을 구성원에게 각인시키는 것이다. 이러한 통치방식에 동서양의 차이는 없다. 조선시대에 가장 엄격한 처벌을 받는 죄는 모반이었다. 왕의 권위에 도전하거나 왕조를 교체하려는 시도는 3대가 멸

▶ 18세기 프랑스의 공개처형을 묘사한 그림

족당하거나 효수, 부관참시 등 잔혹한 형벌에 처해진다. 고신이라 불리는 고문을 통해 죄인에게 극도의 고통을 가하기도 한다. 아래의 내용은 푸코의 『감시와 처벌』의 한 부분이다.

"망나니는 펄펄 끓는 물에 쇠부지깽이를 담가보더니 그 끓는 물을 각각의 상처에다 흠뻑 부었다. 그리고는 말에 맬 밧줄과 사형수의 몸을 묶은 포승을 단단히 연결해 놓았다. 말에 마구가 채워졌고, 사지의 한 부분마다 말 한 마리씩을 할당해 놓았으며, 각각의 말에는 또 망나니가 한 명씩 따라 붙었다. 이윽고 말들을 재촉하여 사형수의 팔 다리를 사정없이 끌어당겼다. 15분쯤 후에 똑같은 짓을 몇 번 되풀이하다가 말이 진행하는 방향을 이번에는 바꿔서 발목에 묶어 놓은 말을 팔 쪽으로

잡아당기고 팔은 발 쪽으로 서로 엇갈리에 잡아끌자 팔이 관절 부분에서 부러지기 시작했다. 여러 번 이렇게 했지만 사지가 완전히 빠지지는 않았다…. 삼손이라는 집행관과 족집게를 들고 있던 다른 망나니가 이번에는 저들 주머니에서 칼을 끄집어내더니 다리가 관절에서 부러지는 것을 막기 위해 허벅다리를 그 칼로 끄집어내더니 다리가 관절에서 부러지는 것을 막기 위해 허벅다리를 칼로 도려냈다"… (중략)
_ 다미앵의 처형

공개처형제도는 서구에서도 근대 초기까지 계속되었다. 서구가 동양을 미개하고 문명이 발달하지 않은 듯 취급했지만, 그들도 이러한 처형을 한 것은 마찬가지였다. 하지만 근대 이후 이러한 방식의 처벌과 형벌 제도는 거의 없어졌다. 아무리 잔혹한 범죄를 저지른다고 해도 지금의 사회제도에서는 공개적으로 사람을 사형에 처하거나 극도의 고통을 가하지 않는다. 푸코는 이러한 처벌제도의 변화를 통해 중세와 근대 이후의 어떤 근본적인 차이를 짚어낸다. 이 학자는 새로운 방법을 동원해 사회 변화원리를 설명했다. 그의 작업은 우리가 새롭게 사회를 이해할 수 있도록 하는 통찰을 제공해 주었다.

이 처형제도를 눈앞에서 본다고 하면 대단한 볼거리가 될 것이다. 오락거리가 없던 사람들에게 스펙터클이 될 것임에는 분명하다. 이와 같은 근대 이전의 공개처형은 권력을 과시하려는 목적이 강했다. 왕은 곧 국가였고 권력 그 자체를 상징했다. 절대왕정 시절 루이 14세는 태양왕이라는 이름으로 불리며 '짐이 곧 국가'라는 절대적 권위 그 자체였다. 왕권신

수설도 동원해 왕의 권한은 신에게서 물려받았다고 사람들에게 각인시키고 복종을 강요했다. 왕의 안전을 위협하고 체제를 해체하려는 시도는 신에게 대항하는 행위였다. 이들을 엄격하게 처벌해 왕의 권위를 세우고 체제의 안정을 이루려 했다. 하지만 근대 이후에 접어들면서 상황이 바뀌기 시작한다. 이 같은 처벌이 더 이상 효과를 발휘할 수 없게 된 것이다. 도시가 발전하고 인구가 늘어 수십만 명이 사는 도시 규모에서 광장에 몇몇을 모아놓고 공포를 주는 방식이 얼마나 큰 효과를 발휘하겠는가. 이러한 상황에서 권력은 좀 더 효과적으로 체제를 유지할 수 있는 방법을 찾아야 했다. 공포를 이용한 통치 방식은 더 이상 효과를 기대하기 어려워졌다. 사회제도와 더불어 통치와 통제의 방식은 바뀔 수밖에 없다. 새로운 사회체제를 고안해야 하고 공포가 아닌 다른 방식으로 공동체를 유지할 수 있도록 해야 했다. 그 방법이 바로 자발적 통제의 방식인 것이다. 소수가 가지고 있었던 권력을 다수의 구성원에게 나눠주고, 사람들이 스스로 질서화 제도를 지키도록 하는 방식으로 사회체제를 바꾸는 것이다. 권력은 눈에 드러날 필요가 없어졌다.

사회를 바라보는 독특한 시각

푸코가 사회변화를 보는 관점을 다른 사상가들과 비교하면 그의 이론은 독특해 보인다. 사상가들은 다양한 이론으로 근대 이후의 사회의 체제와 구조의 변화를 설명했다. 다윈은 자연현상을 다룬 학자이지만 그의 진화론은 당시에 여러 학문에 큰 영향을 끼쳤다. 진화론은 진화의 원리에 의해서 즉, 주어진 환경에 가장 잘 적응한 개체가 살아남아 자손을 남긴다고 보았다. 이 진화론을 사회현상에 적용한 학자가 스펜서이다. 그는 자연선택의 원리를 사회에 적용해 사회진화론을 만들었다. 이후 서양은 식민지 정복과 지배를 정당화하는 이론으로 사회진화론을 활용했다. 서양이 문명의 발전과 산업화를 이뤘기 때문에 문명 상태에 이르지 못한 아프리카나 아시아 국가를 지배하는 것이 정당하다는 것이다. 사회진화론은 특정한 목적으로 만들어졌다고 의심할 수밖에 없다.

칼 마르크스는 자본주의 체제와 변화를 설명하기 위해 지속해서 이윤을 만들어 낼 수 있는 생산수단을 누가 소유하느냐는 의문에서 사회변화의 원인을 찾았다. 부르주아 즉, 자본가들은 더 많은 생산수단을 소유하고 노동자를 착취하는 자본주의 사회의 모순에 그는 주목했다. 부의 불평등으로 인해 계급 간의 갈등으로 혁명이 일어나 사회주의, 공산주의 사회로의 변화가 일어나게 되고 이 과정은 역사적 법칙이며 필연성을 갖는다고 보았다. 당시의 많은 사상가는 사회변화에 특정한 목적의식을 포함했다. 이성은 무한하게 진보하고 발전할 수 있기에 인간이 만든 사회 역시 진보하고 발전한다고 여겼다. 이것이 바로 역사와 사회발전의 필연성과 목적성이다. 인간이 이성을 바탕으로 필연적인 역사적 발전의 법칙에 의해서 진보할 수 있다는 무한한 믿음을 가지고 있었다. 푸코는 이런 관점에 동의할 수 없었다. 이러한 변화의 필연성과 목적성을 인정하지 않았다. 통치체제 그리고 사회의 운영원리가 바뀐 것은 특정한 목적을 실현하기 위한 것도 일정한 법칙이 있는 것도 아니었다. 사회의 변화는 권력을 가진 통치자와 사회구성원에게도 그냥 자연스러운 흐름에 불과하다고 여겼다. 스스로 자신을 통제하고 법과 질서를 지키는 것이 효율적이었을 뿐이었다. 또한 사회가 변하고 복잡해지자 기존의 사회체제가 효과적인 역할을 하지 못하자 새로운 체제와 제도가 생긴 것이라 본 것이다. 공문서에 꼭 도장만을 서명으로 인정한다거나 모든 공문서를 팩스로 받아야 한다면 얼마나 불편할 것인가. 전자문서와 사인도 도장과 같은 효력을 갖는다면 결국 많은 사람이 더 편한 것을 사용하고 기존의 것은 점차 사라지는 것과 마찬가지다.

동성애자로서의 삶 그리고 감옥의 탄생

그의 이론은 성적 정체성과도 관련이 있다. 푸코는 동성애자였다. 평범하지 않은 성적 취향을 인정한다는 것은 사회적 타자가 되는 것이다. 자신이 일반인과 다른 소수에 해당한다면 세상을 다르게 볼 수 있을지도 모른다. 이러한 성향은 기존과 다른 방식으로 사회와 역사를 연구하도록 했을 것이다. 그는 의사의 아들로 태어나 경제적으로 어려움을 겪지 않고 성장했다. 그러나 2차 대전의 비극을 경험했고 나치의 만행과 전쟁으로 인한 트라우마도 겪었다. 1강의 프로이트의 정신분석학에서 다룬 것처럼 유년기의 기억과 체험은 삶의 방식과 가치관에 영향을 미치기는 하지만 그것이 한 사람의 모든 것을 설명하는 요인이 될 수는 없을 것이다. 하지만 그가 남과 다른 시각과 방식으로 근대사회의 운영원리나 형벌제도, 그리고 광기의 역사를 분석하고 독특한 사고와 발상으로 사회 현상을 이해하려 했다는 것은 분명하다. 그는 후기 구조주의자의 한 사람으로 평가를 받는다. 정신병원에서 근대사회의 형태를 이해하려 하거나 우리가 일상적으로 사용하는 언어 혹은 기호를 연구하며 다양한 사례를 바탕으로 기원을 추적하는 연구 방법을 그도 활용했다. (구조주의는 2장의 3강 자본주의와 신화론에서 다룰 것이다.)

푸코의 관심은 현대자본주의사회의 숨겨진 의미와 질서 그리고 구조에 있었다. 그 방법은 고고학자의 방식과 유사하다. 과거의 흔적, 자료를 바탕으로 제도를 살피고 그 의미를 밝히는 작업이다. 고고학자가 유물을 통해 과거를 보듯 그는 다양한 자료를 통해 사회현상의 변화를 보려고 했다. 마침내 푸코는 근대와

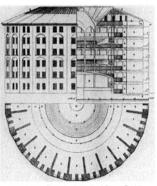

▶ 벤담이 설계한 최초의 근대 감옥: 판옵티콘

현대의 체계와 사회를 만든 원리를 감옥과 정신병원에서 찾았다고 생각했다. 칼 마르크스는 공장과 노동자를 통해서 근대사회의 운영원리와 법칙을 찾아냈고, 자본주의가 필연적으로 사회주의로 귀결될 것으로 본 것과 마찬가지다. 하지만 푸코는 마르크스처럼 역사적 법칙을 찾고, 미래를 전망해 실천을 통해 사회주의 혁명으로 나아가야 한다는 입장은 아니었다. 앞서 말했듯 푸코는 역사발전의 필연성과 법칙성을 인정하지 않았다. 그는 교도소와 병원을 분석함으로써 어떻게 자본주의 사회체제가 유지되고 운영되는지 우리가 사는 현대사회와의 원리를 찾으려고 한 것이다.

감옥과 정신병원은 어떻게 유지되고 운영되는가

감옥과 정신병원 그리고 군대는 현대사회의 모습과 유사하다. 얼핏 모두 다른 공간이며 그 목적이 다르다고 생각할 수 있지만 원리는 같다. 이 세 곳에서 사람들은 가슴에 이름표를 달고 번호로 자신을 타인과 구별한다. 이름이 사라지고 모두 기호와 숫자로 호명된다. 훈련소에서는 번호로 훈병이라고 불리고 감옥에서는 죄수번호를 부여받는다. 개인의 정체성 그리고 이름이라는 개별주체는 이제 중요하지 않다. 개인과 개성은 사라지고 동일성과 동질성을 위해 통제된 규율이 우선시 된다. 감옥은 외부와 차단된 또 하나의 사회이며 범죄와 일탈행위를 저질러 사회규율에서 벗어난 사람들을 모아 놓는 곳이다. 이들에게는 엄격한 재사회화 과정이 기다리고 있다. 죄수들은 사회의 가치 규범, 행동양식을 이곳에서 다시 배운다. 사회에 맞는 사람이 되도록 교정이 이뤄지기 시작한다. 군대라고 다르지 않다. 자유로운 삶의 방식, 개성과 개별성은 이곳에서 용납되지 않는다. 철저하게 규칙과 규율 그리고 시간에 맞춘 집단생활이 강조된다.

이 원리를 사회로 확장해보라. 거대한 사회도 결국은 정신병원과 감옥과 크게 차이가 없다. 우리는 태어나면서 사회화된다. 사회체제의 규칙을 배우고 사회화라는 이름으로 이를 수용하고 있다. 이 과정이 우리의 일상에서 지속된다. 공동체 생활과 규칙과 규범 그리고 이를 위반하면 처벌받는다는 원칙은 각인되어 있다. 유치원부터 초등학교에 다녔던 시절의 기억을 떠올리자. 정해진 시간에 수업을 들어야 한다. 유치원에 들어간 이후 학교에 들어간다. 학교 수업은 50분이다. 10분간의 휴식과 더불어 오전과 오후로 나뉘어 배움이라는 의미의 훈육이 지속된다. 너무도 자연스럽게 지속돼 우리는 이 과정을 당연하게 여기며 이후에 사회 구성원으로서 회사원, 공무원, 노동자 등으로 불리며 사회적 역할을 수행하게 된다. 사회화되지 못한 사람은 결코 이 질서에 편입되지 못한다. 평생 농사만을 짓고 제도교육을 받지 않거나, 조선시대에 살았던 농민이 과연 하루에 10시간 동안 책상에서 업무를 수행하고, 정해진 시간에 맞춰 출퇴근하는 삶이 가능할 것인가. 우리를 지배하는 사고체계는 감옥과 정신병원 작동 방식에서 찾을 수 있고 오래전부터 존재하고 있었다.

사회는 이러한 감시와 규율이 저절로 이뤄질 수 있도록 우리에게 질서를 내면화하도록 한다. 우리는 스스로 규율을 지키고 그 규칙에 복종하는 자발적 개인이 된다. 권력은 힘을 들일 필요가 없다. 과도하게 폭력을 행사하거나 처형을 전시하고 스펙터클을 보여주지 않아도 된다. 사람들이 스스로 자발적 복종을 하게 되니 공개처형도 의미가 없어졌다. 처벌을 강화해 권력과 힘을 드러낼 필요가 없는 것이다. 사회통제의 중요한 원리가 실현되었다. 그렇다면 병원(hospital)은 어떨까. 초기의 병원은 우리가 생각하고 있는 병원과는 전혀 달랐다. 18세기 초 탄생한 근대식 병원은 병을 치료하는 목적보다는 사회 부적응자를 따로 모아놓은 곳이었다. 푸코에 따르면 르네상스 시대 즉, 근대 이전까지만 하더라도 정신질환자 혹은 광인은 신과 직접 소통할 수 있는 독특한 능력을 갖춘 사람들로 취급받았다. 군이 이들을 특정 장소에 가두거나 치료가 필요한 사람으로 인식하지 않았다. 그러나 근대 이후 자본주의 사회에서 이들은 철저하게 사회적 배척과 교정의 대상이 되었고 그 이유에 주목할 필요가 있다. 권력과 자본은 이제 이들을 모아 강제로 노역에 투입한다. 이들을 재사회화를 시키려는 목적도 있지만, 이들의 노동력을 효율적으로 사용해야 할 필요가 있었던 것이다. '일하지 않는 자 먹지도 말라'라는 격언이 떠오른다. 자본주의 사회에서 이들의 노동력도 귀중한 자원이다. 이러한 방법은 사회정의와 효율성에 가장 부합한 선택이었다.

이들 장소의 물리적 특성도 정리할 필요가 있다. 어떤 유사한 공간구조를 가지고 있을까. 감옥, 학교, 정신병원 등의 근대적 운영원리에 충실한 시설은 비대칭적 시선의 체계를 가지고 있다. 감시와 피감시자의 위치가 동일한가. 아니다. 모두 비대칭적이다. 감시자와 피감시자, 교도관과 죄수, 선생과 학생은 지배와 피지배의 관계에 있다. 장소와 건물이라는 물리적 특성은 이제 우리의 의식과 사회 체제로 확장된다. 선생은 높은 교탁에서 앉아있는 학생들을 감시한다. 교도관은 죄수를 직급이 높은 사람들은 높은 곳에서 아래 직급의 사람을 감시하고 조직의 안정성과 체제의 유지에 기여하는 연쇄적 피라미드 형태의 거미줄 체계를 갖춘다. 이 과정이 전 사회적으로 확장된다. 이성을 기획을 바탕으로 근대 자본주의 사회는 효과적인 방식으로 사회를 통제하고 통치할 수 있는 체제를 고안해 냈다. 푸코는 이러한 변화가 근대와 전근대를 구분 짓는 획기적인 변화라고 보았다.

또 하나의 특징은 근대적 감옥, 정신병원 그리고 학교는 모두 팬옵티콘(panopticon)에 기원을 두고 있다. 팬옵티콘의 pan은 '넓은, 포괄적'이라는 라틴어 접두사이다. 여기에 '보다'라는 'opticon'이 붙었다. '넓게 보다'라는 뜻의 이 감옥도 시선의 비대칭성을 갖추고 있다. 간수 혹은 감시자는 전망대에서 개인의 일거수일투족을 모두 효율적으로 감시할 수 있다. 그러나 피감시자는 이들의 모습을 제대로 볼 수 없다. 피감시자는 언제 감시자가 나를 볼지 모르기에 스스로 감시와 통제를 내면화한다. 언제 어디에나 존재하는 onmi: 절대적 존재가 우리의 모든 것을 감시하고 통제하기에 마음을 놓을 수 없다. 우리는 항상 몸가짐과 사고와 말을 조심해야 한다. 기술의 발전은 우리의 모든 것을 찾아내고 감시할 수 있게 되었다. SNS가 발달한 지금 마음만 먹으면 권력은 너의 모든 것을 털 수 있다. 최대 다수의 최대행복을 추구했던 공리주의자 벤담이 설계한 최초의 근대적 감옥이 팬옵티콘이다. 그리고 그 아들이 처음으로 건물을 설계했다. 하지만 벤담은 이러한 감옥이 완성되는 것을 보지 못하고 눈을 감았고 그가 생각한 최초의 근대식 감옥은 영국이 아닌 미국에서 19세기 말에 탄생했다. 하지만 그는 성공했다. 팬옵티콘은 감시사회의 밑바탕이 되었기 때문이다.

자발적 감시와 스스로 통제하기

이제 감시가 어떻게 구성되는지 좀 더 자세하게 알아보자. 감시는 두 가지로 구분된다. 물리적 감시 그리고 개인의 신상에 대한 포괄적 감시체계이다. 조직이나 감옥 혹은 군대에서 개인을 직접적으로 통제하는 형태가 바로 물리적 감시이다. 학교에서 직접적으로 학생들의 출석을 확인하며, 학생은 선생의 통제를 받는다. 또한 평사원은 과장, 과장은 부장 이렇게 직급별로 감시와 통제의 종속관계에 놓여 있게 된다. 또 하나는 국가의 개인에 대한 감시로 개인의 신상에 대한 감시의 형태를 생각해 볼 수 있다. 주민등록번호와 우리의 신상정보를 기록한 문서와 생체 정보는 고스란히 다른 조직에 제공된다. 이러한 정보를 바탕으로 조직사회는 개인을 효과적으로 통제할 수 있다. 우리는 자신의 모든 것을 드러내는 삶을 살고 있다. 개인정보 노출 사건 사고가 보도되기도 하지만 빙산에 일부분에 불과하다. 우리의 개인정보가 어떻게 수집되고 관리되는지 개인의 입장에서는 알 수 없다. 기업은 수많은 개인정보를 '빅 데이터'라는 이름으로 수집한다. 취향, 취미, 질병, 배우자, 수입 등 모든 정보를 이익을 낼 수 있는 수단으로 만들어 팔거나 거래해 수익을 극대화한다. 카카오 택시를 자주 이용하는 사람은 어떤 선물을 좋아하며 사람들과 언제 만나는지 어떤 취향을 가졌는지. 그들은 정보를 수집하지만, 우리는 그것을 알 수 없다. 기업은 생일날 선호에 맞춰 쿠폰을 보내주기도 한다. 개인은 통제되고 감시되기도 하지만, 이익을 창출하기 위한 수단과 대상이 된다. 페이스북이 메타라는 이름으로 이름을 바꿨다. 이들 소셜네트워크 회사들은 개인정보와 취향을 팔아서 수익을 내는 회사들이다. 내가 앱을 활용할 수록 나의 모든 정보는 다른 기업에 팔려서 또 다른 수익 창출을 위한 도구가 된다.

2016년 이명박 정부 시절 테러 행위 관련법과 관련된 사회적 논란이 있었다. 이 법안은 개인정보만을 수집하는 국가기관 즉, 국가 정보원이 개개인에 대한 통제를 합법적으로 한층 더 강화할 수 있도록 한 법안 중 하나이다. 논란의 중심에는 국가정보원이 있다. 국정원은 특정한 목적을 가지고 있지 않은 기관이다. 병의 치료를 목적으로, 거주이전을 위해서, 복지의 혜택을 위해 개인정보는 특정한 기관에 전달될 수 있다. 그러나 국정원이라는 기관은 정보수집 자체를 목표로 삼는다. 정보의 수집 범위도 정해져 있지 않기에 문제가 된다는 우려가 있었다. 자신의 정치적 성향, 만나는 사람들에 대한 모든 것이 국가기관에 노출된다고 생각해보라. 감시는 더욱 촘촘해지며 통제는 더욱 강화되는 것이다. 내가 참여한 온라인 카페, 게시판에 쓴 글에 대한 정치적 성향에 대한 분석을 바탕으로 국가기관은 나의 모든 것을 감시하는 멋진 사회, 상상만으로 가능한 모든 것이 이뤄지는 나라가 된다는 것이 지나친 비약은 아닐 것이다. 근대 이후의 새로운 감시와 통제의 사회는 완성되었다. 결국 푸코의 말처럼 "권력은 이제 어디에나 존재한다." 다만 그 모습은 쉽게 눈에 띄지 않는다. 어제 당신이 본 동영상을 그들은 이미 알고 있다.

에드워드 스노든의 폭로와 빅 데이터(big data)

에드워드 스노든(Edward Joseph Snowden, 1983)은 CIA와 NSA에서 일했던 미국의 컴퓨터 기술자로 그가 폭로한 내용은 전 지구를 충격에 빠뜨렸다. 2013년 스노든은 가디언지를 통해 미국 내 통화감찰 기록과 PRISM 감시 프로그램 등 NSA의 다양한 기밀문서를 공개한다. 스노든은 자신의 폭로가 대중에게 이 모든 것을 알리기 위함이라고 말했다. 가디언의 글렌 그린월드 기자는 스노든에게서 기밀문서를 받아 미국(NSA)의 감시내용을 폭로했다. 미국 정부의 감시와 통제를 다룬 수많은 영화나 콘텐츠 등이 가상이 아닌 현실이었던 것이다. 미국의 국토안보국은 테러를 방지한다는 이유로 무차별적으로 전 세계 중요 인물과 개인의 모든 정보를 수집하고, 감청, 도청하고 있었다. 제한 대상도 없고 수집 범위에 대한 규제도 없었다. 이후 개인정보 보안 등에 대한 문제의식과 국가의 개인 사생활침해의 범위에 대한 사회적 논쟁이 이어지고 있다.

일반명사로 활용되는 빅데이터(big data)는 기업의 정보수집에 대한 의미에 대한 우려를 깊게 만든다. 페이스북, 구글, 네이버 등의 모든 인터넷 기업들은 수많은 개인정보를 활용하고 이를 통해 수익을 만든다. 우리의 선호도, 취향, 생의 주기, 보험내용, 은행거래 등은 모든 정보가 기업의 돈벌이로 활용되고 있다. 구글 광고는 내가 웹에서 검색한 모든 정보에 대한 맞춤 광고를 띄운다. 웹브라우저에 있는 광고는 바로 그 사람의 취향과 최근의 관심사를 보여주기에 기업의 입장에서는 이러한 광고의 형태는 매력적인 투자 중에 하나이다. 데이터는 다른 용도로 활용된다. 바로 정치적 성향을 파악하는 수단이 되고 그를 감시의 대상으로 만든다. 10년 전에 특정 사이트의 게시판에 쓴 의사 표현이 나의 모습과 정치 성향을 나타내는 글로 둔갑해 각종 게시판에 올라간다. 술김에 무심코 쓴 '새누리당'의 정책에 대한 비판의 게시판 글이 자신을 국가 정보원의 주요 감시 대상으로 만들어 버리기도 한다.

의식이 아닌 몸을 지배하라

전근대를 지나 사회에서 이제 사람들은 스스로 규칙과 규율을 지키는 존재가 되었다. 권력은 굳이 자신의 힘을 전시하거나 내세울 필요가 없다. 이성은 더 효율적이고 적절한 방법을 찾았다. 사람들의 몸을 통제하는 것이다. 흔히 정신교육이 중요하다고 여기는 경향이 있다. 그러나 정신과 사고에 대한 통제는 효율적이지 않다. 또한 그 사람의 사고를 통제했다는 것을 입증하기도 어렵다. 사고와 정신의 영역은 밖으로 드러나지 않는다. 언제든지 자기 생각과 다른 말을 할 수도 있다. 더 빠른 시간에 사람을 통제하는 방식이 있다면 그것은 바로 사람의 몸을 지배하는 것이다. 군대에 들어가면 가장먼저 훈련병 생활이 시작된다. 한때 유사(pseudo) 군 체험 장르의 프로그램이 인기가 있었다. 의무병으로 군대에 복무하고 스스로 자유를 제한하고 통제당한 삶을 살았던 사람들이 이러한 프로그램에 대한 관심을 보이는 것은 추억이 미화되기 때문일 수도 있다. 그러나 일부는 굳이 떠올리고 싶지 않은 기억일지 모른다. 프로그램을 보자마자 억압되고 자유를 제한받았던 그 시절을 우리의 몸이 자연스레 기억하고 반응하기에. 훈련소에서는 훈련병들의 신체적 자유를 제한하는 작업이 이뤄진다. 기상, 식사 시간 그리고 훈련 및 취침 시간은 한 치의 오차도 없이 정확하게 진행되고 한 두 달 이 생활이 반복되면 나중에 몸이 알아서 규칙에 맞춰진다.

통제된 사회, 병영사회처럼 사회는 우리에게 정해진 시간표와 규율에 맞춰 하루를 보낸다. 근대 이후의 자본주의 사회의 체제에 맞춘 삶에서 우리는 벗어날 수 없다. 권력은 몸을 통제하고 사고를 제한하며 사람들은 스스로 질서와 규칙에 자발적으로 순응하는 것이다. 이 모든 것을 감시하고 통제한다. 이러한 통치와 통제가 극단화된 사회가 조지 오웰의 말에 따르면 권력을 가지고 모든 개인을 통제하는 '빅 브라더'가 지배하는 곳이

다. 차이가 있기는 하지만 올더스 헉슬리는 '멋진 신세계'로 불렀다. 모두를 감시하는 사회 그리고 그 안에서 어떤 문제의식도 느끼지 못하는 사람들. 스스로 주체적으로 자기 삶을 결정하지 못하고 주어진 환경에 순응하는 자본주의 사회에 맞는 체제 순응형 인간이 탄생한다.

지식=진리, 힘과 권력의 산물

지식과 권력과의 관계도 중요하다. 이를 통해 현대사회의 작동원리를 마무리하자. 규율, 규칙은 무엇인가. 우리가 지키고 따라야 할 것이다. 그렇다면 이 규율을 제정하는 사람은 권력을 가지고 있는 자이다. 힘은 결국 권력과 지식에서 나온다. 위임받았던 임명이나 선출이 되었든 간에 권력은 타인을 내 의지에 따르게 하는 힘이 그것이 권력이다. 지식도 마찬가지로 권력을 가지고 있다. 많이 알고 있는 사람은 전문성을 갖췄다고 포장되며 그들의 말이 곧 진리가 된다. 현대사회에서 가장 중요한 힘은 '말' 그리고 '지식'이다. 말 역시 힘의 관계에 의해서 그 의미가 더 커지게 된다. 텔레비전 프로그램을 보면 전문가, 박사, 비평가라는 이름으로 권력을 가진 이들이 등장한다.

통치방식의 변화		
전근대	근대 이후(현대)	
규율, 규칙	말과 지식	진리
힘(물리력)	힘(물리력)+자율적 통제(강화) 〈담론강화〉	

말과 글로 규정되는 지식과 진리는 상대적인 개념일 수 있다. 가령 종북

좌파 척결, 서비스 산업 선진화, 종합 부동산세 폐지, 세율 인하 등의 정책과 이념 등을 생각해보자. 보수의 이념을 추구하는 사람들은 현재의 질서가 유지되어야 하고 이 질서가 정당하다고 주장한다. 경제정책의 변화를 바라지 않는다. 현재의 질서로 자신들은 충분하게 혜택을 누리고 있기 때문이다. 다른 말로 하면 기득권이다. 진리가 상대적이라고 하는 이유도 바로 권력과 힘을 가진 사람들에 의해서 좌우되고 있기 때문이다. 이들은 현재의 질서를 말과 지식을 동원해 정당화하고 이론과 논리를 동원해 옹호하려 한다. 힘이 없는 일반 서민의 말과 권력을 가지고 있는 재정부 관료나 장관, 국회의원의 말은 그 힘의 크기가 다르다. 높은 지위에 있는 사람들이 미디어에서 이러한 정책의 필요성을 강조하고 최고 권력자의 이러한 정책을 옹호하면 되면 그 말은 곧 차츰 진리로 굳어진다. 현실에서 힘이 있는 사람의 말은 곧 진리가 되는 것이고, 이는 또한 지식과 권력이 되는 것이다. 이제 이들의 말은 진리와 지식으로 통용되고 우리 사회에서 영향력을 행사하기 시작한다. 역사도 마찬가지다. 역사는 후대에 승자에 의해서 기록된다. 그들은 이미 권력을 가지게 되었다.(역사와 관련된 진리와 지식의 상대성은 3장의 1강에서 좀 더 자세하게 다룰 것이다.)

결국 이 힘과 지식을 가진 사람이 사회에서 서로 자신의 영향력을 행사하는 과정이 바로 이 사회의 언어를 통해 이론이 되고 진실이 되는 과정을 거치는 것이다. 누구의 말이 더 힘이 세고 사회적으로 인정을 받는 것인가. 바로 그 사람 혹은 집단은 이제 사람들에게 영향력을 행사한다. 말을 포함해 힘이 실린 모든 것을 푸코는 '담론(discourse)'으로 불렀다.

이러한 구조에서 우리는 벗어날 수 있을까. 푸코는 이에 대한 해결책을 제시하거나 마르크스처럼 사회주의 혁명을 추구해야 한다고 주장하지 않았다. 그는 우리 사회의 작동원리와 구조를 자신의 시각으로 분석하고 설명해 우리에게 알려주고자 했다. 그럼 대안은 무엇인가. 지금껏 지적한 문제에 대해 어떤 방향으로 대안을 생각해 볼 수 있을까. 권력이 우리의 모든 것을 감시하고 통제하는 사회 권력자들이 권력과 지식을 이용해 자신의 이익을 마치 모두의 이익으로 만드는 현실에서 어떤 방법으로 자신의 이익을 지켜내고 나의 의지를 실현할 것인가. 대안으로 하버마스의 견해를 살펴볼 것이다. 하버마스는 비판적 이성이 해결책이라고 보았고 담론윤리와 공론장을 통한 문제 해결책을 주장했다. 하버마스의 이론은 고등학교 교과에서도 배우기는 한다. 하버마스는 이에 대해 어떤 해결책을 제시했을까. 다음 강에서 살펴보자.

푸코의 생애

미셸 푸코(Michel Foucault, 1926~1984)는 프랑스의 철학자이다. 1926년 프랑스 푸아티에의 유복한 집안에서 태어났다. 26세 때인 1951년에 교수자격 시험에 합격한 뒤 고등사범학교에서 강의한다. 푸코는 후기구조주의를 대표하는 철학자로서 소르본에서 1948년까지 철학을, 1950년까지 심리학을 공부했고, 1952년 정신 병리학 학위를 받는다. 1970년 이후 콜레주 드 프랑스의 사상사 교수를 역임했다.

그의 글은 인문학, 사회과학의 많은 영역에 걸쳐 지대한 영향을 주었다. 푸코는 다양한 사회

적 기구에 대한 비판, 특히 정신의학, 의학, 감옥의 체계에 대한 비판과 성의 역사에 대한 사상을 통해 널리 알려졌다. 또한 권력과 지식의 관계에 대한 이론들과 서양의 지식의 역사에 관한 '담론'을 다루고 많은 논쟁을 불러왔고 '근대성(modernity)'에 대한 연구가 그의 최대 관심사였다. 시대가 어떤 특정 법칙이나 관계를 진리로 생각하게 되었는지를 파헤친 것이다. 계보학적 방법을 적용해 『지식의 고고학(1969)』을 출간했고, 감옥의 역사를 연구한 『감시와 처벌(1975)』 등의 저작을 남겼다.

여전히 해답은
이성이다

#양들은 여전히 울고 있다

이성이 만든 감시 사회는 우리를 구속했다. 개인은 사회시스템의 노예가 되었다. 지배와 감시는 일상적으로 벌어지고 있고 개인은 질서를 스스로 내면화한다. 푸코는 이성이 지배하는 감시사회에서 벗어나야 한다고 주장하지는 않았다. 문제에 대한 해결책을 촉구한 것도 아니다. 하지만 하버마스는 우리가 직면한 문제에 대한 대안을 제시한다. 문제를 해결하기 위해 이성이 더욱 필요하다 본 것이다. 현실의 문제를 파악하고 대안을 제시해야 우리는 발전해 나갈 수 있다. 그 과정에서 이성은 필수다. 이성 없이 무엇을 할 수 있을 것인가. 문제를 진단할 수도 해결책을 마련할 수도 없다. 하버마스는 비판적 이성을 바탕으로 소통을 강화해서 우리가 직면한 현대 사회의 여러 문제를 해결해 나가야 한다고 보았다.

차별 없는 평등한 소통의 장소인 '공론장'은 현대사회가 맞닥뜨린 여러 문제에 도움이 될 것이다. 하버마스는 독일의 프랑크푸르트 학파의 마지막 구성원이었고 비판적 이성의 가능성을 제시한 학자이다. 20세기 초반 독일로 떠나보자. 1918년 1차 대전이 끝났다. 독일은 패전했다. 막대한 양의 전쟁배상금이 그들을 기다리고 있었다. 정치지형도 바뀌게 된다. 독일은 바이마르 공화국이 되었다. 그러나 바이마르 공화국은 전쟁 이후의 혼란을 제대로 수습하지 못했다. 사람들은 절망했고 패전국민으로서 독일인들의 삶은 점점 어려워졌다. 경제는 인플레이션으로 빠져들었고, 물가는 치솟았다. 경제문제를 해결하기 위해 독일은 국채를 대량으로 외국에 팔았고 막대한 화폐를 발행하게 된다. 시장에 돈이 풀리자 마르크화의 가치는 더욱 폭락하게 된다. 돈은 시중에 넘쳐났지만, 물건은 구하기 어려워졌다. 경제가 파탄에 이르렀다. (패전 이후 히틀러의 집권과 독일의 정치와 경제 상황은 2장 1강 대중사회에서 자세하게 다룰 것이다.)

바이마르공화국은 무너지고 히틀러가 정권을 장악하게 되었다. 물론 이 과정은 선거를 통한 민주주의 체제로 이뤄졌기에 절차적 정당성이 없는 것은 아니었다. 이후 독일 사회는 서서히 전체주의적 체제로 나아가게 된다. 전체주의(全體主義: totalitarianism, totalitarian rule)는 국가나 집단의 전체를 개인보다도 우위에 두고, 개인은 전체의 존립과 발전을 위해 수단으로 여기는 정치사상이다. 나치 즉, 국가사회주의정당인 파시스트의 이념인 파시즘이 이렇게 탄생한다. 이탈리아는 파시스트 그리고 일본은 천황을 중심으로 이 이념을 내세웠다. 전체주의는 개인의 자유와 존

엄성을 추구하지도 다양한 가치를 인정하지 않았으며 집단 그리고 민족을 신성하고 숭고하게 여겼다. 개인보다 집단을 우위에 두며 집단 안에서 개인은 구원받을 수 있다고 주장한다. 추축국인 일본 역시 전체주의에 빠져 있었다. 이들은 천황을 중심으로 모든 사회구성원이 복종하는 총동원체제를 만들고 국가에 대한 개인의 희생을 강요했다.

한편 정권을 잡은 히틀러는 드디어 2차 대전을 일으킨다. 독일 사회는 다시 광기에 빠졌다. 히틀러는 사회를 유지하기 위해 외부의 적을 설정하는 방식을 활용한다. 사람들의 관심을 국내 정치에서 멀어지게 해야 했다. 증오도 넘쳐났다. 나치는 유대인과 관련인들 그리고 그 가족 모두를 아우슈비츠의 가스실로 끌고 갔고 학살했다. 그 수는 400만이 넘었다. 또한 아리안 인종의 순수성과 우월성을 내세우며 집시와 장애인 등도 사회에서 배척하고 몰아냈다. 나치는 소년유격대 즉, 유겐트를 조직해 청년들에게도 국가사회주의라는 나치정권의 정치체제를 적극적으로 옹호하도록 만들었다. 북한이 외국의 사절단에게 대규모의 매스게임을 보여주는 것처럼 극단적 전체주의는 자신의 체제수호를 목적으로 삼는다. 북한이 김씨 일가를 정점에 두고 충성을 맹세하는 대회를 자주 여는 것은 체제의 안정을 과시하려는 목적도 있다. 당시 독일도 북한과 별 차이가 없었다. 하버마스도 어렸을 적 이 사상에 심취했었지만, 나치에 의해 유대인들이 희생되던 여러 사례를 보면서 자신의 판단이 잘못됐다는 것을 느꼈다고 고백하기도 했다. 그는 당시의 독일의 사회 변화를 스스로 체험했다. 영원할 것 같던 전쟁도 끝나고 독일은 또다시 패전했다. 하버마스는 대학을

▶ 전체주의의 상징: 나치의 소년 유격대 유겐트대원들

졸업하고 저널리스트로 활동하다가 본격적인 학문연구의 길로 들어선다.

1960년대 초기에 그는 마르크스와 막스 베버의 이론을 바탕으로 여러 저작을 발표했다. 하버마스와 함께 연구했던 학자들을 프랑크푸르트 학파로 부른다. 프랑크푸르트의 대학에서 함께 연구를 진행하고 사상을 공유했던 학자들이었다. 주로 마르크스의 이론을 바탕으로 다양한 사회현상과 사회 문제에 관해 토론하기도 했고 여러 이론과 저작들을 남겼다. 하버마스 역시 이 학파의 마지막 구성원으로 사회구조의 모순을 비판적으로 분석하려고 노력했다. 그의 이론을 비판이론으로 부르는 이유다. 또한 프랑크푸르트 학파는 대중사회와 대중문화에도 많은 관심을 기울였다.

아도르노(Theodor Ludwig Wiesengrund Adorno, 1903년~1969년)는 독일의 사회학자, 철학자, 피아니스트, 음악학자, 작곡가였다. 그는 막스 호르크하이머와 더불어 프랑크푸르트 학파 혹은 비판이론의 1세대를 대표하는 학자이다. 프랑크푸르트 학파에 속하는 학자로는 이 외에도 발터 벤야민, 헤르베르트 마르쿠제 등이 있으며 위르겐 하버마스는 2세대 학자이다. 아도르노의 대표 저서로는 미국 망명기간 동안에 호르크하이머와 공동으로 작성한 『계몽의 변증법』을 비롯하여, 『부정의 변증법』, 『미니마 모랄리아』, 『신음악의 철학』, 『미학이론』 등이 있다.

인간의 사고는 기계적으로 평가할 수 없다

하버마스 역시 마르크스의 영향을 받았다. 19세기는 마르크스 이론의 영향력을 빼놓고 말하는 것이 불가능할 정도였다. 다양한 학문의 영역에서 수많은 학자가 그의 이론과 주장에 대해서 논쟁을 벌였다. 또한 마르크스의 사상은 이후 큰 영향을 끼쳤기에 막시즘(marxism, 마르크스주의)이라는 용어로 통용된다. 사실 사상가들의 고민은 큰 범위에서는 모두 같다. 사회는 어떻게 이뤄져 있는가를 고민하고 연구하는 것이다. 이러한 변화를 설명할 수 있는 이론을 만드는 것이 그들의 역할이다. 경제 현상을 연구하면 경제학자이며 사회현상을 연구하면 사회학자인 것이다. 그렇다면 우선 마르크스가 이해했던 사회체제와 변화 그리고 역사관을 이해할 필요가 있다. 하버마스와 다양한 학자들이 그의 이론을 어떻게 활용했으며 어떤 논쟁이 벌어질 수밖에 없는지 좀 더 명확해진다.

마르크스를 이해하기 위한 첫 번째 명제는 경제 즉, 물질이라고 부르는 하부구조가 상부구조를 결정한다는 주장이다. 하부구조는 경제 즉, 물질을 말하고, 상부구조는 이를 제외한 정치, 사회, 문화, 제도 등 인간의 사회와 관련된 모든 것이다. 사회와 역사의 변화 그리고 변화를 일으키는 요인은 정신이 먼저인가, 물질이 먼저인가에 대해서 마르크스는 물질 즉, 유물이 중요하다고 보았다. 이를 유물론이라는 용어로 부른다. 이와 대비해 정신과 사고가 역사발전을 이끈다는 것은 관념론으로 부를 수 있다. 관념과 정신이 세상을 바꾼다고 본 것이 다수의 견해였고 헤겔은 절대정신이 있다고까지 주장했다. 하지만 마르크스는 이런 사고를 뒤집어 버렸다.

사회와 역사를 변화시키는
일차적인 요인을 그는 물질이라
고 주장했다. 물질은 경제인 것
이다. 누가 더 많은 돈과 잉여생
산물을 갖는가. 이러한 물질을

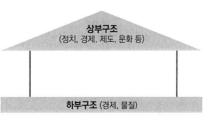

만드는 생산수단은 누가 소유하는가. 이를 둘러싸고 사회와 역사가 변했
다는 것이다. 1차 대전을 일으키고 수없이 식민 지배를 해 나갔던 유럽인
들이 대항해에 나섰던 것도 알고 보면 더 많은 금과 은 그리고 향신료 등
을 비롯한 물질적 욕망을 축적하기 위한 것이 아니었던가.

지배계급 즉, 부르주아들은 지배계급으로서 끊임없이 자본을 축적할
수 있는 수단 즉, 생산수단을 가지고 있는 사람들이다. 그러나 이러한 수
단을 가지지 못한 사람들은 모두 프롤레타리아 즉, 노동자 계급이 된다.
생산수단이 없기 때문에 부르주아인 자본가 밑에서 노동을 통해 생계를
이어가야 한다. 이 두 계급은 생산수단을 누가 소유하는가를 두고 갈등을
일으키고 결국 역사는 노동자 계급에 의해서 필연적으로 자본주의 체제
에서 사회주의로 귀결된다고 마르크스는 본 것이다. 이러한 변화를 위해
계급투쟁을 통한 사회주의 혁명 즉, 폭력적인 수단이 필요함을 역설했다.
기득권을 가진 쪽은 당연하게 자신이 가지고 있는 것을 내놓지 않을 것이
기 때문이다. 그는 이러한 변화와 과정을 필연적으로 보았고 과학적 방법
을 통해서 이 과정을 입증한 것이 마르크스이며 그의 책 『자본』이었다.

하버마스 역시 역사와 사회를 보는 마르크스의 이론의 영향을 일정부

분 받았지만, 그의 생각은 좀 달랐다. 사회현상과 역사의 변화를 과학적으로 분석하는 마르크스의 방법에 그는 동의할 수가 없었다. 사회가 처해 있는 다양한 문제를 하나의 방법 즉, 마르크스처럼 사회주의 혁명으로 해결할 수 없다고 본 것이다. 하버마스는 마르크스의 이론을 보완하고 60년대 후반부터 해석학 그리고 언어철학 이론을 부분적으로 수용해 자신만의 이론을 발전시켰다. 그것이 비판이론이다. 그는 이론과 현실의 조화를 통해 현대사회의 여러 문제를 해결하려 했다. 마르크스가 위대한 사상가임에는 분명하지만, 그의 이론과 주장은 많은 비판을 받았다. 마르크스 비판의 선두주자는 칼 포퍼였다. 그는 『열린 사회와 그 적들』에서 마르크스의 이론을 비판한다. 역사 발전을 선형적이며 직선적인 과정과 단계로 설명했던 플라톤과 마르크스의 이론은 위험하다는 것이다.

마르크스는 자신의 연구 방법이 과학적이라고 주장했다. 그러나 칼 포퍼, 하버마스 등은 그의 견해를 반박한다. 마르크스는 자신의 이론을 과학적이라고 하지만 그의 역사발전의 5단계 설은 과학이 아니라 신념에 불과하다는 반박이었다. 역사가 사회주의로 귀결된다는 목적론적 사고를 입증하기 위해 과학적 분석 방법을 동원한 것에 불과하다고 평가했다. 마르크스가 추구하려 한 것은 노동자 계급에 의해서 사회주의 혁명이 필연적으로 발생할 수밖에 없다는 믿음을 입증하려 노력한 것뿐이라는 주장이었다. 하버마스가 마르크스의 이론을 부분적으로 수용하기도 하지만 비판하는 이유이기도 하다.

목적론적 사고

원시공동체사회 → 고대노예제사회 → 중세봉건사회 → 자본주의사회 → 사회주의

마르크스, 역사발전 5단계설

인간 사회를 과학적 방법론으로 분석하는 것은 가능할까. 우리의 행위와 사고 신념 체계가 과학으로 설명이 되는가. 과학은 현상을 원인과 결과로 분석하고 수치와 정량화한다. 사실 마르크스뿐만 아니라 경제학자들 역시 인간의 모든 행위는 특정한 목적을 가지고 있으며, 사람들은 모두 이성적이며 합리적으로 판단한다고 전제한다. 경제학에서 말하는 합리적인 사고에 기반해 우리는 행동하게 된다. 그러나 이러한 생각은 위험하다. 인간이 이성적인 존재이기만 할까. 그렇지 않다. 인간은 감성의 동물이기 때문이다.

인간은 과학으로 경제학적 원리로 설명할 수 없는 존재이다. 인간은 파국으로 치달을 것을 알면서도 신념과 목표를 위해서 비이성적 행위를 서슴지 않는다. 타인과 공동체를 위해 기꺼이 목숨을 내놓기도 하고 이익이 되지도 않는 순간에도 남을 위해 헌신한다. 비이성적 감성적 존재 파토스의 영역을 인간은 가지고 있다. 수많은 영화와 예술작품에서 이러한 인간의 본성을 다양하게 표현했다. 전쟁 등의 극단적 상황에서도 우리는 비이성이고 감정과 열정을 바탕으로 사고하고 판단하며 행동하기도 한다.

인간은 이성과 과학을 믿고 신뢰한다. 이성을 통한 과학적 방법은 신

뢰할만하다고 여긴다. 과학은 모든 것을 판단하고 평가할 수 있는 가장 완전한 체계와 원리 중 하나이다. 그러나 하버마스는 이러한 과학만능주의에 따른 세계관의 문제를 지적한다. 사회를 연구할 때도 마찬가지다. 모든 것을 과학으로 설명할 수 있고, 법칙에 따라서 모든 것이 완성된다고 여긴다면 인간의 노력이 필요한가. 과학적 방법론을 바탕으로 완벽하게 모든 현상을 설명할 수 있고 이를 시행하면 문제는 해결될 것이다. 인간의 의지는 중요한 고려사항이 되지 않거나 불필요하다. 그러나 현실은 그렇지 않다. 사회현상과 자연현상이 근본적으로 다른 부분이 바로 이 부분이다. 사회현상은 가치 함축적이며, 이 현상에는 인간의 의지가 반영된다. 사실판단과 더불어 실천을 동반한 가치판단을 인간에게서 떼어 놓을 수 없다. 가치가 개입되지 않는 사회현상은 없다. 사회가 어떻게 바뀌어야 하고 좋은 사회는 무엇인가에 대한 고민과 판단은 매 순간 일어난다. 결국 인간의 실천적 의지를 무시한 과학적 방법론이 해결책이 되지 못하는 것이다.

하버마스는 사회현상을 연구하기 위한 과학적 방법론이 이러한 인간의 행위와 의지의 문제를 적절하게 고려하지 못했다고 본다. 중요한 것은 의지와 행위인 것이다. 이런 연구의 전통은 가다머가 해석학에서도 주장한 적이 있다. 해석학은 바로 인간의 행위와 의도를 중요하게 여기는 학문의 분야이다. 사회현상은 항상 인간의 의지와 가치가 개입되기에 방법론적 이원론 즉, 실증주의적 연구 방법과 해석학적 방법이 동시에 고려돼야 한다. 그러나 기존의 연구들은 과학적 방법론에 치우쳐 인간의 의지를 무시하고 인간을 기계적으로 반응하는 존재로 다뤘다. 하버마스는 이를 비판하고 이 두 가지 연구 방법을 조합하려 했다. 사회현상은 자연법칙과는 다르기에 사회변화를 마르크스처럼 단선적 법칙으로 접근하는 것은 한계가 있다는 것. 또한 인간의 의지가 없는 사회변혁은 불가능함을 역설했다. 사회의 변화과정에는 사회를 이해하고 주체적으로 운명을 개척하는 존재인 인간의 의지가 담겨 있다. 비판이론이 강조한 부분이기도 하다.

바보야 문제는 경제야

사회문제에서 최우선의 가치로 취급되는 부분은 경제문제다. 선거할 때만 되면 모두 경제를 살리겠다고 외친다. 이렇게 하나의 가치가 강조되는 사회에서 어떻게 사회현상을 이해하고 우리가 지향하는 사회를, 의지와 실천을 통해 만들어 나가야 하는가. 물론 자본주의 사회에서 경제가 중요한 것은 분명하다. 더군다나 경제체제는 끊임없이 이익을 추구해야 하고 성장이 지속돼야 유지될 수 있다. 자본은 생존하기 위해 확장해야 한다. 더 많은 자본을 축적하고 몸집을 불려야 하고 인수 합병을 통해 끊임없이 부를 늘린다. 그 과정에서 통화량은 언제나 늘어난다. 자본주의 사회 체제가 지속되기 위해서는 필수적인 과정이다.

체제를 유지하기 위해 사회는 구성원을 체제에 순응하게 하고 질서를 수용하고 내면화할 수 있도록 해야 한다. 경제가 중요하고 돈을 벌어야 한다는 인식을 만드는 것이 필요하다. 이 질서와 가치에서 벗어날 수 없다.

경제를 살리겠다는 구호를 외치고 집값을 올리겠다는 물질적 가치를 최우선으로 추구한 결과 과거에 기업 CEO 출신의 한 지도자를 뽑았다. 도덕성을 묻지도 따지지도 않았다. 수단과 목적을 동시에 구별하지도 않았다. 공동체의 연대와 삶의 가치 등도 불필요했다. 오직 경제발전과 집값만을 생각해 지도자를 뽑은 뒤 삶을 더욱 피폐해졌고 그 부작용은 아직도 이어지고 있다. 이 상황은 단지 우리나라에만 해당하지 않는다. 전 세계 여러 나라들이 보편적으로 겪은 문제이기도 하다. 사회적 합의와 방법에서 차이가 있지만 본질적으로 자본주의 사회에서 이런 선택은 빈번하게 일어난다. 역사는 퇴행하기도 한다. 하지만 역시 다시 앞으로 나아가는 것이 보편적이었다.

예상하지 못한 결과가 자연스레 나온 이유는 현대사회의 가장 중요한 가치가 바로 물질이라는 것을 역설적으로 드러낸 사례일지도 모른다. 그러나 물질과 경제만이 모든 가치에 우위에 있어야 하는가. 모든 다른 가치를 희생해서라도 물질적 축적을 우선으로 해야 한다면 자본은 체제 유지를 위해서 끊임없이 위기를 부추길 것이다. 2008년 미국은 서브프라임 모기지 사태를 맞이하고 신자유주의 정책은 결국 파국을 맞았다. 무한한 시장의 자유는 인간의 이기심과 탐욕을 부추겨 수많은 사람이 실업자가 되었고 국가 재정은 위협에 처했다. 하지만 이 문제를 일으킨 사람들은 따로 있었다. 푸코식으로 말하자면 힘과 권력 그리고 지식을 가진 이들이었고 이들이 이런 담론을 만들고 강화했다. 다양한 매체와 이론을 통해 사람들을 선동했고 여전히 자신의 기득권을 유지하고 있다. 이들은 더 많은 부를 추구하기 위해 교묘하게 자신들의 이익을 사회 전체의 이익으로 포장하기도 한다. 상당수는 지금도 문제에 대한 책임을 지고 있지 않다. 지금도 이 전략을 효과적으로 활용하고 있다.

물론 하버마스는 이러한 신자유주의의 문제를 직접적으로 다루지는 않았다. 그러나 시장의 자유만을 추구하는 정책은 지양해야 한다고 보았다. 국가는 시장에 개입해야 하고 경쟁 주체 간의 공정한 경쟁이 이뤄져야 한다는 입장이었다. 신자유주의가 국가의 시장개입을 최소한으로 줄이려 했지만, 국가의 정책적 시장개입은 필연적이다. 우리는 고전적 자본주의 상태에 있지도 않으며, 완전한 시장의 자유를 추구하는 시장만능주의에 빠지게 되면 서브프라임 모기지 사태처럼 탐욕을 스스로 제어할 수 없는 상황에 맞닥뜨린다. 경제가 중요한 문제임은 부인할 수 없다. 그러나 무한한 이윤추구의 자유, 독과점의 자유까지 용인할 수는 없는 것이다. 권력은 부패하기 마련이고 시장의 자유는 힘의 우위를 바탕으로 공정한 경쟁의 질서를 무너뜨린다. 따라서 국가는 직접적으로 시장에 개입하며 과학과 기술을 통해 생산성을 향상하는 노력을 해야 하고 이를 시행하는 것은 정당한 국가의 역할이라고 그는 보았다.

공정한 경쟁과 독과점의 방지는 국가정책으로 더욱 강화될 필요가 있다. 현재의 자본주의 사회는 초창기 자유방임 자본주의 형태가 아니다. 2차 대전 이후 서구의 자본주의는 '영광의 30년'이라고 불리며 커다란 경제발전을 이루어 냈다. 다양한 계층의 소득이 지속해서 향상되어 중산층이 탄탄해지는 새로운 시대가 열렸다. 마르크스의 이론에서처럼 19세기와 20세기 초반처럼 자본가와 노동자의 이분법으로 계층을 구분하는 것은 현실과 시대에 맞지 않는다. 기존의 관점에서 현대사회의 경제 문제를 바라보는 시각은 바꾸어야 한다. 하버마스는 자본주의 사회가 추구하고 있는 물질과 자본의 축적이라는 제1의 가치에서 벗어나자고 주장했다. 또한 환경의 문제를 고려하고 인간과 인간과의 관계를 통해 사회문제를 회복해야 한다는 원칙을 강조하고 있다. 이를 사회적 저항운동으로 그리고 신사회 운동으로 이름 붙였다. 또한 여성적 가치와 생태적 운동을 확대하는 노력도 자본주의 사회가 당면한 문제를 해결할 수 있는 방법 중의 하나라고 보고 있다. 이러한 원칙을 바탕으로 구체적인 실천을 위한 노력을 추구했다. 그의 이론들은 이미 현실정치와 사회정책에 이미 상당 부분 반영돼 있다.

공론장을 더욱 활성화해야 한다

현대인들은 공동체적 가치에 둔감하다. 지금은 개인이 모두 미디어를 들고 다닌다. 사람들은 끊임없이 소셜 네트워크에 접속하고 의견을 교환하며 '좋아요'를 실시간으로 누른다. 하지만 진정한 소통이 이뤄질까. 역설적으로 고립감과 외로움을 느끼는 사람들은 더욱 늘어나고 있다. 인스타그램과 페이스북에 사진을 전시하듯 올린다. 외국 여행, 먹거리, 명품 등의 사진을 보며 누군가의 상대적 박탈감은 커진다. 이러한 소통의 방식은 오히려 진정한 사람들과의 관계를 단절하게 만들고, 피상적 일차원적, 형식적 관계 맺기를 강요한다. '좋아요'에 타인은 없다. 이러한 소통은 오직 나를 위한 것에 불과하다.

보여주기 위한 관계 맺기에 빠지는 것이다. 우리는 이를 소통이라 착각한다. 사람들은 쉽게 소통할 할 수 있는 시대에 살고 있지만 거꾸로 커뮤니케이션에서 진정한 관계는 부재하다. 이러한 방식의 소통은 자본주의 사회에서 우리가 처한 본질적인 문제를 해결해 주지 못한다. 사회의 구조적 문제에 대한 의견을 함께 나눌 수 있는 공간 즉, 공론장이 되기가 어렵기 때문이다. 공론장을 통해 사람들은 사회구조적인 문제를 대화와 토론을 통해 해결할 수 있는 기회를 마련할 수 있다. 그러나 자신의 삶을 전시하려는 욕구를 위한 네트워크는 대안을 위한 소통을 어렵게 만든다. 사회를 유지하고 권력을 가진 사람들은 언론을 통해 왜곡된 특정한 목적을 위한 의견을 모두의 의견처럼 포장해 버린다. 이명박 정부는 국가 기관을 동원해 댓글부대를 조직하기도 했다. 여론을 만들기 위한 댓글 조작은 이러한 틈을 파고든 변형된 형태의 왜곡된 소통방식이다. 다양한 의견이 교환되고 소통할 수 있는 진정한 의미의 공론장은 점차 줄어들고 있다. 인터넷이 진정한 공론의 장의 역할을 할 수 있을 것이라는 기대와 믿음은 줄어들었다.

하지만 하버마스가 제기한 현대사회 문제 해결책은 아직도 유용하다. 왜곡된 소통구조를 바꾸고 다양한 소통을 활성화하는 것이다. 또한 특정한 목적으로 위해 만들어진 거짓된 여론을 비판하고 경제만을 최우선의 가치로 여기는 사고방식도 지양할 필요가 있다. 사회적 모순에 대해서 구성원 모두가 문제를 함께 지적해 나가야 한다. 일본에서 국가의 중대한 안보와 관련된 사항에 대한 정보공개를 제한하는 법이 제정되었다. 후쿠시마 원전 등 민감한 정보를 통제하고 일부만 그 정보를 소유하고 공개 여부를 결정하겠다는 것이다. 합리적이고 공정한 의사소통을 제한하고 권력을 동원해 의견의 교환을 막고, 정보를 독점해 특정집단에 유리한 질서를 유지하겠다는 의도가 있는 것이다. 이러한 소통구조는 사회 문제를 더욱 악화시킬 뿐이다.

제대로 된 소통이 부재한 것은 우리 사회도 마찬가지다. 소통을 위해 우리에게 필요한 것은 '공론장'이다. 공론장은 하버마스가 소통의 문제와 관련해 대안적 개념으로서 제시한 공간이다. 공적인,

▶ 공론장의 역할을 하고 있는 언론

공공의 의제에 대해서 평등한 관계에서 비판적 사유를 바탕으로 토론할 수 있는 장소다. 현대사회에서는 점차 이 공론장의 역할이 비중이 작아진다. 공론장의 역할을 하던 비판적 언론이 점차 자본과 정치의 논리에 의해서 진실을 전달하지 못하고 있다. 사람들의 비판적인 사고능력은 떨어진다. 방송 프로그램 그리고 대중매체는 흥미와 자극 위주의 단편적인 사실과 정보 그리고 감상으로 채워지고 있다. 정치적 논쟁이 되는 사항은 보도를 아예 하지 않거나 축소한다. 언론은 권력을 감시하기보다 자본의 이익을 대변하고 일부 정치집단을 위한 편파적인 보도를 더 많이 하기도 한다.

공론장이 갖춰야 할 것

공론장은 어떤 특성을 갖춰야 하는가. 하버마스는 공론장의 기원과 민주주의의 발달을 18세기에 유럽의 커피하우스, 살롱에서 찾았다. 사람들이 아무런 제약 없이 자유롭게 토론하는 과정에서 공론이 활성화되고 민주주의 가치가 뿌리내렸다는 것이다. 그러나 20세기 이후 점차 이러한 공론장은 쇠퇴한다. 정치는 미디어에 의해 기획된 쇼가 되었고 사람들은 콘텐츠처럼 정치를 소비할 뿐이다. 정치인들은 국가의 중대사를 결정하는 과정을 그들만의 잔치로 만들어버렸고 대부분 관심도 문제점도 느끼지 못하게 되었다. 자본주의 사회에서는 미디어에 의해 여론이 일방적으로 만들어진다. 미디어는 스펙터클이라는 볼거리로 채워지고, 권력을 견제할 대안세력 없기 때문에 소수의 엘리트가 미디어에 출현해 모든 사회를 위한다는 명목으로 자신들의 이해관계를 주장하는 일방적 소통의 장소가 된 지 오래다. 현대사회의 정치는 미디어의 공론 기능의 부재 - 시민적 공론장의 쇠퇴 - 여론형성의 부재 - 엘리트 그룹과 자본가 및 정치인의 이해를 대변하는 장이 된 것이다. 진정한 의미의 공론장이 아닌 것이다.

사람들은 진실에 도달하기가 더욱 어려워졌다. (언론과 미디어와 관련된 부분은 2장의 5강 여론조작과 미디어의 진실에 상세하게 다룬다.) 상업적인 대중문화를 소비하면서 비판적 판단력은 더욱 흐려진다. 하버마스의 분석에 따르면 2차 대전을 일으킨 독일 사회의 문제도 공론장의 부재와 관련이 있었다. 대중문화가 발달하고, 대중음악 등의 문화산업은 시장에서 많은 이익을 창출하고 사람들의 눈과 귀를 사로잡았다. 독일인들은 흥미와 자극 위주의 콘텐츠에 쉽게 빠져버렸다. 히틀러와 괴벨스는 미디어를 통해 선동과 선전정치를 편다. 독일 시민들은 결국 주체적 사고와 비판적 성찰 능력을 잃어버렸고 제대로 된 판단을 내리지 못하게 되었다. 전쟁의 비극으로 빨려 들어간 이유 중의 하나이다. 하버마스와 비판이론가들은 이렇게 주장했다. 시대만 바뀌었을 뿐 그들의 통찰력과 문제의식은 여전히 유효한 것처럼 보인다.

공론장과 대중사회

자유로운 공론장은 어떻게 그렇다면 활성화될 수 있을까. 우리에게 필요한 것도 이러한 공론장일 것이다. 카페에서 자유롭게 토론하는 이상적인 공론장을 활성화해 소통을 강화하고 우리가 처한 문제를 해결할 수 있을 것인가. 너무 유치하고 이상적인 방법일까. 사람들이 그 당시로 돌아갈 수는 없다. 지금은 실시간으로 정보가 전달, 소비되는 시대이다. 매체는 더욱 발전했다. 매체의 형식과 소통의 도구가 중요한 것이 아니라는 것이다. 결국 해결책은 문제를 인식하고 판단하는 주체에 있는 것이다. 제도와 도구를 활용하는 것은 바로 우리들이다. 현대사회는 아직 근대화되지 못한 상태다. 우리는 문제를 제대로 해결할 수 있는 방법을 찾지 못했다. 우리는 정보화 사회에 살고 있다고 하지만 사실 여전히 근대적 자본주의 체제의 연장선상에 서 있으며 사회는 아직 근본적으로 바뀌지 않은 상태라고 하버마스는 주장했다.

이성을 바탕으로 인간은 근대 자본주의 체제를 거쳐 지금의 사회를 만

▶ 공론장의 역할을 하고 있는 언론

들어냈다. 하지만 이성은 도구에 불과하다. 인간이 시스템의 지배를 받는 수단적 존재가 되어서는 안 된다. 한편으로 푸코는 이성을 통한 사회의 발전은 결국 우리의 삶을 억압하고 통제하는 감시사회의 형태를 만들었다고 보았다. 그러나 하버마스는 여전히 이성을 신뢰한다. 우리는 이성을 바탕으로 진보하고 발전할 수밖에 없다고 본다. 근대의 가장 큰 특징은 바로 기존의 미신적 사고에서 벗어나고 자의적인 권력의 사용을 하지 못하도록 법치를 확립한 것이다. 또한 모든 개인이 스스로 정치에 참여할 수 있는 민주주의 정치체제도 만들어졌다. 이성을 버리고 우리는 무엇을 할 수 있을까. 신화와 미신의 세계로 돌아가는가. 왕정 혹은 신의 신성함으로 다시 사회를 되돌리는 것이 의미가 있을까. 결국 하버마스의 견해를 따라가면 우리는 아직 제대로 된 근대화를 이뤄내지 못한 상황이다. 근대는 19세기 이래로 계속되고 있으며 완성되지 못한 미완의 상태이다. 이러한 근대화와 민주주의를 가능하게 하는 전제조건은 바로 비판적 이성의 강화이다. 우리는 이성을 통해 우리가 당면한 여러 문제를 해결할 수 있는 존재인 것이다. 스스로 가능성을 믿을 수밖에 없다. 인터스텔라의 부제처럼 '우리는 답을 찾을 것이다. 언제나 그랬듯이.

체제와 생활세계

현대사회가 당면한 여러 문제는 이성을 통해 해결할 수밖에 없다는 결론에 도달한다. 우리가 문제해결의 주체이다. 하버마스가 보기에 사회는 체제 그리고 삶의 세계로 구성된다. 체제는 우리의 삶의 규제하고 물질적인 가치만을 가장 높게 평가하는 사회의 한 영역이다. 그러나 생활세계는 인간이 살아가는 기본적인 삶의 영역이고 지속적인 커뮤니케이션이 가능한 장소와 공간이다. 현대사회의 문제는 체제의 힘이 너무 커져 생활세계를 덮어버렸다. 결국 두 세계와 구성원들 간 제대로 된 소통이 이뤄지지 않아 문제가 발생하고 있다. 해결 방법은 작은 소규모의 공론장을 더욱 활성화하는 것이다. 생활 세계를 강화하고 구성원들 사이에 자유로운 의견의 교환과 소통을 늘려나가야 한다. 아파트 자치회 주민회의 다양한 간담회로 지역의 문제 해결하기 등 소통이 부재한 사회에서 이러한 소규모 공론장은 대안이 될 수 있다. 당근 마켓 등 일상적으로 쓰는 앱에 소통 공간을 늘리는 것도 지역의 소규모 공론장의 활성화에 도움이 된다. 선거할 때 지역의 현안에 대해 활발한 토론이 이뤄지도록 하는 것도 좋은 방법이다.

미디어 활용 가능성을 높여야 한다. 미디어는 상업적 측면이 강하고 권력과 자본가들은 자신들을 위한 도구로 미디어를 활용한다. 하지만 사람들에게 교육의 기능을 담당하고 정보를 제공해 주는 역할도 하고 있다. 이러한 도구를 비판적이고 주체적으로 활용할 수도 있을 것이다. SNS를 통해 삶을 전시만 하는 것이 아니라 소통기능의 강화를 위해 사용하는 방법을 찾을 필요가 있다. 다양한 사람들의 의견을 들으며 타인의 생각을 이해할 기회가 늘어난다. 인터넷 공간이 문제가 있다고 해서 그 자체를 폐쇄하거나 무제한의 실명제를 강요한다면 소통은 더욱 위축될 수밖에 없다. 또한 비판적인 의견교환도 어려워진다. 자유로운 소통을 바탕으로 한 비판적 공론의 활성화가 이뤄진 사회. 이 사회가 우리가 추구하는 사회이며 이를 통해 사회는 발전하고 민주주의는 완성의 단계로 이를 수 있는 것이다. 이성은 여전히 사회문제를 해결할 수 있는 강력한 도구다. 하버마스를 근대 이성의 마지막 수호자라고 부르는 이유가 여기에 있다.

〈양들의 침묵, 1991〉은 하버마스의 이론을 잘 이해할 수 있도록 해주는 텍스트이다. 정신분석학의 심리치료는 개인의 정신질환을 만든 무의식에 있는 트라우마를 의식의 차원으로 끌어올리는 방법을 사용한다. 하버마스는 프로이트의 이러한 정신분석학의 치유 방법을 사회문제에 적용해 확대해 나간다. 우리 사회의 구조적인 사회문제를 구성원이 잘 알 수 있도록 하는 것이다. 즉, 소통의 문제를 개선하고 그 범위를 확대해 공론화 하는 작업이다. 〈양들의 침묵〉은 범죄 스릴러 작가인 토머스 해리스의 1988년 작품으로서 1991년 영화로 제작되었다.

FBI 학교의 졸업을 앞두고 스털링은 국장에게 호출된다. 연쇄살인이 발생한 것이다. 범인을 잡아야 하지만 용의자는 좁혀지지 않는다. 범인은 금발의 백인여자를 노렸고 피부 가죽이 벗겨진 채 죽어있었다. 수사당국은 범인을 버팔로 빌로 부르고 있었다. 잭 크로포드 국장은 단서를 얻기 위해 요원들에게 유명한 정신과 전문의이지만 자신의 환자를 요리해서 먹은 식인종으로 불리는 한니발 렉터 박사를 만나보고 오라는 지시를 내린다. 몇 명이 찾아가 살인사건의 단서를 얻기 위해 노력했지만 아무도 정보를 얻어내지 못했다.

　　중범죄자와 정신이상자들이 수용된 장소에서 그녀는 한니발을 처음으로 대면한다. 뛰어난 정신 분석 의사였던 한니발은 스털링과 몇 마디를 나누고 바로 그녀의 심리상태와 가정환경, 출신 등을 맞춰낸다. 스탈링은 공포감을 느끼기는 했지만 동시에 그가 보여준 지식과 매너 취미 등에 매력을 느낀다. 한니발은 스털링의 사적인 정보에 관심이 있어 보였다. 그녀가 자신의 정보를 줄 때마다 범인에 대한 힌트를 알려준다. 연쇄살인마는 사람들의 피부를 벗겨 자신의 것으로 만들고 나방처럼 변태를 원한다는 것을 우선 알려준다. 한니발은 몇 번에 걸쳐 조금씩 버팔로 빌에 대한 단서를 제공하면서 스털링의 심리를 분석한다. 스털링은 털어놓고 싶지 않은 아픈 과거가 있다. 경찰관이었던 아버지가 범죄자에게 죽임을 당한 뒤 몬태나의 삼촌의 목장에서 생활하게 된다.

　　어느 날 밤 그는 양의 비명과 울음소리를 듣는다. 양을 도살하는 장면을 어린 나이에 목격한 뒤 새끼 양을 살리고 싶어서 한 마리를 들고 목장을 나와 도망을 가려 했다. 그러나 양은 너무 무거웠고 보안관에게 잡힌다. 그 이후 스털링은 밤마다 양들이 우는 꿈에 시달리게 되고 이 경험은 그녀에게 평생의 트라우마를 안겼다. 누군가를 구해주지 못한 죄의식과 자책. 그녀는 목장을 나와 보육원에서 성장하고 FBI학교에 입학한다. 결국 스털링은 자신의 과거를 렉터 박사에게 들려준다. 이 과정을 통해 하원의원의 딸을 죽음으로부터 구해 공로를 인정받게 된다. 렉터 박사는 수용소를 옮기는 도중 탈옥한다. 영화의 마지막 FBI 요원이 된 스털링은 렉터 박사의 축하 전화를 받는다. 박사는 마지막으로 스털링에게 묻는다.

"이제 양들의 울음은 멈췄나?"

렉터 박사는 프로이트가 말한 개인의 억압된 무의식을 의식의 차원으로 끌어올려 치료하는 작업을 하는 정신과 의사이다. 사람들은 자신의 어릴 적 트라우마나 상처들을 무의식 깊숙한 곳에 가둔다. 이러한 잠재된 무의식이 의식에 영향을 미쳐 신경증과 정신질환을 만드는 것이다. 스털링이 항상 죄의식과 양들의 울음에 시달리는 것은 그가 어릴 적 지켜주지 못했던 양의 생명 그리고 아버지에 대한 죄책감 등이 영향을 미친 것이다. 그녀는 스스로 의식하지 못하지만, 이 사건에 매달리는 이유도 죄 없는 여성들을 버팔로 빌에게서 구하고 잠재된 억압적 상처에서 벗어나고 싶었던 것으로 볼 수 있다.

렉터 박사는 그녀의 심리상태를 파악하고 그녀가 가지고 있는 무의식의 죄책감을 의식의 차원으로 끌어 올리려 한다. 이 과정은 하버마스가 사회문제를 해결하기 위해 사용한 방법과 동일하다. 정신분석의 즉, 정신과 의사는 환자의 무의식적 내면의 심리적 문제를 의식과 이성의 차원으로 끌어올려 원인을 치유하려 한다. 한편 사상가들 혹은 사회학자는 사회의 병리적 현상을 사회공동체가 알 수 있도록 공론화하는 작업을 해 나간다. 사회의 구조적인 문제에 접근해 공론의 과정을 거쳐 구성원은 해결책을 만들어 내는 것이다. 사회의 여러 문제는 소통의 부재로 인해서 발상한 것이고 공론화 과정을 바탕으로 사회가 함께 해결해야 한다. 이를 위해서는 이성이 필수다. 이성은 유용한 도구이다. 이성의 기획은 여전히 정교하게 진행되고 있다.

의사소통행위이론, 위르겐 하버마스, 1929~

1960년대 초기 하버마스는 마르크스 그리고 막스 베버의 영향을 받아 『공론장의 구조변동(1962년)』, 『이론과 실천(1963)』 등의 저작을 발표한다. 하버마스가 속해 같이 연구했던 프랑크푸르트 학파는 마르크스의 이론을 바탕으로 다양한 사회현상에 대해 연구를 해온 학자들이었다.

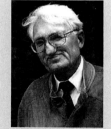

이들 학파는 대중사회의 형성과 대중문화영역의 이론의 발전에 기여했다. 하버마스는 이 학파의 일원으로 비판적으로 사회구조의 모순을 분석하려고 노력했다. 그의 이론은 비판이론으로 불리기도 한다. 그는 특히 이성에 대한 신뢰를 바탕으로 공론장을 발전시켜 근대화와 민주주의 정치체제를 완성해야 한다고 주장했다. 현대사회의 여러 문제를 소통의 부재에서 찾은 사상가이다.

5강
좌파와 우파
그리고 〈제3의 길〉

#자본주의 vs 사회주의, 민주주의 vs 공산주의

4강에서 현대사회의 문제를 해결하기 위해서 여전히 이성이 필요하다고 본 하버마스의 비판이론을 다뤘다. 하버마스는 프로이트와 마르크스의 이론을 활용해 사회현상을 분석했다. 특히 정신분석학에서 무의식의 영역에 잠재된 문제들을 의식의 영역으로 끌어 인간의 정신질환을 치료하는 것처럼 사회의 여러 문제도 공론화를 통한 소통을 바탕으로 해결해 나갈 수 있다는 견해였다. 대중 민주주의 사회에서 문제 해결의 주체는 우리다. 이성적 주체인 우리는 사회문제에 능동적으로 참여해야 한다. 구성원 간의 이해와 소통을 확대하고 현실의 여러 문제에 관심을 기울여야 한다. 하지만 수많은 문제가 복잡하게 얽혀 있는 사회문제를 이해하고 해결하기 위해 현상의 문제를 이해하기 위해 도구가 필요하다. 이념 즉, 이데올로기는 사회문제를 진단할 때 유용하게 쓰일 수 있다.

하지만 정치체제와 관련된 이념을 경제체제 비교하기도 하는데 이렇게 되면 개념상의 혼란이 발생한다. 가령 자본주의와 대립해 쓸 수 있는 이념 구분은 공산주의 혹은 사회주의다. 이 개념은 경제체제와 관련이 있기 때문이다. 민주주의와 공산주의 대립하는 이념으로 말하는 경우도 있는데 마찬가지로 적절하지 못하다. 즉, 정치체제와 경제체제는 같은 비교의 대상이 아닌 것이다. 비교할 때는 동일한 속성을 가지고 있어야 한다. 가령 타이어와 딸기를 비교할 수 없는 것과 마찬가지다. 타이어를 과일의 속성이라는 범주에 놓을 수가 없다.

민주주의는 정치체제를 말한다. 다수의 정치참여와 다수결에 따른 의사결정이 핵심이다. 이와 대립하는 정치 이념은 왕정이나 귀족정 혹은 독재가 적절할 것이다. 왕정과 귀족정은 정치 참여 및 정치적 의사결정이 일부 계층이나 집단 혹은 개인에 의해 이뤄지는 것이 다르다. 그렇다면 민주주의가 아닌 것이다. 공산주의와 사회주의 사회에서도 형식적이지만 선거를 하며 민주주의를 국가 명칭으로 쓰기도 한다. 북한의 공식 명칭은 조선민주주의인민공화국이다. 하지만 북한의 정치체제를 민주주의로 여기지 않는다. 북한은 일당독재 정치체제로 불러야 한다. 보수와 진보도 마찬가지다. 보수는 현재의 사회질서의 유지가 정당하다고 보고 이를 지켜나가려 한다는 이념이다. 반면 진보는 현 체제와 사회제도가 기득권을 유지하기 위한 수단으로 여기고 이를 개선해야 한다고 느낄 것이다. 반면 진보는 현 체제와 사회제도가 기득권을 유지하기 위한 수단으로 여긴다면 이를 개선해야 한다고 느낄 것이다. 분배와 관련된 경제영역에서도 동일하게 적용된다.

이념은 왜 중요한가. 이념을 바탕에 두고 국가의 제도와 정책도 만들어진다. 평등과 분배가 우선인가. 자유로운 경쟁이 더 바람직한가. 권력을 위임받은 정치집단이 어떤 이념과 가치를 추구하는가에 따라서 제도와 정책의 방향은 달라진다. 우리 사회가 마주한 문제 중 하나인 양극화를 해결하기 위해서라도 더 많은 사람의 공론화 과정에 참여해 자신의 정치적 의사를 표현할 필요가 있다. 인간다운 삶을 위한 최소한의 물질적 조건을 해결하고 분배의 문제를 둘러싼 갈등에 대해서 우리는 답을 찾아야한다. 어떻게 공동체를 복원해 나갈 수 있을까. 보수적인 관점에서 이 문제를 해결해야 하는가. 아니면 진보적인 이념이 필요한가.

1997년 우리나라는 외환위기를 겪었고 IMF(국제통화기금)에서 외채를 빌렸다. 이 시기를 IMF 체제라고 부르기도 한다. 극심한 경제적 불평등 상황에서 '제3의 길'은 보수와 진보의 이념을 아우르며 대안을 제시했고 주목받았다. 제3의 길은 당시에 어떤 이유로 지지받았을까. 보수와 진보를 아울러 사회적 경제적 문제를 해결해야 한다는 사회적 논의가 활발했다. 과거는 현재를 이해하기 위한 참고 자료가 될 것이다. 당시의 상황을 살펴봐야 한다.

공동체가 무너져버린 사회 – 각자도생을 추구하다

새로운 밀레니엄이 시작되었고 오랜 시간이 지났지만 우리는 '공동체'

그리고 '연대'라는 말을 쉽게 듣지 못하고 있다. 문재인 정부 이전 두 번의 보수주의 정부를 거쳤고 이 시기에 불평등은 극심해졌다. 이들이 추구한 이념이 보수였는가. 이명박 박근혜 정부를 보수 정부라고 부를 수 있는가에 대한 논란이 있지만 잠시 미뤄두자. 당시 수많은 사람은 탈조선을 외쳤다. 무엇 때문에 조선을 떠나고 싶어했는가. 2000년대 초반 한 카드사는 흥미로운 광고를 기획한다. 배우가 눈길을 걷는다. 광고를 보는 소비자에게 웃으며 인사를 한다.

"여러분 모두 부자 되세요"

새해 인사는 부자가 되는 것이었다. 광고는 사회현실과 동떨어질 수 없다. 광고는 시대를 상징한다. 사람들이 직접적인 물질적 욕망을 스스럼없이 드러내도 전혀 거리낌이 없는 사회로 바뀌었다는 것을 드러낸다. 이후 이명박이 대통령이 된다. 이명박의 대통령 당선은 집단심리의 투사였다. 개인의 행복과 돈이 모든 가치를 압도하기 시작했다. 언제부터인가 사람들은 모든 것의 중심에 나를 내놓기 시작했다. 내가 중심이 되는 사회. 그러나 이 개인주의는 우리가 알고 있는 개념과는 좀 다르다. 원래 개인주의는 공동체가 개성과 자율성을 억압하기 때문에 스스로의 정체성과 차이를 인정한다는 긍정적인 변화의 의미를 담고 있다. 하지만 우리가 맞

이한 개인주의의 시대는 공동체와 개인의 간의 균형을 추구하지 않았다. 오직 나의 이해관계를 중심에 두는 경우가 많았다.

물질적 가치와 보수적 이데올로기가 사회 전반을 지배하며 사회의 공기도 개인의 성취와 노력이 강조되었다. 특히 모든 문제를 개인의 문제로 환원시키는 것이 너무 자연스러웠다. 탈조선이 유행한 이유도 이와 무관하지 않다. 취업을 못 한 것은 나의 노력이 부족하기 때문이며, 금수저를 물고 태어나지 못한 것을 탓해야 하나. 공부를 열심히 하지 못해 좋은 대학을 나오지 못한 것이고 나의 노력이 취업하기에는 부족한 것이었다. 노력과 성취의 강박감이 지배적이었다. 사회는 개인이 처한 문제에 대해 각자 책임지라고 요구한 것이다. 보수정부가 들어서며 사회의 지배적 이념과 정책이 이렇게 바뀌는 것은 당연하다. 그러나 이렇게 모든 문제를 '나'라는 개인의 문제로 바꿔버려도 좋은가. 물론 개개인의 노력의 중요성을 부정할 수는 없다. 스스로의 노력과 성취가 성공에서 가장 중요한 부분임은 분명하다.

하지만 사회구조의 문제도 모두 개인의 문제로 돌려버리는 것은 바람직하지 않다. 이런 경우 누가 가장 이익을 얻게 되는가. 바로 지배층과 기득권을 가진 사람이다. 모든 것을 개인의 책임으로 여기는 이데올로기와 사회적 분위기가 형성될 때 지배 질서는 아무런 저항없이 유지될 수 있다. 사회로 진입하는 청년들에게 현실은 버겁다. 이들이 사는 곳은 '지, 옥, 고(지하, 옥탑, 고시원)'로 불린다. 이 어휘가 담고 있는 부정적 의미가 너무 선명하게 다가온다. 최소한의 인간다운 삶을 보장받지 못하는 상황이 계속되고 여유가 없을 때 사람은 자존감을 잃고 체념한다. 이러한 사회체제에서 민주주의는 퇴보한다. 비판의식은 자랄 수 없다. 주어진 시스템에 순종하고 체념하는 자본의 이익을 위한 순종적인 인간형이 만들어진다.

수저론이 상징하는 것은 무엇인가. 사람들의 의식에 차별과 배제의 시선과 태도가 공고하게 체화됨을 나타내는 용어이다. 이 과정이 지속되면 사회화되는 과정에서 이러한 차별과 배제의 사고는 일상을 보는 틀로 작용하게 된다. 지역(서울고 지방, 서울 강남과 그 외의 지역), 학교(특목고, 자사고, 일반고, 실업계) 전형(정시, 수시) 구성원들은 서열을 따지고 차별을 내면화한다. 이러한 차별의 시선이 혐오와 배제의 문화를 낳고 배타성을 띤다. IMF 체제 이전까지 연대와 공동체라는 가치는 아직 남아있지만, 어느 순간부터 그 믿음과 가치는 소멸했다. 연대 의식은 신화나 사전에서 희미하게 그 자취만 남겨진 것이다. '우리'의 문제는 없어진 것이다. 중요한 것은 개인이고 각자의 삶뿐이다. 진학, 취업, 인생의 전환기에서 문제를 함께 해결하려는 노력이 없는 '스스로의 살길을 찾아야 하는 각자도생'의 삶을 추구하는 사회로의 전환이 이뤄졌다. 중산층은 붕괴되고 개인은 스스로 세계화 시대에 맞는 경쟁력을 갖춰야 했다. 빈곤과 양극화가 우리의 삶을 대체했다. 우리는 의도적으로 공동체를 없애버린 것인지도 모른다.

70년대와 80년대 공동체라는 연대의 가치는 중요한 의미를 담고 있었다. 그 의도가 정권의 안정을 위한 수단이었다고 해도 말이다. '노동자'와

'산업역군'은 시대에 꼭 필요한 존재였다. 그들은 산업역군으로 호명되었다. 수출 100억 불 달성, 경제성장, 물질적 풍요, 중산층 그리고 아파트는 의식하려 하지 않아도 우리가 추구하고 달성해야 하는 목표이기도 했다. 하지만 물질적 부가 축적되고 그 부의 상당 부분이 독점화되기 시작하자 공동체는 분열된다. 시간이 흘러 사람들은 정보화를 말하기 시작했다. 노동과 산업역군이라는 용어는 변화하는 시대에 맞지 않는 구시대의 상징이었고, 잊어야 할 것이 되어버렸다. 서비스와 자본 그리고 금융이 주목받는 시대가 되었다. 펀드매니저, 애널리스트, 교육전문가, 디지털 큐레이터 등 한류 콘텐츠로 대표되는 문화와 창조경제의 시대에 산업역군과 노동자는 저개발의 불편한 기억을 만들어 낸다. 사람들은 의도적으로 이들과 어휘를 저편으로 몰아냈다.

노동자와 산업역군이 주변으로 밀려나자 도심에는 말쑥한 정장을 차려입은 사람들만이 존재한다. 여의도와 도심으로 출퇴근하는 세련된 모습을 갖춘 지식정보화 사회의 사람들이다. 주변부로 밀려난 가난한 시대의 '그들'은 원자화되고 파편화된다. 일용직, 파견 근로자, 공단 노동자, 최저임금을 받는 이들은 우리와 분리된 공간의 존재들이다. 그들은 사회에서 사라지고

▶〈국가 부도의 날, 2018〉 1997년 한국정부가 국제 통화기금을 받게 되는 상황을 소재로 했다. 영화의 주제의식은 누가 과연 이익을 누렸는가이다. 다양한 계층의 인물을 묘사하며 보여준다.

잊혀졌다. 연대라는 개념도 마찬가지의 운명을 맞이했다. 연대보다는 각자 '부자가 되는 것'이 목표가 되었다. 나의 이익은 어떤 수단과 방법을 동원해서라도 지켜야 하는 것이다. 광고가 나온 지 20년 이상이 지났다. 공동체의 파편화는 심화하고 갈등은 더욱 커지고 있다. 우리는 과연 지속이 가능한 공동체를 회복할 수 있는 대안을 찾을 수 있을까. 하버마스의 말대로 공론화 과정이 필요하다.

한국 사회는 IMF 이전과 이후로 나뉜다

1993년 김영삼 정부가 추진한 세계화는 한국 사회를 변화로 이끌었다. 그 과정에서 수많은 사람이 겪어보지 못한 혼란과 충격을 겪었다. 하루 새 수십 개의 대기업이 연쇄 부도에 이르고 수많은 사람은 직장을 잃고 거리를 헤매고 있었다. TV 뉴스에서는 위기가 반복됐다. 원화의 가치가 떨어져 환율은 2,000원대까지 치솟았다. 80년대 이후 안정적으로 사회를 떠받치고 있던 중산층은 몰락했다. 자본주의 구조 자체의 위기가 도래한 것이라고 말하는 사람도 있었고, 일부는 국민들의 과소비 때문이라는 분석하기도 했다. 성급하게 외국 투기자본 등에 대한 규제를 해제한 후 이를 적절하게 제어하지 못했다는 이론도 있었다. 하지만 이 상황을 만든 요인이 하나일 수는 없을 것이다. 구조화 이론은 바로 이점을 지적하고 있다고 봐야 한다.

복잡한 사회현상을 단순하게 하나의 원인으로 설명하기 어려운 것은 분명하다. 하지만 외환위기를 일으킨 근본 원인이 국민들의 과소비로 인해 발생한 것은 아니었다. 그러나 그 고통은 고스란히 삶을 저당 잡힌 국민들이 가장 많이 느껴야 했다. 국고가 바닥나 외국으로부터 빌린 채무를 해결하기 정부는 IMF의 요구를 무조건 수용해야 했다. 연 10% 이상의 고금리를 갚기 위해 국가의 자산을 팔았다. 사람들은 금모으기 운동을 펼쳤다. 다양한 공공 분야에서 민영화가 이뤄졌고 구조조정이 뒤따랐다. 1997년 이후 몇 년은 을씨년스러운 시대였다. 암울한 기운이 대한민국을 뒤덮었다. 일부계층을 제외하고는 모두가 힘든 시기를 버텨낸 것이다.

김대중 정권은 다양한 방법으로 해결책을 찾기 시작한다. 당시 우리가 처한 문제를 어떻게 해결해야 하는지를 놓고 고민하던 시기에 좌파와 우파를 넘어서는 새로운 이론적 체계와 방향으로 소개된 이론이 바로 '제3의 길'이었다. 일부 내용은 정부의 정책 방향으로 채택돼 활발하게 논의되었고 토론을 바탕으로 여러 가지 정책 대안이 마련되었다. 새로운 자본주의의 이념이 나왔다는 과장된 보도까지 나올 정도였다. 영국 역시 1992년 외환위기를 극복한 경험이 있었다. 당시 토니 블레어의 노동당 정부는 '제3의 길'을 정부의 정책을 위한 이념으로 채택했고 사회정책이 이념에 맞춰 설계되기도 했다. '제3의 길'은 진보와 보수를 아우른다는 의미를 내세운다.

우선 경제정책과 관련해 보수와 진보를 구분해 보자. 보수 즉 우파는 국가의 시장개입을 지양하고 자유로운 경쟁을 추구한다. 따라서 성장을 통한 자연스러운 분배를 강조하게 된다. 하지만 진보와 좌파의 정책은 국가의 시장 경제에 대한 개입을 보수보다 강화하려 한다. 국가는 다양한 정책을 통해 성장의 분배의 균형과 조화를 추구하려 하는 입장을 가지고 있다. 하지만 이 둘이 이분법적으로 구분되는 것은 아니다. 보수든 진보든 시장 경제의 규칙과 질서는 공정한 경쟁을 위해 필수적이라는 것은 두 이념이 차이가 없다. 시장에 대한 국가의 개입 정도의 차이가 있다고 보는 것이 적절한 것이다. 또한 시대에 따라서 그리고 상황에 따라서 보수와 진보의 구분은 달라진다. 마찬가지로 진보적인 사람이라도 성역할에서는 보수적인 견해를 드러내기도 한다. 이념은 항상 상대적인 측면에서 생각해야 한다. '제3의 길'은 대립하는 상황에서 이 둘을 조합한 것 아닌가? 이렇게 물을 수 있다. 절반 정도는 맞다. 하지만 그의 이론이 진보와 보수의 중립과 절충만을 추구하는 것은 아니다. 구체적인 내용은 다음에 다룰 것이다.

한편 '제3의 길'의 앤서니 기든스의 연구는 이념에만 한정되지 않았다. 다양한 사회학의 분야에 업적을 남겼다. 자신만의 독창적인 이론은 없다고 비판받기도 하지만 다양한 이론의 장점을 가져와 사회현상을 설명하는 형태로 자신의 이론의 체계를 세웠다. 연구 범위 역시 넓다. 가족과 관련된 분야에서도 우리의 사고의 폭을 넓히는데 도움을 주었다. 사회학에서 보는 가족은 그의 중요한 연구주제 중의 하나이다. 기존의 이론에서 주로 가족을 보는 관점은 핵가족, 대가족 등의 구성원 중심 그리고 사회 변화를 중심으로 이뤄졌다. 하지만 그는 현대사회의 구조와 가족제도의 변화를 친밀성의 관점에서 새롭게 다룬다. 혈연으로만 이어진 것이 가족인가. 그렇지 않을 수 있다. 미래의 가족은 관계중심으로 새롭게 변할 수도 있다. 우리 사회도 호적제가 없어졌고 가족관계 중심으로 가족이 바뀌었다. 대안 가족도 이제 폭넓게 인정되고 있는 편이다. 진보적 국가와 미국의 일부 주에서는 동성결혼도 인정하고 있기 때문이다.

엄마, 엄마 그리고 자녀, 비 혈연가족도 얼마든지 가능하다. 혈연이 아닌 관계중심과 친밀성으로 그는 가족제도의 변화의 의미를 연구했다. 또한 사회구조와 이론의 변화를 시대의 상황에 맞게 해석하는 작업을 진행한다. 사회변동과 변화를 성(gender), 심리학 그리고 언어 및 해석학의 개념을 활용해 가족과 사회를 새롭게 볼 수 있도록 해 주었다. 그의 구조화 이론과 '제3의 길'은 그렇다면 어떤 문제의식에서 나왔는가. 그의 이론이 기존의 사회학과 사회과학과 어떤 부분에서 다른지 살펴볼 필요가 있다.

자살은 개인의 문제가 아니라 사회구조적 문제로 봐야 한다

사회학 그리고 사회과학의 태동기는 19세기였다. 이 시기 유럽은 기존과 다른 혁명적 변화를 겪는다. 사회는 도시화 산업화 등을 거쳐 전혀 다른 모습을 갖게 되었다. 하지만 변화를 적절하게 설명할 수 있는 이론이 부족했다. 사회학의 목표는 사회 구조의 변화 및 변동을 적절하게 설명하는 것이다. 사회학의 창시자들은 이 해답을 자연과학에서 찾기 시작한다. 발상을 전환한 것이다. 자연현상처럼 사회현상도 동일한 방법으로 연구할 수 있다고 믿고 자연과학의 연구 방법론을 사회현상을 분석하는데 적용하기 시작했다. 사회학의 창시자인 콩트는 최초로 사회학을 '사회물리학'으로 명명했다. 뒤를 이어 『자살론』을 쓴 뒤르켐 역시 이러한 방법론을 사용해 사회현상을 설명했다. 고 전기 사회학에서 뒤르켐의 업적은 주목할 만하다. 그는 자살이라는 현상을 단순한 개인의 죽음이 아닌 사회현상으로 설명해 냈다. 당시에 주목할 만한 사회현상은 '자살'이었다. 사람들은 자살이 개인이 스스로 목숨을 끊는 것으로 여겼다.

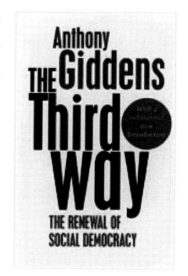

하지만 뒤르켐은 의문을 제기한다. 북유럽과 남부유럽의 자살자 차이가 존재하고 있었다. 북유럽의 자살자가 남유럽에 비해 세 배 정도 높게 나타났다. 그는 가설을 설정했다. 사회구성원의 유대감이 자살에 영향을 미친 것이라고. 종교에 주목했다. 북유럽과 남부유럽이 믿는 종교가 확연하게 구분되기 때문이다. 북유럽은 개신교 그리고 남부유럽은 가톨릭이 지배적이다. 이들이 주로 교회에 가는 빈도를 공동체로서의 유대감과 소속감의 정도로 보고 횟수를 파악했다. 이후 이러한 가설을 설정한 뒤, 그는 자료를 통해 가설을 검증한다. 결과는 의미가 있었다. 북유럽 사람들이 실제 교회에 가는 횟수가 남부 유럽의 가톨릭 국가보다 적게 나타났다. 자살은 개인적 현상만이 아닌 사회적 의미도 있었다. 사회적으로 공동체의 유대감이 중요하게 작용한 현상이라는 것을 뒤르켐은 입증해 낸 것이다. 자살은 개인에 한정된 문제가 아니었다. 사회적 현상이 된 것이다. 사회

를 연구할 수 있는 새로운 방법은 이렇게 출발했다. 이제 이를 막기 위한 정책과 제도도 대안의 형태로 만들어 낼 수 있게 된다. 뒤르켐의 작업이 의미하는 것은 사회현상 역시 자연현상과 동일한 방법으로 분석이 가능한 분야라는 것이었다. 뒤를 이어 막스 베버, 그리고 마르크스 등의 고전기 사회학자들이 등장해 다양한 업적을 남긴다. 우리가 이름을 들어본 바로 그 학자들이다.

주제 선정	가설설정 가설: 사회공동체의 유대감이 자살에 영향을 미쳤다. 교회에 가는 빈도가 (공동체의 유대감 결속력의 정도)	연구설계 〈양적/질적〉	자료수집/ 분석/검증	가설검증 *검증하려는 가설이 맞으면 대안을 제시한다. *가설이 틀렸다면, 처음으로 다시 돌아와 가설을 바꿔야 한다.	대안 제시

▶ 사회과학 연구 방법론

이제 기든스의 작업으로 돌아오자. 기든스는 이들 고전 사회학자들의 저작과 이론을 현대적인 관점으로 다시 풀어내려 했다. 그는 고전 사회학의 연구가 가치가 있지만 당시의 사회구조에서만 의미를 찾을 수 있는 제한된 이론이며, 그 시대에 한정될 수밖에 없는 이론과 개념이라고 판단했다. 현대사회에 과거 그들의 이론을 고스란히 적용하는 것은 한계가 있을수밖에 없다는 견해이다. 기든스는 이러한 시대의 변화를 고려해 현대사회의 특성을 파악하려는 작업을 진행하기 시작했다. '현대사회는 당시의 사회와는 다르다. 사회는 끊임없이 변화하기 때문이다. 그러나 고전사회학은 사회구조를 일차원적이고 단선적으로 해석했기에 지금의 시대에는 맞지 않는다. 새로운 사회에는 새로운 이론이 필요하다.' 특히 고전기 사회학자들은 사회현상과 사회변화를 설명하면서 하나의 변수에 초점을 맞추는 경우가 많았다. 즉, 자본주의의 변화라는 일차원적인 측면만으로 사회를 이해했기에 현대사회의 다양한 변수 즉, 정치, 경제, 문화, 젠더 등을 고려하지 못했다고 보았다.

이러한 문제의식에서 기든스는 고전사회학 이론을 재해석한다. 사회학은 사회의 구조와 더불어 구성원의 관계에 초점을 맞춰야 한다는 견해였다. 사회에 사는 사람이 누구인가. 바로 개인이 아닌가. 그럼 사회구조와 더불어 개인과 개인 간의 관계가 중요하다는 본 것이다. 대표적인 고전기 사회학자인 베버는 근대를 탈 주술화로 설명한다. 근대사회는 기존의 미신적 사고에서 벗어나 이성과 합리성을 바탕으로 한 사회체제인 것이다. 또한 마르크스는 어떤가. 지난 강좌에서도 언급한 마르크스는 역사발전 5단계로 자본주의 사회에서 공산사회로 필연적으로 변화할 수밖에 없다고 보았다. 하지만 기든스가 보기에 이들 학자들은 개인의 의지와 노력 그리고 행위의 중요성을 놓치고 있었다. 이러한 기존의 학자들의 관점은 사회를 단편적으로 이해하는 것에 불과했다. 따라서 고전사회학의 개념을 적용할 수 있는 부분은 급격하게 줄어드는 것이다. 그의 저작인 『성찰적 근대화』는 고전사회학 이론과 다르게 사회구성원들이 끊임없이 합의를 통해서 사회를 바꾸고 새로운 가치를 창조하는 역동적인 과정으로 사회를 이해해야 한다는 점을 강조하고 있다.

변화하는 사회는 다차원적으로 유기적으로 분석해야

개인이 먼저인가. 사회가 먼저인가. 사회학은 이와 관련해서 끊임없이 질문을 던진다. 고전기 사회학은 이 둘의 관련성을 밝히는 작업이었다. 인간은 사회의 영향을 받는 존재인가. 아니면. 인간이 만들어낸 구조와 약속의 산물이 사회인가. 기든스는 이 두 가지 견해를 통합하려 했다.『제3의 길』도 마찬가지이다. 그의 작업은 다양한 이론을 통합해 변화하는 사회현상을 설명하는 것이었다. 당연히 이러한 방법은 좌파와 우파에서 모두 비판받는다. 아무 의미가 없고 결국 이론도 아니라는 평가가 따라 나올 수밖에 없다. 분배도 중요하지만, 성장도 중요하다. 이것이 어떻게 이론이 될 수 있는가. 단순화하면 이런 의미가 된다.『제3의 길』을 '좌와 우를 통합해 새로운 이념을 만드는 것'이라는 기든스의 대답은 너무나 당연한 대답을 다시 한 것에 불과할지도 모른다. 사실 모든 이론과 개념은 현상을 설명하려는 의도에서 출발한다. 그는 좀 더 포괄적으로 사회에서 인간이 맺고 있는 관계에 집중해 보편적이고 통합적인 법칙을 찾으려 한 시도로 이해할 수 있을 것이다. 정리하면 그의 학문적 견해는 다음과 같다. 사회는 인간이 만들어 놓은 결과이기도 한 것이고 또한 사회가 만들어 놓은 것이 바로 인간"이며, 결국 인간이 사회에서 만드는 있는 실천이 중요하다." 다시 말하면 구조도 중요하고 개인도 중요하다는 것이다. 사람이 이념을 만들고 거꾸로 그 이념은 개인의 인식에 영향을 끼친다는 말도 된다. (인간의 행위와 사회구조의 관계를 문화적 측면에서 설명하는 아비투스로 부르는 부르디외의 개념은 2장 2강 문화적 자본에서 좀 더 자세하게 살펴볼 것이다.)

인간이 모여서 사회적 약속과 법칙을 만들어 내며 그리고 우리는 그것을 지키려고 노력할 것이고, 이렇게 만들어 놓은 법칙과 약속이 또한 우리의 행동을 제한하며, 또한 새로운 사회를 만들어 내기 위한 실천의 도구로써 사용되는 것이다. 그는 이렇게 통합적이고 유기적으로 사회를 보려 했고 고전기 사회학의 이론과 더불어 다양한 이론 즉, 실증주의, 구조기능론, 마르크스 이론 등을 모두 자신의 이론에 통합시키고 끊임없이 변화시키고 발전시켰다. 모든 이론을 적용해 사회를 설명하기 때문에 자신만의 독창성이 없다는 비판이 받을 수밖에 없다. 1장에서 다룬 사상가들은 분명한 자신만의 정의와 개념들이 있었고 이를 통해 사회 현상을 이해하려 했다는 점을 확인할 수 있었다. 하지만 기든스의 『제3의 길』, 『구조화이론』 등은 그렇지 않다는 것이 차이점이다.

근대화의 개념과 근대사회부터 그의 분석을 따라가자. 자본주의 경제체제는 근대에 이르러 비로써 확립된다. 또한 왕과 귀족, 신분제도에서 벗어나 다양한 방식의 정치체제도 자리를 잡는다. 즉, 민주주의, 사회주의 및 공산주의 등은 다양한 통치와 지배의 방식을 보여주는 것이며, 사회는 특정한 권위에 의존하거나 자의적이고 일방적인 권력에 의한 비합리적 지배에서 벗어났다. 즉, 왕과 권력자가 기분 내키는 대로 통치하는 시대는 지났다. 그렇다면 사회는 조금씩 직선 즉, 선형으로 발전했다고 생각할 수 있다. 고전기 사회학자들은 대부분 역사가 진보한다고 생각했고 이는 여러 번 앞서 강조하기도 했다. 이성을 통한 진보와 발전은 당연한 것으로 믿는 것. 괴테의 『파우스트』는 19세기 말 이성을 통한 근대화의 발전과 위대함을 상징한다. 인간은 이성을 통해 모든 문제를 해결하고 무한히 발전할 수 있다는 믿음. 신앙과 유사하다.

그러나 실존주의에서 지적한 것처럼 이성을 바탕으로 한 근대 이후의 사회는 장점도 있지만 커다란 위협을 포함하고 있다. 근대화된 사회는 예기치 못한 위험이 항상 도사리고 있는 잠재된 위험을 안고 있는 사회다. 1984년 체르노빌에서 발생한 원전 사고, 2013년 동일본 대지진의 이후 후쿠시마 원전의 방사능 노출 사고는 해결이 불가능하다. 근대화된 사회는 바로 그 위협이 어디에나 존재하고 있는 양면성을 가지고 있는 사회체제다. 이 상황은 곧 과학기술과 이성이 완전하지 않고 근대가 만든 보이지 않는 위험이 발달한 기술을 바탕으로 더 큰 파멸과 파국을 초래할 수 있다는 것을 말한다. 독일의 사회학자 울리히 백은 이런 사회를 '위험사

회'라고 했다. 복잡한 현대사회 시스템은 완전하게 제어될 수 없는 것이다. 이성과 과학기술을 통해 위험을 충분히 통제한다고 생각하지만, 실질적으로 불가능하며, 기술의 발달로 인해 그 피해는 상상을 초월할 정도가 될 것이다. 이 사회가 근대의 또 다른 모습이다.

구조화 이론은 이처럼 변화하는 사회적 상황을 다차원적으로 분석해야 한다고 주장한다. 이성과 과학기술의 한계, 예측 불가능성, 위험은 국경을 넘나든다. 중국의 황사와 미세먼지는 단순히 중국의 문제만이 아니었다. 우리는 매일 편서풍을 타고 미세먼지와 공해의 위험에 시달리고, IS는 전 세계적인 테러 행위를 가하고 있다. 금융위기는 전 세계에 영향을 끼치고 분쟁으로 인한 난민 문제는 전 세계적 골칫거리다. 이러한 복잡한 문제를 한 국가의 문제로 볼 수 없는 것과 마찬가지인 것이다. 근대 사회의 특성을 생각해보자. 전통사회와 다르게 우선 시공간이 확장되고 그 간격은 좁아졌다. 전통사회 그리고 근대의 교류방식과 지금의 교류 방식과 근본적인 차이가 있다. 기술의 발달로 사람들은 실시간으로 개인의 생각을 전 세계로 보낼 수도 있다. 기술의 발달로 중앙집권화는 더 커졌고 강화되었다. 권력은 손쉽게 수많은 사람을 통제하고 감시할 수도 있다. 개별국가의 차원에서 문제를 이해하고 해결하는 것은 쉽지 않다. 우리는 전 지구적인 환경, 범죄, 통신, 금융, 분쟁, 노동 등의 문제를 함께 이해해야 한다. 결국 그의 말은 사회를 분석할 때 이러한 시대적 상황 그리고 다양한 의미와 요인들을 함께 고려해야 한다는 것이다.

기든스가 사회현상을 분석하는 과정에서 강조한 것은 사회적 관계였다. 이 관계는 사회적 신뢰의 문제와도 관련이 깊다. 신뢰는 눈에 보이지는 않지만 변화하는 사회구조와 함께 파악해야 하는 중요한 부분 중 하나이다. 근대 이후의 사회는 여러 가지 의미로 전혀 다른 생활 태도와 가치관을 만들었고 신뢰와 교류의 그리고 가치관의 문제도 변했다. 자본주의 사회에서의 계약과 거래는 모두 사회적 관계와 신뢰를 바탕으로 이뤄질 수밖에 없다. 돈 즉, 자본은 그 자체로 신용을 의미한다. 현대사회에서 신뢰의 문제는 소규모 공동체의 문제를 넘어선지 오래이다. 테러가 사회적으로 끼치는 부작용도 상당하다. 다수가 테러의 위험에 처하면 구성원 간의 신뢰는 무너지게 된다. 어디서든 나의 안전이 위협받는다고 생각한다면 혼란은 극심해진다. 신뢰는 사회의 통합과 관련된 중요한 부분인 것이다.

근대의 특징인 낭만적 사랑 가족관계의 구조 변화에 대한 분석도 같은 의미를 담고 있다. 기든스는 『친밀성의 변동』에서 남녀관계와 가족관계를 구조화 이론을 바탕으로 분석한다. 낭만적인 사랑은 근대의 발명품에 불과하다는 것이다. 우리가 알고 있는 이성과의 만남, 자유로운 연애, 사랑의 시작 등은 철저한 근대의 산물이다. 기존의 남녀의 결합은 계약이고 정략결혼에 불과했다. 중세나 근대 초기를 생각해보면 남녀가 만나서 사랑에 빠진다는 개념 자체도 없었다. 결혼제도는 신분과 지위를 유지하기 위한 수단에 불과했다. 정략결혼이다. 사랑이라는 사회적 발명품은 만들어진 전통처럼 200년의 역사밖에 가지고 있지 않은 부르주아 사회와 시대의 유산이다. 낭만적인 사랑은 거짓말이었고 신화였다. 결혼제도와 개인과 가정생활 그리고 모성애, 생물학적인 성에서 사회적 성으로의 변화는 근대의 가족제도 변화 및 사회변화와도 관련이 있다. 가족제도를 친밀성으로 보는 이유도 앞서 고려한 사회의 변화를 보는 다양한 요인에 해당한다. 일부를 제외하고 결혼을 신분의 상속이나 권력을 유지하기 위해 하지는 않는다. 사회구조를 연구할 때 다양한 요소를 고려해 사회 변화의 의미, 그리고 구성원들의 관계를 고려해야 한다는 것을 이해했다면 왜 그의 연구가 구조화 이론으로 불리는지 파악할 수 있을 것이다. 결론적으로 사람들은 제도를 만들고 제도는 또한 사람들의 사고와 행위에 끊임없이 영향을 준다. 사회는 그리고 사회변화는 이렇게 다양한 이론과 개념을 통해 이해할 수 있는 유기적인 구조이면서 체계인 것이다.

사회는 구성원의 성찰을 통해 변화한다

'제3의 길'과 더불어 그는 다양한 이론으로 폭넓게 근대사회의 특징을 찾아내고, 변화의 과정을 고찰하며, 근대사회를 다양하게 바라볼 수 있도록 틀을 제시했다. 마지막으로 비판적 이성 즉 성찰성이라는 개념을 정리하자. 근대성은 이성 중심주의와 밀접하게 연결된다. 이성의 기획을 파악하고자 하는 이 책의 목표와도 관련이 깊다. 먼저 이성에 의해 만들어진 근대성이 어떤 문제점을 가지고 있는지를 생각해 봐야 한다. 그런데 근대화와 근대성을 정확하게 정의하기는 어렵다. 근대가 만든 사회체제의 모든 산물이기 때문이다. 근대성이라는 것은 사회학 자체의 연구영역을 모두 말하는 것인지도 모른다. 국가 사회, 사회제도, 가족, 식민지, 관료제,

계층과 계급, 선고, 정치제도, 모두 나열해도 끝이 없을 정도이다.

근대 이후의 사회는 다양한 측면에서 볼 수 있다. 이 사회는 위험하기도 하며, 불안전하며 그리고 전통사회와 다른 신뢰 관계가 만들어졌고 계약 관계도 늘어났다. 우리들은 한 나라에만 묶여 살지 않는다. 자본과 노동도 국경을 넘나들고 있고 자유로운 이동도 가능하다. 하지만 사람들은 불안감과 고독감을 느낀다. 이러한 사회의 모습은 전혀 새로운 생활양식이며 또한 계속 변화할 것이다. 스마트폰이 출현한 지 10여 년이 지난 후 또다시 우리의 삶은 거대하게 바뀐 것이 분명하다. 앞으로는 어떤 변화가 있을지 상상이 어려울 정도이다. 이런 사회에서 우리는 어떻게 살아가야 하며 그 방향은 무엇인가. 통제는 어떻게 이뤄지며 삶의 가치는 무엇으로 찾아야 하는가. 우리를 생각하도록 만드는 고민들이다.

기든스는 이러한 본질적인 질문들에 대해서 나름의 해답을 제시했다. 앞서 지적한 것처럼 기존의 사상과 이론이 제시했던 주장에 대한 반론을 제기하는 형식으로 자신의 이론을 체계화했다. '제3의 길'은 진보와 보수의 부분 조합이라는 것. 그는 모든 이론의 장점을 통해 사회현상을 설명하고 대안을 제시하는 방법을 활용했다. 따라서 '성찰성', '제3의 길' 등은 명확하게 정의하기가 어렵다. 그는 계몽주의를 완전히 신뢰하지는 않는다. 이 부분이 하버마스의 견해와 다른 지점이다. 계몽주의 역시 이성에 큰 의미를 부여한다. 하지만 그가 보기에 어떤 주의나 주장 혹은 이즘(ism)은 독선적이며 독단에 빠질 우려가 있다. 진보든 보수든 실존주의든 간에 마찬가지다. 사람들에게 영향을 끼치고 있는 신념이나 가치 등에 대해서 끊임없이 의문을 제기해야 는 것이다. 이성 역시 예외가 될 수 없다. 이성 역시 비판의 대상이 되어야 한다. 이성에 대한 의문을 제기하는 것을 성찰의 과정이라고 부른다.

근대화가 진행되면서 개인은 신분의 속박에서 벗어났고 자유로운 존재가 되었다. 이 사회에서 정치적 혹은 사회적 목적에 따라 모두 다른 의미로 삶의 태도와 의미 목적을 가지게 된다. 물질적으로 부유해지고 싶은 사람, 사회적 지위를 얻고 싶거나 명예 혹은 권력을 추구하는 것을 목표로 삼을 수 있다. 하지만 이러한 상황은 사람들을 항상 불안하게 만든다. 정치적이고 경제적인 측면에서 기득권을 유지하고 싶은 사람은 보수정당의 이념과 정책목표를 지향할 것이며, 진보적 가치를 내세우는 당은 이러한 정치 질서를 바꾸고 새로운 정책과 이념을 추구하려 할 것이다. 자신의 의도대로 되지 않을 때 스트레스는 극심해진다. 매번 바뀌는 정치 상황과 투표의 결과를 두고 벌이는 정치인들의 말을 생각해보자. 이들은 정계 은퇴 등의 말을 끊임없이 쏟아 낸다.

따라서 가장 중요한 것은 성찰성이다. 스스로를 돌아보는 것이다. 성찰은 지금 이 사회를 살아가는 데 유용한 수단이다. 정보는 끊임없이 늘어가고 무엇이 옳은 정보인지 판단할 수 있는 능력을 갖추는 것은 어렵다. 주입된 정보, 조작된 정보, 가짜 뉴스 등이 넘쳐난다. 또한 SNS를 통해 무한한 양의 정보가 무비판적으로 다수에게 전달된다. 빠르게 의사를 결정하지 않고 다양한 문제에 대한 고민이 늘어나면 경쟁력이 떨어진다는 평가를 받기도 한다. 복잡한 사회에서 불확실성은 계속 늘어나고 판단을 위해 고려해야 하는 변수는 너무도 많아졌다. 어떻게 해야 하는가. 이런 상황에서 성찰이 필요하다. 성찰을 통해서 정의롭고 공정한 사회를 추구하는 것. 현실적인 이상을 가지는 것 그것이 그의 이론의 목표이며 우리가 추구해야 할 가치다.

기든스는 그것을 '유토피아적 현실주의'라고 불렀다. 성찰을 통해 개인과 사회가 함께 이상을 추구하자는 것은 '성찰적 근대화'의 핵심 개념이다. 『좌파와 우파를 넘어서』, 『제3의 길』에는 그의 이러한 생각이 잘 드러나 있다. 우리는 자본주의 체제에 살고 있지만 무한정 시장의 자유를 확장할 수 없다. 또한 그렇다고 성장 없는 복지와 분배만을 강화할 수도 없다. 당시 영국의 상황에 대한 고민이 여기에 담겨 있다. '요람에서 무덤까지'라는 완벽한 복지국가의 이념을 내세웠던 영국이 '영국병'이라고 불리는 경기침체를 경험하게 된다. 이를 개선하기 위한 경제성장과 경제 활성화는 영국의 현실적 문제였다. 진보의 이념만으로 보수의 이념만으로 우리는 살 수 없다는 것이다.

현대사회에서는 두 이념의 차이가 없을 정도로 많이 좁혀져 있다. 복지와 분배만을 절대적으로 강조하거나 성장만을 추구하는 사회는 없다. 하지만 우리 사회는 어떨까. 제대로 된 복지정책과 관련된 사회적 합의와 공론화 과정은 존재하지 않았다. 80년대는 굳이 복지를 내세우지 않아도 높은 성장률로 자연스레 분배가 이뤄진 시기였기 때문이다. 그러나 지금은 다르다. 성장과 분배 혹은 보수와 진보라는 이념을 통한 정책을 놓고 공론화의 과정이 이뤄지기 시작할 무렵 경제위기가 닥쳤다. 각자도생의 시대 연대가 무너진 사회가 나온 배경이기도 하다. 공동체가 붕괴하고 유대감과 연대 의식은 없어졌다. 이제 각자도생의 삶을 추구하는 사회에서 우리는 다시 이 논의가 활발하게 진행되었던 2000년 이후를 돌아봐야 한다. 대선을 앞두고 어떤 대통령을 그리고 어떤 이론과 정책을 통해 우리의 앞길을 선택할 것인가. 성찰성이 필요하다.

'제3의 길'이 좌파와 우파의 장점을 조합하자는 의미이기는 하지만 가보지 않은 길이기도 하다. 기든스의 이론은 성장과 분배의 조화를 강조한다. 또한 성찰을 바탕으로 시민들에게 우리 시대의 중요한 혁명 중의 하나인 개인 생활의 변화와 실천을 동시에 추구하자고 제안한다. 자연과의 관계를 복원하고, 평등과 약자의 보호, 시민 사회에서의 연대성의 회복을 동시에 이뤄야 한다는 것이다. 또한 '제3의 길'은 평등을 강조하고 있다. 물질적인 평등, 절대적 평등, 결과의 평등은 아니다. 이 평등은 사회적 형태로서 관계의 평등이다. 부모와 자식의 관계, 국가와 시민사회의 관계, 인간과 생태계 등도 이 평등의 개념범주에 들어간다. 신사회 운동을 펼친 하버마스의 이론과 큰 틀에서 유사한 부분도 있다.

진정한 민주주의에서 시민사회는 권력을 비판하고 견제하며 감시할 수 있어야 한다. 현대사회에서 풀뿌리 민주주의가 자리 잡지 않은 이상 민주주의를 제대로 실현하는 것은 불가능하다고 그는 강조한다. 민주주의가 단순하게 투표권을 행사하는 데 그친다면 시민들은 선거 날만 제외하고는 모두 노예의 상태에 불과할 뿐이다. 근대화 이후를 기든스는 다층적인 측면으로 사회를 분석하고 대안을 학자로서 제시했다. 정리해보면 사실 너무도 좋은 말을 원론적인 수준에서 다시 한 것처럼 보이지만 '제3의 길'은 아직도 여러 분야에 많은 시사점을 주고 있다.

우리가 형식적, 제도적으로 완성했다고 여기는 민주주의는 퇴보했다고 여겨지기도 했다. 보수 정부라고 불리는 이명박 박근혜 정권은 권력을 동원해 시민을 감시하고 민간인을 사찰하며 자유로운 소통을 막고 물질적 욕망을 부추기기도 했다. 정책의 방향 그리고 민주주의에 대한 인식은 권위주의 시대와 유사한 모습이었다. 일방적 통치가 아닌 시스템에 의한 협치 즉, 다양한 구성원과 조직이 자율성을 바탕으로 의사결정에 참여하는 거버넌스 즉, 협치의 의미가 많이 퇴색한 시기였다. 관계로서의 평등 역시 그 의미를 잃었고 물질적 욕망을 부추겨 자신들의 권력과 기득권을 유지하려고 해서 비판받았다. 집값 상승의 기대감과 물질적 욕망이 모든 것에 우선한 시기였다고 볼 수 있다. 대한민국이 나아가야 할 방향에 대한 구성원 간의 공론화와 소통이 제대로 이뤄지지 않았다. 그 이후 얼마나 나아졌는가. '제3의 길'에서 강조하는 정책과 다양한 논의들에 대해서 시작도 하지 않은 것인지도 모른다.

지금까지 우리는 이성의 기획을 통해 사회변화의 의미와 과정을 간략하게 살폈다. 무의식을 영역을 발견한 인간은 이성을 통해 인간의 본성을 파악할 수 있게 되었고 인간에 대한 이해를 넓혔다. 우리는 이성적 존재만은 아니었던 것이다. 1차, 2차 대전을 거친 뒤 수많은 사람이 목숨을 잃었다. 사람의 생명이 도구처럼 취급되고 더 많은 사람을 살상할 수 있는 무기와 체계의 발달은 이성에 대한 회의와 비판 반성적 사유를 끌어내기도 했다. 이성을 통해 인간이 만든 사회체제는 우리 스스로를 비판과 감시의 대상으로 바꿔버리는 상황으로 이어졌다. 그러나 여전히 이성에 대한 낙관적 태도가 존재한다. 이성은 우리의 삶을 감시하지만, 더 나은 사회를 만들기 위한 유용한 도구로서 활용될 수 있기 때문이다. 이성은 더 나은 삶을 위한 도구에 불과하다. 우리는 주체적으로 문제를 해결할 수 있는 존재인 것이다. 하버마스에 따르면 우리는 아직 완성된 근대체계를 이뤄내지 못한 것이다.

'제3의 길'을 통해 우리 사회의 구체적인 사회현실의 문제를 다뤄보았다. '제3의 길'은 진보와 보수를 넘어 유토피아적 현실주의를 추구한다. 그는 구조화 이론을 바탕으로 사회를 관계 중심으로 보았고 근대 이후의 현대사회를 이해하기 위해서 다양한 변수를 고려해야 한다고 주장했다. 성찰을 바탕으로 현실에 발을 딛고 있지만 낙관적 미래를 추구해야 한다는 것. 현실주의적 유토피아를 강조했다. 진보와 보수의 개념을 통합해 우리 공동체는 어떤 선택을 내려야 할지 이제 결정해야 할 시기이기도 하다.

1장에서는 사회변화와 관련된 추상적 이론을 주로 다뤘다. 2장에서는 구체적인 개별현상을 통해 이론과 개념이 어떻게 적용되는지 살펴볼 것이다. 개념은 현상을 이해하는 수단인 것이다. 이성의 기획은 더욱 진화하고 발전하고 있다.

앤서니 기든스

앤서니 기든스는 『구조화 이론(Structuration Theory)』, 『제
3의 길』 등을 썼다. 기든스는 다양한 이론의 장점을 수용하는
형태로 자신만의 이론적 체계를 세웠다. 또한 그는 사회를 관계
중심으로 보았고 사회관계는 개인과 구조와 상호관계로 이뤄지
며 이 둘이 서로 영향을 주고받는다는 구조화 이론으로 사회구
조와 변화를 설명한다. 그의 이론과 연구 범위는 사회의 다양한
분야를 아우른다. 현대사회의 구조와 가족제도의 변화를 그는 친밀성의 관점에서 새롭게 분
석한다. 사회변동과 성(gender), 심리학 그리고 언어 및 해석학 등으로 연구범위를 확장해
나갔다.

『제3의 길』은 그의 대표적인 저작 중에 하나로 보수와 진보의 이념을 아우르지만 이 둘의 기
계적 결합은 아니다. 구조화 이론을 바탕으로 변화한 사회적 상황을 다차원적으로 분석하고
있기 때문이다. 『사회학적 방법의 새로운 법칙(1976)』, 『사회이론의 주요쟁점(1979)』, 『사
회이론과 현대 사회학(1987)』, 『좌파와 우파를 넘어서(1994)』, 『성찰적 근대화(1995)』의
저작들이 있다.

1장 요약

1강. 프로이트 정신분석학 – 너의 생각은 무의식과 성욕의 산물

인간은 19세기 이후 이성을 바탕으로 완벽한 세계를 만들려고 했다. 하지만 인간 이성의 한계를 역설적으로 깨닫게 된다. 인간은 비합리적인 존재임을 거꾸로 인식했기 때문이다. 프로이트의 정신분석학은 가장 비이성적인 영역인 꿈을 이성을 통해 분석하려는 목표였다. 그는 인간의 심리구조를 파악해 정신의 문제를 해결하려 한다. 인간의 의식은 수면 위로 드러난 빙하와 같다. 또한 의식을 좌우하는 거대한 무의식의 영역이 있다고 보았다.

이 영역은 이드, 에고, 수퍼에고로 이뤄져 있다. 이드는 본능을 수퍼에고는 도덕과 윤리를 관장하고 에고는 이 둘의 균형을 맞춘다. 프로이트는 유아기의 심리발달단계를 크게 구강기, 항문기, 성기기 그리고 잠복기로 구분하고 각각의 단계에 맞는 욕구 충족이 이뤄지지 못하면 정신적, 심리적 문제를 가져온다고 주장했다. 그러나 그의 이러한 분석은 과학의 영역이 아니기에 검증이 불가능하다. 그러나 그의 이론은 20세기의 다양한 학문의 영역에 크게 영향을 끼쳤다. 또한 인간이 비이성적인 존재일 수 있다는 새로운 사고를 가능하게 만들었다는 점에서 큰 의미가 있다.

2강. 실존과 운명의 대립

인간이 꿈꾸던 완벽한 사회의 꿈은 부서졌다. 이성을 통해 끊임없이 진보하고 발전할 수 있다는 신념은 이제 깨진 지 오래이다. 과학기술의 발전은 더 쉽고 효과적으로 사람을 죽일 수 있는 무기를 개발하고 대량살생으로 이어졌다. 1차, 2차 대전으로 사상자는 1억 명에 가까웠다. 특히 1차 대전은 사회와 국가 구성원 모두가 전쟁 상황에 빠져드는 총력전이었기에 그만큼 사상자는 늘어나게 된다. 인간은 이성에 대한 회의를 가질 수밖에 없었다. 사르트르는 2차 대전에 참여해 스스로 전쟁의 참상을 깨닫게 된다. 실존주의는 바로 이러한 시대와 맥락에서 출현한다. 이러한 상황은 그가 지식인의 역할을 현실의 문제에 대한 참여와 실천을 강조하는 데 큰 영향을 끼친다.

실존주의는 구조주의와 대립하는 이념적 특성을 보인다. 실존은 본질에 앞선다는 그의 유명한 명제는 실존의 의미를 강조하는 것이다. 인간에게 결정되어 있는 것, 운명 등을 인정하지 않는다. 인간 주체가 스스로 자유로운 선택을 통해 자신의 미래를 결정한다는 의미를 담고 있다. 또한 본질은 자의식이 없는 존재로서 고정된 의미와 정해진 역할에서 벗어날 수 없는 객체에 불과한 것으로 정의한다. 이러한 실존주의는 1960년대 구조주의와 다양한 논쟁으로 이어지게 된다. 또한 사르트르의 실존주의는 무신론에 기반하고 있다. 우리의 삶을 관장하는 인격신과 초월적 존재는 없다고 그는 주장한다. 스스로 운명을 결정하고 즉자존재가 아닌 대자존재가 되는 끊임없는 투쟁 그리고 자유의지가 바로 인간의 본성이라고 그는 주장한다.

3강. 감시와 처벌의 현대사회

이성이 만든 사회의 빛과 명암은 우리 모두를 감시하는 형태로 진화한다. 물론 그 안에는 권력과 그 권력의 작동방식이 숨겨져 있다. 푸코는 우리 사회의 통치와 지배의 방식의 변화에 주목한다. 그는 고고학자의 방법을 바탕으로 사회를 연구했다. 근대 이후의 우리 사회체제의 구성과 변화를 추적해 나갔다. 그 원형이 바로 정신병원, 그리고 감옥에 있다고 보았다. 또한 사회의 변화가 역사적 법칙에 의해서 바뀐다는 결정론적인 시각에도 반대했다. 그는 통치의 효율성을 위해 사회구조와 체제가 자연스레 변화한 것에 불과하다는 것이다.

전 근대 시대에 공포감을 통해 통치를 효율성을 높였다고 한다면 사회가 발달하고 도시화가 진행되며 이러한 공포에 의존하는 방식은 더 이상 효과를 거둘 수 없기에 사회 변화가 이뤄진 것이라는 입장이었다. 병원과 감옥, 정신병원 등은 우리를 재사회화하고 사회질서와 규율을 익히도록 만드는 곳이다. 사회는 우리의 정신과 더불어 우리의 몸을 통제해 자본주의 사회에 맞는 인간을 만들어 낸다. 이 건물은 팬옵티콘(panopticon)이라는 일망 감시시설로서 시선의 비대칭성을 특징으로 한다. 그 때문에 사람들은 스스로 감시를 끊임없이 내면화한다. 권력은 이제 통치와 통제를 위해 과거처럼 폭력이나 물리력 권력을 통해 통치할 필요가 없어졌다. 또한 지식과 권력의 관계도 유의해야 한다. 지식은 곧 권력과 힘을 가진 말이다. 이 과정에서 지식은 곧 진리가 된다. 진리와 지식은 상대적인 것이다. 권력을 유지하고 지배하려는 자들은 그들의 의지가 실린 담론(discourse)을 만든다.

4강. 여전히 해답은 이성이다

푸코는 이성을 통해 권력이 모든 인간을 감시, 통제할 것이라는 비관적 전망을 제시하고 그 대안에 대해서는 침묵했다. 그러나 하버마스는 이성을 믿고 신뢰하며 그 대안도 여전히 이성이라고 믿는 대표적 비판이론 사상가이다. 비판이론은 현재의 불합리한 사회질서를 만든 사회구조와 이데올로기를 비판하고 사회의 변혁을 추구하고자 하는 이론이다. 그는 독일 사회가 1차 대전 이후 혼란기를 거쳐 히틀러의 집권 그리고 전체주의로 접어드는 과정에 대한 분석을 바탕으로 비판적 이성이 사회문제의 해결책임을 분명히 했다.

물론 제한 없는 자유로운 소통이 전제되어야 한다고 보았다. 독일 사람들은 선거를 통해 히틀러를 지도자로 추종했지만, 비판적 이성이 없고 소통이 부재한 민주주의가 결국 자신의 자유를 박탈하고 제한하는 결과를 만들었다는 것이다. 그는 마르크스의 영향을 받았지만, 그의 이론을 비판적으로 수용한다. 역사의 법칙에 따른 발전 즉, 역사주의와 결정론적 사고와 과학적인 방법만으로 인간의 행위는 모두 분석될 수 없다. 인간은 감정을 가지고 있고 신념에 따르기도 하는 존재이기 때문이다. 그는 마르크스가 인간의 의지와 실천, 감정을 무시했다고 그는 강조한다.

그는 사회가 체제와 생활세계로 구분된다고 보았다. 체제는 물질과 자본 권력으로서 이 영역이 인간의 일상세계에까지 영향을 미치는 상황을 우려한다. 또한 사람들은 물질적 가치, 경제에 매몰되어 있기에 다른 가치를 인정하고 존중해야 한다는 것이다. 체계 즉, 물질과 경제가 결국 인간의 탐욕을 바탕으로 어떤 문제를 가져왔는지 수 세기에 걸쳐 우리에게 그 결과를 알려주었다. 소통을 강조하는 이유는 공론장의 활성화와 관련이 깊다. 많은 사람이 자유롭게 의견을 교환하고 비판적, 합리적 이성을 바탕으로 문제를 해결할 수 있는 공론의 장이 제 역할을 하지 못하고 있는 상황이다. 소규모 공론장을 활성화하고 미디어가 제공하는 혹은 SNS 등을 제대로 활용해야 한다. 이를 통해 사회는 진보하고 발전한다. 하버마스는 우리 사회가 이성을 바탕으로 제대로 근대화되지 않았다고 보고 있다. 그는 근대 이성의 마지막 수호자이다.

5강. 제3의 길과 구조화 이론

우리 사회에서 연대, 공동체라는 용어와 개념은 생명력을 다한 듯 보인다. 사람들은 나를 중심으로 각자도생의 삶을 살고 있다. 1997년 이후의 사회체제는 우리에게서 공동체를 거세하고 사회는 급격하게 물질 위주로 재편된다. 노동과 근로, 공단 등의 이름은 중심에서 주변으로 밀려나고 중심에는 문화, 서비스 자본 등의 용어가 자리한다. 이러한 사회에서 우리는 공동체와 연대를 회복할 수 있을까. 이대로 사회가 유지될 수 없기에 이러한 가치의 복원은 필요하다.

앤서니 기든스의 구조화 이론이 강조하는 성장과 분배의 조화라는 제3의 길은 성장과 복지, 좌와 우를 함께 추구하고자 한다. 그의 현대 사회에 대한 분석은 고전사회학이 가지고 있었던 단편적인 사회현상 분석을 보완하는 작업에서 시작하고 있다. 사회현상을 연구할 때 사회구조와 더불어 구성원 간의 관계도 함께 연구해야 한다는 것이다.

인간은 사회구조를 만들고 그 구조는 또한 구성원에게 영향을 미치기 때문이다. 또한 기존의 사회이론에서 이성을 통한 발전과 사회체제는 우리의 삶을 진보하게 할 것이라고 믿었다. 그러나 이러한 근대화는 우리에게 한편으로 보이지 않는 구조적인 위험과 파국을 만들 수 있다. 우리의 이성은 이러한 모든 위험을 통제하기가 어렵기 때문이다. 체르노빌 사건이나 후쿠시마 원전을 생각해보라. 기든스는 이러한 상황을 다차원적으로 분석해야 한다고 보았다. 지금의 사회는 한 국가에 해당하는 문제가 아니라 전 세계적으로 이 문제가 확대되기 때문이다. 사회적 신뢰의 문제, 그리고 가족관계와 구조의 변화도 고려해야 한다고 보았다. 우리가 알고 있는 낭만적 사랑 역시 사회구조와 개인이 상호 영향을 미친것이기 때문이다. 비판적 이성과 성찰을 통해 즉, 유토피아적 현실주의로 성찰의 과정을 바탕으로 성장과 분배를 추구하고, 평등한 관계로서의 평등을 복원하는 작업이 당면한 현대사회의 문제를 푸는 열쇠라고 그는 보았다.

2장
대중사회에
숨겨진 의미를
찾아서

1강
대중의 시대 /
대중사회와 대중문화

#영화의 탄생과 스트리밍의 시대

1896년 최초의 영화인 뤼미에르 형제의 〈기차의 도착〉이 파리의 '그랑 카페'에서 상영되고 있었다. 이 신기한 활동사진을 두고 사람들은 열광했고 감탄사를 연이어 쏟아냈다. 영화를 감상한다는 것은 이전까지 없었던 전혀 새로운 경험이었다. 기차가 들어오는 장면을 보고 놀라 일어나던 사람들은 몇 년 후 마술사 출신의 멜리에스

▶ 그랑카페 전경

의 〈달나라 여행〉을 통해 내러티브를 따라가며 영화의 장면과 이야기를

즐기게 되었다. 영화는 20세기 중요한 산업의 한 부분을 차지하게 된다.

1922년 헐리우드는 음성을 포함시킨 최초의 영화인 〈재즈 싱어〉를 상영한다. 움직이는 영상과 더불어 배우의 음성은 관객에게 자연스럽게 현실을 체험할 수 있도록 해 주었다. 영화는 환상을 판매하고 막대한 이익을 창출하기 시작한다. 군수산업과 더불어 영화산업은 미국의 최대의 수출품 중 하나가 되었고 그들의 이데올로기도 영화를 통해 전 세계에 성공적으로 보급했다. 대중들은 이러한 변화를 빨리 받아들였다. 20세기 대중을 위한 대표적인 예술의 형태인 영화산업이라는 신세계가 전 세계적으로 펼쳐지게 된다. 이후 스트리밍을 통해 콘텐츠를 손쉽게 재생할 수 있는 시기가 되기까지 약 한 세기가 걸린 셈이다.

영국의 사학자 에릭 홉스봄은 그의 시대 3부작에서 19세기를 자본과 제국의 시대로 그리고 20세기를 극단의 시대라고 명명했다. 극단과 파국은 사회주의와 자유민주주의의 이데올로기의 대립과 관련이 깊다. 2차 세계 대전 이후 미국과 소련은 이데올로기로 대립했고 세계는 냉전의 시기를 겪기도 했지만 대중들은 그 어느 때보다도 물질적 풍요를 누리기 시작했다. 한편 이념은 체제의 대립을 격화시켰지만 사회를 유지하고 대중을 결속시킬 수 있는 수단으로 작용하기도 했다. 이 시대 대중은 사회적, 정치적으로 중요한 세력으로 성장했다. 대중의 지지기반이 약해지면 권력은 제대로 행사되기 어렵다. 또한 권력을 유지하고 창출하기 위해서도 대중을 설득하기 위한 여러 전략이 필요했을 것이다.

권력은 대중을 지배하기 위해 이들을 효과적으로 다뤄야 할 필요가 있었다. 어떻게 하면 권력과 체제를 유지할 수 있도록 대중의 마음을 사로 잡을 수 있을까. 사람들의 관심을 끌어 모아야 하고 체제의 정당성과 이 념을 효과적으로 전달해야 한다. 이를 위해 대중들의 문화를 이해하고 다 양한 매체를 활용하는 것이 필요하다. 매체기술의 발전은 많은 사람들이 흥미를 느낄만한 콘텐츠를 쉽게 전달할 수 있도록 만들었다. 이성의 기획 은 대중매체와 대중문화에 관심을 기울이기 시작한다. 동시에 다양한 문 화이론에 대한 활발한 연구가 이뤄졌다.

대중사회와 대중문화론의 등장

대중문화를 바라보는 다양한 입장이 있다. 많은 학자들은 대중문화를 바라보는 자신만의 독특한 견해와 이론을 발전시켰다. 시기적으로 볼 때 대중문화론 입장에서 논의가 시작되어야 한다. 이 이론은 기본적으로 엘 리트주의에 바탕을 둔다. 이들은 19세기 후반 급속하게 성장하는 대중사 회와 대중에 대한 우려에서 대중문화를 분석한다. 도시화가 진행되기 시 작하며 사회의 모습은 급격하게 바뀌기 시작한다. 대중문화는 일거리를 찾아 도시로 모여든 대중들이 즐기는 문화로써 저속하고 천박하며 흥미 와 자극을 위한 문화에 불과하다고 이들은 평가를 내렸다. 당연히 노동자 들은 일상을 잊고 값싸게 자신의 문화적 욕구를 충족시키려 했을 것이다. 따라서 대중문화는 이들을 위한 인간의 기본적 욕망에 충실한 것이 대부 분이었다. 그러나 엘리트주의자들은 이러한 문화를 용납할 수 없었다. 이 들이 바라보는 문화는 기본적으로 귀족주의를 기반으로 하는 고전주의를 문화를 말한다. 문화는 전통을 계승하고 형식과 규범에 바탕을 두며 인류의 유산으로서의 가치를 지녀야 한다고 본 것이다. 대중들의 대중문화는 사회의 유기적 질서를 무너뜨리고 혼란을 부추기고 있다. 대중은 수동적이고 무비판적인 존재에 불과하고 사회를 혼란에 빠뜨릴 수 있는 위험성을 우려했다. 귀족사회에서 엘리트가 대중을 바라보는 기본적인 시선이기도 하다.

한편 또 다른 의미로 문화를 보는 관점도 있다. 대중문화론과 다르게 문화는 고급과 대중으로 구분할 필요가 없다고 여기는 윌리엄스의 문화이론이 대표적이다. 이 이론은 비교적 최근의 이론이기도 하다. 윌리엄스는 삶의 모든 것으로 문화로 접근했다. 문화를 교양과 예술의 범주로 가두지 말고 인간의 일상과 관련된 모든 것으로 접근해야 한다는 것이다. 이 이론에서는 대중문화론과 다르게 대중의 능동적 선택이 중요하다고 본다. '흥행한 영화와 뜨는 노래'는 공통적인 특징이 있다. 또한 연기자가 주목을 받고 영화가 흥행을 하려면 대중의 선택이 필요하다. 즉, 모든 문화영역에는 능동적 주체인 대중의 선택이 담겨 있다는 점을 강조한다. 이 부분이 대중문화론과 다르다. 또한 문화주의 이론에서는 문화를 인간의 삶의 모든 총체적 양식으로서 규정하고 있다. 예술과 문화 뿐만 아니라

▶ 문화를 바라보는 몇몇 이론들

의식주와 개인의 행위와 선택, 사
회화 등 모든 부분이 문화에 해당
한다.

　기본적 문화 이론을 알아본 이
유는 현실에 이론을 적용시켜 보
기 위해서이다. 대중문화의 영역
에서 BTS의 노래를 생각해 보면
어떨까. 방탄소년단의 노래와 가

▶ 〈내부자들 2015〉 엘리트가 대중을 바라보는 시선을 흥
미롭게 표현했다. "대중들은 개돼지에 불과합니다. 적당
히 짖어대다 조용해질 겁니다."

사는 주로 중 고등학생이 팬인 대중의 수준에 맞춰져 있기에 급이 낮다
고 말할 수 있는가. 방탄소년단의 노래를 좋아하면 수준 낮은 대중문화에
빠져 있는 것이며 드비시 곡과 차이코프스키의 교향곡은 수준이 높은 음
악인가. 문화주의 이론으로 설명해보자면 BTS가 뜬 이유는 대중의 자발
적이고 능동적 선택이다. 아무리 기획사가 가수를 띄우려 해도 대중이 스
타로 만들지 않으면 소용이 없다. 방탄소년단도 두터운 팬 층이 없었다면
지금과 같은 성공을 이루지 못했을 것이다. 대중과 스타는 일차원적인 관
계가 아니다. 대중은 팬덤을 형성해 스스로 여론을 만들고 거꾸로 스타에
게 영향력을 행사하는 모습도 보인다. 팬이 없는 스타는 존재할 수 없다.
이렇듯 대중은 대중 매체를 통해 전달되는 내용만을 일방적으로 수용하
는 것이 아닌 존재가 아닌 것이다. 하지만 대중은 쉽게 여론에 휘둘리고
대세에 편승하며 현상에 대한 무비판적인 수용행태를 보인다는 것도 부
인할 수 없다. 인터넷 여론조작은 빈번하며 가짜뉴스는 쉽게 파급되고 확

산된다. 대중은 이처럼 양면적 속성을 지니고 있다. 이 부분은 4강 여론조작과 미디어의 진실에서 조금 더 자세하게 다뤄볼 것이다. 대중을 어떻게 볼 것인가.

대중사회와 대중문화 연구는 주로 다수가 열광하는 주제를 다룬다. 또한 이 연구 분야는 우리의 일상과 관련이 깊다. 우리가 매일 매체를 통해 접하는 드라마 만화 웹툰 영화 등의 구조와 형식 및 콘텐츠 그 자체도 연구 대상에 속한다. 대중 즉 수용자의 관심이 우선이기 때문이다. 또한 대중문화가 수용자와 더불어 사회에 끼치는 영향력, 사회적 의미에 대한 평가와 해석도 중요하다. 영화가 수백만 명의 관객을 동원하면 사회적 현상이라 불릴만한 파급력이 생긴다. 이 콘텐츠는 대중사회와 문화에서 주목할 만한 연구 소재이다. 왜 대중은 이 콘텐츠에 열광했을까. 사람들이 콘텐츠에 빠져들 때 연구자들은 현실과 대중문화와의 연결지점을 분석해 사회적 의미를 찾아내려 한다. 이 과정에서 그 사회가 담고 있는 문제, 구성원의 의식과 행동 구조를 더 잘 이해 할 수 있기 때문이다. 대중문화는 사회적 의미와 상징을 바탕으로 한다. 대중의 선택과 열광을 이끌어내는 코드와 의미는 현실의 문제를 반영하는 텍스트이며, 그 안에 담겨있는 의미를 설명하

는 작업은 대중사회와 대중문화를 이해하기 위한 노력이기도 하다. 〈오징어 게임〉의 흥행, 〈기생충〉의 오스카 수상 등 한국의 문화콘텐츠가 세계적으로 흥행하는 이유에 대한 분석을 본 적이 있을 것이다. 이를 위해서 다양한 이론을 적용해 활용할 수 있다.

한편 대중문화에 대한 비판적 시각 역시 자주 등장한다. 대중문화론의 관점에서 주로 비판이 이뤄진다. 아침드라마에서 자주 반복되는 비현실적 상황, 윤리적 기준과는 동떨어진 등장인물간의 관계, 여성들의 신분상승욕구를 통해 대리만족을 주는 신데렐라 스토리 그리고 유치한 대사와 개연성 없는 설정, 재벌 2세가 등장하고 출생의 비밀이 나오는 경우도 많이 보았을 것이다. 드라마의 갈등은 이때 절정을 이룬다. 더 이상 만들어지지 않아야 하는 막장드라마라는 비평이 쏟아져 나오지만 이런 드라마들은 유행이 되고 더 많은 작품이 복제되듯 반복 제작된다. 사람들은 욕을 하면서도 열혈시청자가 된다. 드라마 제작사나 방송사의 입장도 이해할 수 있다. 화제가 되고 시청률이 올라가면 수익이 늘어나게 되며 광고가 따라 붙는다. 욕을 먹어도 관심이 없는 것보다 낫다고 관계자들은 생각한다.

대중문화론의 관점에서 대중과 대중문화의 발달은 정치체제의 변화와 맞물려있다. 급격한 사회적 변화에 대해 엘리트들은 보수주의적 관점에서 걱정이 많았다. 이들의 입장과 이론은 대중과 대중문화에 대한 지배세력의 입장이 반영돼 있는 것이다. 19세기 후반 대표적 비평가 중 하나인 오르테가 이 가세트는 〈대중의 반란〉을 통해 그들의 속내를 드러냈다.

오늘날 초민주의(超民主主義)라는 이름으로 대중이 법을 무시하고 직접적으로 행동하며, 물질적인 압력으로 자신들의 희망과 취향을 사회에 강요하고 있다. (……) 예전의 자유민주주의 시대의 대중은 정치를 전문가에게 일임했었다. 그러나 현재의 대중은 자신들이 찻집에서의 한담에서 얻은 결론을 사회에 강요하고, 그것에 법적 효력을 부여할 권리가 있다고 생각하고 있다. 우리의 지금 시대만큼 대중이 직접적으로 지배권을 휘두른 시대는 역사상 단 한 번도 없었다." 대중사회 비판- 오르테가 이 가세트 〈대중의 반란〉

문화산업 - 프랑크푸르트 학파의 비판이론

대중문화이론과 관련해 주목할 만한 논의는 이후 20세기 초반에 등장했다. 프랑크푸르트 학파의 문화산업이론이 이때 등장한다. (1장의 4강을 참고하자.) 문화산업이라는 개념과 용어를 처음 사용한 이들도 이 학파이다. 문화산업(cultural industry)이라는 용어도 문화의 산업화에 대한 부정적 입장이 담겨 있다고 볼 수 있다. 산업은 자본주의 경제체제에서 생산과 소비라는 가장 기본적인 구조이다. 이들은 문화가 경제적 이윤창출의 수단으로 쓰고 버리는 형태로 대체되고 있는 상황에 대한 문제의식을 가지고 있었다. 대중문화를 바라보는 비판이론의 입장도 기존의 대중문화론의 엘리트주의자들의 견해를 일부 계승한다고 볼 수 있다. 그러나 비판이론이 등장하게 된 시기 그리고 2차 세계대의 원인에 대한 분석을 살펴보면 대중문화론과 구별되는 이들 학파만의 독특한 시각이 엿보인다. 이 이론을 비중 있게 다루는 이유이다.

유럽에서 2차 대전이라고 불리는 전쟁이 다시 발발했다. 인류역사상

유래를 찾기 힘든 거대한 전쟁이 끝난 지 30년도 지나지 않아서 유럽은 또다시 전쟁의 소용돌이에 휘말린다. 2차 대전은 1차 대전보다 더 복잡한 양상으로 진행되었고 사상자도 물질적 피해도 더욱 커졌다. 기술의 발달은 더욱 많은 사람들을 손쉽게 죽일 수 있는 방법을 만들었다. 1차 대전 이후 전쟁에 진 독일은 베르사유 조약으로 막대한 양의 전쟁 배상금을 물어야 했다. 이 금액은 당시 독일 경제가 감당할 수 없을 정도였다. 프랑스에게 매년 20억 마르크를 지불해야 한 것이다. 독일인들의 불만은 점차 쌓여 갔다. 그러나 이러한 혼란기에 집권한 바이마르 공화국은 오히려 혼란을 키우고 국내의 정치상황은 악화되었다.

경제문제는 더욱 심각했다. 독일은 국채를 대량으로 외국으로 팔아넘기고 막대한 화폐를 발행한 다. 시장에 돈이 풀리기 시작하고 마르크화의 가치는 폭락했다. 물가는 끝 모를 정도로 오르기 시작해 수십만 배 치솟

▶ 독일의 1차 대전 전후의 경제상황-하이퍼 인플레이션으로 화폐는 종이다발에 불과했다

앉다. 당시 독일 사람들은 기본적인 생필품을 사기위해 손수레로 돈을 옮겨 담아야 할 정도였고, 지폐를 태워 난방을 했다. 경제체제는 거의 붕괴 직전이었다. 케인즈는 1차 대전을 끝낸 후 베르사유 조약으로 배상금문제가 결국 또다시 전쟁을 일으킬 것이라는 예측을 했는데 우려는 현실이 되었다. 히틀러가 정권을 장악한 뒤 독일은 1936년 베르사유 조약을 어기고 라인란트 지역에 군대를 주둔한 뒤 폴란드를 침공한다. 이렇게 2차 대전의 비극은 막이 올랐다.

푸랑크푸르트 학파의 문화산업 비판이론은 이 시기의 독일에 주목한다. 이론가들은 독일인들이 경제적인 어려움에서 누군가 이 문제를 해결해 줄 사람을 원했다고 본다. 그들의 집단적 염원이 대중문화영역에 투사되어 있었던 것이다. 정치적, 경제적으로 어려운 상황일 때 어떤 메시아 즉, 영웅을 추대하는 모습은 역사에서도 종종 찾아볼 수 있다. 스스로 감당할 수 없는 자유 그리고 그 자유가 부담스러운 사람들은 오히려 자유를 포기하고 모든 선택을 대신해줄 누군가를 찾는다. 독일에서는 대중들의 선택을 받은 사람이 히틀러였다는 것이 문제였다. 1933년 히틀러는 총리에 지명된 뒤 법을 바꾸고 공산당 지도자를 체포한다. 자신에게 비판적인 언론을 폐간시켜 버리고 점차 권력을 장악해 나갔다. 나치 즉, 국가사회주의 정당은 그해 총선에 40%이상의 지지율을 얻었다. 히틀러는 이제 모든 권력을 손에 넣었다. 이러한 일련의 과정은 독일인의 묵인과 암묵적 동조에 의해 일어났다. 다수의 사람들은 이러한 비정상적인 전체주의가 사회를 집어 삼킬 때 침묵하거나 옹호했다. 즉, 독일의 비판적 이성과 사고는 마비된 것이다. 성직자 마틴 니뮐러는 이 상황과 관련해 다음과 같은 시를 남겼다.

> 나치가 공산주의자들을 잡아갈 때
> 나는 침묵했다. 나는 공산주의가 아니었기에
>
> 그들의 사회민주당원들을 감금했을 때
> 나는 침묵했다. 나는 사회민주당원이 아니었기에
>
> 그들이 노동 조합원을 잡아갈 때,
> 나는 침묵했다. 나는 노동조합원이 아니었기에
>
> 그들의 유태인들을 잡아갈 때
> 나는 침묵했다. 나는 유태인이 아니었기에
>
> 그들이 나를 잡아갈 때
> 나를 위해 항의해줄 수 있는 이들은 아무도 남아 있지 않았다.

푸랑크푸르트 학파의 비판이론가들은 일부 문제의 원인을 문화산업에서 찾았다. 대중 즉, 사람들이 비판적 사유능력을 잃어버리게 되었다는 것이다. 이러한 상황을 만드는데 큰 기여를 한 것이 대중문화이다. 텔레비전 드라마, 재즈와 대중음악, 그리고 영화 등의 대중문화는 우리의 이성적 사유능력을 제한하게 만들었다. 또한 사람들은 이러한 과정에서 미디어를 통해 나치의 선전과 선동을 무비판적으로 수용하게 되었다고 이론가들은 비판한다. 대량생산과 대량 소비로 이루어지는 현대 자본주의 체제자체의 문제가 이제 문화의 영역까지도 침범한 것이다. 19세기 후반기부터 진행된 자본주의사회는 산업화를 바탕으로 대량생산과 대량 소비를 가능하게 만들었다. 20세기 초반 대규모의 공연장과 무한한 복제가 가능한 영화 음악 등의 문화는 거대한 산업의 형태를 갖추게 된다. 프랑크 푸르트학파에 해당하는 학자는 아도르노, 호르크하이머, 마르쿠제 그리고 벤야민 등이다. 특히 아도르로는 2차 대전을 피해 미국으로 도피하고 이곳에서 자신의 생각과 이론을 더욱 다듬는 작업을 진행했다. 하버마스도 이 학파의 마지막 일원이었다.

1940년대는 미국은 각종 대중문화가 막 꽃을 피우기 시작할 때였다. 다양한 재즈음악이 발달했고 음반 산업은 시장을 더욱 키워나갔다. 또한 영화가 스타를 만들고, 영화의 스타는 대중에게 영향력을 행사하며 산업의 발전은 가속화 되었다. 이 시기 아도르노는 재즈음악에 관심이 많았다. 재즈음악의 즉흥적이며 일정한 체계를 갖고 있지 않는 연주 스타일에 주목했다. 이러한 음악은 고전적 형식미와는 거리가 있었다. 그는 이 음악이 표준화되고 일회적으로 소비되며 대체가능한 음악에 불과하다는 특성을 파악하고, 대중음악과 재즈는 유사한 과정을 가지고 있으며 고전적 음악과 본질적 차이를 구분해야 한다는 주장을 편다.

그는 문화의 산업화에 대해 우려했다. 독일 사회에서 히틀러 그리고 나치정권이 정치적 목적을 위해서 대중매체와 영화 그리고 예술을 수단으로 활용하는 방식으로 대중의 의식을 마비시켜 권력을 유지하고 있다고 보았다. 흥미로운 사례는 1920년대 독일에서는 표현주의 영화가 크게 발전했다는 것이다. 표현주의 영화는 빛과 이미지를 통해 현실을 왜곡해 표현하고 감독의 주관적 심리를 작품에 투영시켜 비현실적인 모습을 담아낸다. 이러한 영화에 대한 대중의 열광은 비판이론가들이 볼 때 문제적 현상이었다. 레니 리펜슈탈은 〈의지의 승리, 1934〉를 만들기도 했다. 이 작품은 나치 정권을 위해 만들어진 대표적인 다큐멘터리 영화 중에 하나이다. 이 영상은 히틀러의 모습을 영웅 그 자체로 그려내고 있으며 다양한 영화적 기법으로 그를 신격화된 형태 및 모습으로 묘사한다. 수십만의 인파는 히틀러를 연호하며 이들은 집단 광기에 빠져있는 것처럼 보이기도 한다. 나치는 다양한 대중문화를 정치적 지배도구로 효과적으로 활용

▶ 표현주의 영화, 칼리가리 박사의 밀실

▶ 리펜슈탈: 의지의 승리

했다. 이 시기 영화는 정치가 되었고 예술은 곧 정치 그 자체이기도 했다.

비판이론가들은 저질의 대중문화가 고급문화와 대중들의 비판적 사고를 없애고 사람들을 단순하게 만든다고 생각했다. 이들의 생각은 문화는 고급과 저급이 나눠진다는 입장으로 대중문화론과 관련이 깊다. 비판이론은 자본주의 사회 전반에 적용할 수 있다. 상품경제는 끊임없이 상품을 만들고 소비를 유도해야 한다. 자본주의는 타인의 욕망을 욕망하도록 부추긴다. 소비의 확대가 결국 체제의 유지와 안정에 기여하기 때문이다. 나의 욕망은 사실 나의 욕망이 아니라 사회가 만들어 놓은 것이 아니겠는

가. (소비자본주의의 의미는 3강에서 설명하게 될 것이다.) 대중은 수동적이며 무비판적인 존재라는 전제에서 출발하고 있는 것이다. 독일의 전체주의를 보고 있으면 대중과 대중문화에 대한 프랑크푸르트 학파의 비판은 설득력이 있어 보인다.

대중문화와 예술 그리고 대중의 새로운 가능성

비판이론가들의 견해에 얼마나 동의할 수 있을까. 우선 이들의 주장에 대한 비판과 반박은 엘리트주의에 기대고 있다는 점을 들 수 있다. 문화를 고급문화와 대중문화를 이분법적으로 구분한다는 것, 그리고 대중의 주체성을 부정한다는 것이다. 문화주의 이론에서도 언급했지만 가수와 영화가 성공하기 위해서는 대중의 선택이 중요하다는 점을 지적했다. 기획사나 영화 제작자가 아무리 노력해도 대중의 선택이 없다면 시장에서 살아남을 수 없다. 또한 이들의 견해는 너무 자의적이다. 고급문화라는 것은 어떠한 문화인가. 대중문화와 상반되는 특징을 가지고 있는 고전문학과 클래식, 오페라 등이 고급문화에 해당되는가. 하지만 우리가 고급문화라고 취급하는 이러한 문화도 당시 사회에서는 귀족들의 놀이문화에 지나지 않았다. 교양 있는 문화 그리고 이를 이해할 수 있는 사람만이 주체적인 존재이며 인류의 문화유산과 삶의 본질을 이해할 수 있다는 주장에 선뜻 동의하기 어렵다. 그러나 고급예술과 대중예술에 대한 구분은 유효하고 그 차이를 수용해야 한다는 입장은 아직 많은 사람들의 지지를 얻고 있다. 현실에서 문화를 교양과 예술의 측면에서 보면 문화의 영역이 구분되는 것도 사실이기는 하다.

한편 비판이론가중 한 사람인 발터 벤야민은 이러한 대중문화와 고급문화의 이분법적 사고와는 다른 입장을 보였다. 그는 대중문화의 긍정성 그리고 대중문화가 가지고 있는 정치적 가능성에 주목한다. 벤야민은 대중 매체와 문화를 미학적 차원에서 접근하고 대중문화의 긍정성에 주목하는 독특한 이론과 개념을 체계화 했다. 이러한 접근법은 1990년대 대중문화와 대중매체에 대한 새로운 발견을 가능하게 해 주었다. 유대인인 그는 나치를 피해 망명하려다 실패해 독일의 국경에서 독약을 먹고 자살했다. 그가 주목했던 영화의 가능성은 대중사회 대중문화 분야에서 중요하게 다뤄지며 미디어이론의 발전에 큰 영향을 끼쳤다. 벤야민은 지금까지도 이 분야에서 가장 많이 인용되는 학자 중 한 사람이기도 하다.

그는 다른 비판이론가들과 다르게 영상과 영화 그리고 매체에서 우리 사회와 시대에 새로운 변화의 가능성을 보았다. 기존의 예술은 제의적 성격에서 출발했다. 즉, 구석기 시대 알타미라 동굴의 벽화를 생각하면 된다. 당시 예술은 풍요로움에 대한 기원이고 예술을 받아들이는 사람들도 경건한 마음으로 그 의미를 수용했을 것이다. 그러나 시대가 바뀌고 예술과 문화는 전시와 감상으로 그 역할과 의미가 바뀐다. 당연히 물질의 축적과 생산경제의 발달은 계급의 차이를 더욱 분명하게 구분하게 했고, 상위계급의 여유는 문화와 예술에 대한 접근가능성을 높였을 것이다. 마르크스주의 유물론과 유사하다. 사회와 역사의 변화는 경제와 물질이 결정한다는 것 즉, 하부구조(경제)가 상부구조(문화, 제도, 역사 등)의 변화를 이끌어 낸다는 이론이다. 그렇다면 경제적 발전의 토대위에서 매체와 미디어의 발전도 우리의 사고에 영향을 끼치고 사회를 변화, 진보시키고 있다고 볼 수 있지 않을까.

또한 벤야민은 고급문화와 예술이 가치와 의미를 가지는 이유를 유일성에서 찾았다. 그렇기에 원본은 그 권위와 가치를 인정받게 된다. 예술의 원본이 가지고 있는 특성은 아우라(aura)를 통해 우리에게 전해진다. 그러나 산업이 발달하면서 예술작품 역시 새로운 변화의 시기에 놓인다. 고결한 아우라가 없어지고 예술과 문화는 무한히 복사가 가능해진 것이다. 즉, 복사본과 원본의 차이 유일한 하나의 가치로서의 의미가 상실된다. 이제 예술작품은 어디에나 존재하는 즉, 편재하는 대상이 된다. 팝아트라는 새로운 장르를 시도했던 엔디 워홀이나 리히텐슈타인의 작품은 예술이 상품이 된 모습을 보여준다. 기술의 발달은 이제 더 많은 사람이 이러한 예술의 의미와 작품에 쉽게 접근할 수 있는 기회를 만들게 되었다. 특정집단이 예술의 가치와 의미를 독점할 수 있는 시대는 이미 지나갔기 때문이다. 이러한 상황에서 대중은 더 많은 예술작품을 접하며 스스

▶ 행복한 눈물, 리히텐슈타인

▶ 켐벨 수프, 앤디 워홀

로 변화할 수 있게 되었다. 매체기술의 발달로 인한 예술에 대한 접근 가능성 확대는 대중들에게 폭넓은 사고와 이해를 바탕으로 다양한 통찰에 도달할 수 있는 기회를 갖도록 만든 것이다.

물론 대중의 정치적 각성도 뒤따른다. 벤야민이 지적한 것도 바로 이 부분이었다. 20세기를 대표하는 산업과 예술의 조화, 무한히 복제가 가능하고 다양한 대중이 보고 즐길 수 있는 새로운 예술과 문화. 영화에서 원본과 복사본의 차이를 생각할 필요는 없다. 진짜의 아우라는 없다. 그에 대비되는 복제시대의 예술작품의 새로운 가치가 탄생하게 된다.

"예술작품의 기술적 복제의 여러 방법이 생겨남에 따라 예술작품의 전시가능성이 커짐으로써 의식가치와 전시가치 사이에 변화가 생겼다. 오늘날의 예술작품이 갖는 기능들 중 가장 두드러진 것은 예술적 기능이지만 이것의 미래도 불투명하다. 확실한 것은 오늘날 새로운 기능을 가장 구체적으로 예증하고 있는 것은 사진과 영화이다. 예술의 모든 사회적 기능 또한 변혁을 겪게 된다. 예술이 의식에 바탕을 두었는데 이제 예술은 다른 실천, 즉, 정치에 바탕을 두게 된다. 예술작품의 기술적 복제가능성은 예술을 대하는 대중의 태도를 변화시켰다. 예컨대 피카소와 같은 회화에 대해서 가졌던 보수적 태도가 채플린과 같은 영화에 대해 가지는 진보적 태도로 바뀐 것이다. 이러한 진보적 태도의 특징은 예술을 향유하는 즐거움이 비평가적 태도와 긴밀하게 연결되어 있다는 점이다. 영화관에서는 관중의 비판적 태도와 감상적 태도가 일치한다. 영화관에서는 관중 개개인의 반응이 집단에 의해 직접적으로 영향을 받는다. 영화관에서의 관객과 같은, 회화에 대한 대중의 집단적 수용은 회화의 위기를 말해주는 초기 징표이다. 대중은 예술작품을 대하는 일체의 전통적 태도가 새롭게 태어나는 모태이다. 양은 질로 바뀌었다. 예술에 참여하는 대중의 수적 증가는 참여하는 방식의 변화를 초래하였다. 이러한 대중의 참여에 대한 회의적인 시각은 예술이 정신집중을 요구하는 데 반해 대중은 정신분산 즉, 오락을 원한다는 것이다."

〈발터 벤야민, 기계복제시대의 예술작품〉

▶ NFT(Non-fungible token): 블록체인 기술을 이용해 소유주를 증명하는 가상의 토큰으로 그림 영상 등에 위조 불가능한 암호를 증명서로 붙이는 기술이다. 가상의 공간에서 작품에서 진품을 증명하는 것이다. 디지털 기술은 이제 무한복제 원본과 진본을 구별할 수 없는 단계에서 한걸음 더 나아가 원본을 증명하는 시대로 진입하고 있다. NFT의 시장성과 미래는 아무도 모른다. 알고리즘이 만든 이미지를 판매하는 크립토펑크의 작품은 NFT 거래 플랫폼에서 760만달러(약 85억원)어치의 암호화폐로 판매됐다. 라바랩 제공

대중은 어떤 존재인가

대중은 어떤 존재인가. 소비사회가 요구하는 대로 구매충동에 이끌려 수동적으로 물건을 사고 주어진 것을 무비판적으로 받아들여 여론에 휩쓸리는 좀비 집단의 무리로 봐야 하는가. 대중은 언제나 이중적이다. 다만 가능성의 영역에서 답을 찾을 수 있을 것이다. 정치영역으로 논의를 확장하면 대중민주주의 사회에서 우리는 스스로 정치적 선택을 통해 사회 구조 그리고 새로운 사회체제를 만들어 나가고 있다. 수많은 사람이 거리로 나와 촛불을 들었고 한 대통령은 탄핵을 당했다. 권력은 국민 즉, 대중으로부터 나온다는 것을 확인했고 그 경험은 정치적 주체로서의 대중의 자각을 일깨우기도 했다. 하지만 최근의 여러 상황을 보면 대중이

꼭 현명한 것 같지는 않다. 그럼에도 불구하고 대중은 스스로의 판단으로 통해 미래를 설계할 것이다.

개인의 총합으로 사회와 역사는 진화해 나간다. 역사와 사회는 진보하기도 퇴보하기도 하지만 장기적으로 볼 때 대중의 선택은 언제나 더 나은 방향으로 나아갔고 인간의 자유는 계속 확장되었다. 대중문화의 영역에서도 마찬가지다. 수많은 오디션 프로그램은 우리에게 스타를 강요한다. 그러나 스타는 쉽게 만들어지지 않는다. 스타와 대중이 만나기 위해서는 무엇인가 접점이 필요하다. 대중은 문화 산업가 들이 만들어 놓은 일방적인 구조에 쉽게 빠지지 않는다. 결국 대중문화는 문화 생산자와 수용자가 의미를 실천하려는 투쟁의 장이 되는 것이며 주도권은 언제나 바뀔 수 있다. 일방적일 수는 없다. 대중문화 그리고 대중예술의 분야에서 프랑크푸르트 학파의 비판이론은 다양한 분야로 연구가 확장될 수 있도록 기여했다. 다음 강에서는 이 물음을 확장시켜 문화적 자본에 대해 알아볼 생각이다.

문화적 자본의 이해 –
취향은 너의 계급을 드러낸다

#미술관과 소개팅

재벌 2세 주원은 소개팅과 이후 그녀와 미술관에 간다. 전시회에서 다양한 그림을 둘러보고 대화를 나눈다. 그는 이 과정에서 여성의 교양과 취미, 교양, 지적 수준의 정도를 파악하고 자신과 맞는 사람인지 아닌지를 판단하려 한다. 한국 드라마 〈시크릿 가든〉의 내용 중 일부이다. 〈리플리,

1997〉는 상위계급의 일상을 보여주고 있다. 디키의 아버지는 막대한 경제자본을 소유하고 있다. 이들 부자는 선박가문의 일원이다. 그러나 그의 아들은 도통 회사경영에는 관심이 없다.

▶ 리플리, 1999

디키는 재즈 연주가로 현재 유럽에 머물며 취미활동에 빠져 있다. 디키의 아버지는 우연히 아들의 대학동창인 리플리를 만나 그에게 아들을 데려오라는 제안을 한다. 그리고 막대한 보수를 약속하지만 그는 프린스턴 출신도 아니었고 디키를 알지도 못한다. 단지 돈을 벌기 위해 그는 디키 아버지의 제안을 받아들였다. 리플리는 디키의 취향과 취미를 모르며 상류사회의 일원처럼 흉내를 낼 뿐이다. 거짓말은 점점 더 늘어난다. 리플리는 끊임없이 상황에 맞는 거짓말을 만들고 스스로 그 말이 사실이라고 믿는다. 디키는 리플리의 취향이 자신과 맞지 않음을 의심하기 시작한다. 리플리 증후군은 여기서 나왔다. 이 영화는 페트리샤 하이스미스의 범죄 스릴러를 원작으로 삼고 있다.

이 두 사례는 부르디외의 문화적 자본의 개념으로 설명할 수 있다. 자신이 좋아하는 취향과 취미는 무엇인가. 좋아하는 취미가 곧 자신의 지위를 나타낸다고 하면 너무 지나친 판단일까. 프랑스의 사회학자 피에르 부르디외는 개인과 사회의 유기적 관계에 주목한다. 자신의 취미가 곧 자신의 사회적 지위와 계층과 계급을 나타내는 지표다. 그는 이런 생각들을 문화적 자본으로 개념화하고 체계화했다. 지극히 개인적인 부분으로 여겨졌던 취향과 취미를 사회구조적인 측면에서 이해하는 것이 가능해 진 것이다. 우리는 자신의 행동과 습관 그리고 취미가 모두 스스로의 선택이라고 생각하지만 사실은 그렇지 않다. 취향과 취미는 내가 태어난 계층과 계급 등 사회적인 영향을 받아 형성된다. 이 개념을 통해 우리는 개인과 사회의 관계의 관계를 더 폭넓게 이해할 수 있었다. (1장 5강 앤서니 기든스의 구조화 이론에서도 다룬 바가 있다.)

계층과 계급이라고 부르는 정확한 개념적 이해가 필요하다. 대부분 중산층이라는 말을 일상적으로 사용한다. 또한 매체에서도 이 용어를 자주 다루기 때문에 익숙할 것이다. 중산층은 경제적 측면 즉, 소득을 기준으로 하는 집단의 구성원을 나타낸다. 중산층은 학술적 개념은 아니다. OECD의 기준으로 한 가구의 소득이, 전체 가구를 소득 순으로 나열했을 때 가운데 소득에 해당하는 중위소득의 50~150%인 가구를 보통 이렇게 부른다. 하지만 계층 그리고 계급은 사회적 경제적으로 유사한 지위를 가지고 있는 사람들의 집합이라는 포괄적인 의미를 담고 있다. 동일한 사회 집단에서 형성된 유, 무형의 동질화된 행동방식과 사고 체계가 만들어짐을 알 수 있다. 골프와 승마, 그리고 오페라 감상 등의 문화소비는 일반 계층의 사람이 취미로 즐기기는 어렵지만 이들 상위계층에게 이러한 취미 활동은 일상적인 문화소비행위가 된다. 상위계층의 사람들이 즐기는 이러한 문화소비과정에서 이들은 자신들의 특권적 지위를 유지하고 구성원간의 유대감은 공고해진다. 즉, 가정환경과 교육 등에 의해 후천적으로 형성된 생활태도와 습관 그리고 무의식적 사고가 강화된다. 부르디외는

▸〈그림1〉 마사치오 성 삼위일체　▸〈그림2〉 중세 작자미상

이를 아비투스(habitus)로 명명했다. 이들 계층의 사람들 또한 문화적으로도 유사한 자본을 소유하고 유사한 취향을 지니고 있을 가능성이 크다. 경제자본을 가지고 있는 사람이 더 많은 시간적 여유를 통해 더 많은 활동과 친분을 유지할 수 있고 이러한 집단의 동질성은 강화된다.

〈시크릿 가든〉의 주원의 행동을 좀 더 관찰해보자. 그림은 중세와 르네상스 그림 특별전이었다.

〈그림1〉, 〈그림2〉의 감상을 그는 에둘러 묻는다.

"마사치오는 참 대단한 사람 같아요. 당시에 이런 그림을 그렸다고 하면 아무도 이해 못했을 것 같거든요. 색체 감각도 좋지만 그의 생각은 먼가 독특해 보여요"

이어서 여성이 말한다.

"저는 〈그림2〉가 더 예뻐요. 저 그림은 먼가 칙칙하고 어두운 게. 밝은 그림이 좋거든요. 그리고 〈그림2〉는 아기자기하고 뭔가 귀여워요. 제 취향에 맞아요."

주원은 마지막으로 미소를 날린다. "〈그림1〉의 의미를 이해하지 못하시네요… 음… 아무래도 저랑 안 맞는데요. 취향이 다른데 여기서 그냥 헤어지죠."

주원이 의도한 답은 아마도 이 두 그림의 차이인 원근법(perspective)에 있을지도 모른다. 그는 자신과 교양, 지적수준 그리고 문화적 자본이 같아 대화가 잘 통할 수 있을지 확인하고자 했다. 회화가 일대 전환기를 맞이한 것은 르네상스 이후이며 중세 그림에는 원근법을 사용하지 않았다. 그러나 마사치오의 그림을 보면 소실점이 있고 화가는 감상자의 시점을 고려하고 2차원의 세계에 3차원의 공간감을 불러일으키고 있다. 회화를 통한 세계관의 재현방식에 대한 이해와 변화의 의미를 이해하는 것은 한편으로 보면 지적교양의 차이를 나타내는 것일 수 있다. 원근법의 의미를 안다고 해서 타인보다 더 많은 문화자본을 가지고 있는 것은 아니다. 다만 인문학적 교양은 더 많은 사람들과 손쉽게 지적 대화를 가능하도록 만들기 때문에 사회적 자본을 확대할 수 있는 도구로 활용될 수 있다는 것을 알아야 한다.

이처럼 문화자본은 현대사회에서 중요한 역할을 하고 있으며 지적배경을 바탕으로 더 많은 성취 가능성을 만들어 낸다. 아는 만큼 보인다는 말은 것은 이 문화자본의 의미를 함축한다. 오페라에 관심과 흥미를 갖거나 기회가 있을 때마다 꼭 공연을 보러가는 계층의 사람들은 다른 계층과 다른 환경에서 살아왔고 다른 경제적 능력을 가지고 있다. 내용과 의미 맥락을 알지 못하면 관심도 재미도 없는 소음에 불과하다. 오페라의 의미를 알게 되면 이 예술은 하나의 고급문화와 장르로 바뀐다. 이것이 문화적 계층의 차이를 드러내는 문화적 자본이며, 교양인 것이다. 베르디의 〈라 트리비아타〉, 모차르트의 〈피가로의 결혼〉 그리고 〈오페라의 유령〉,

〈레미제라블〉 등의 의미와 형식 및 구조를 알고 있다면 이러한 정보를 바탕으로 작품을 감상할 수 있게 되고 문화 예술과 관련된 전반적인 지식과 교양은 타인과의 소통과 이해를 넓힐 수 있는 기회를 줄 것이다. 상류층, 즉 상위계급에게 사람들 사이와 관계라는 인맥은 하나의 자본 즉, 사회자본이 되기 시작한다. 왜 높은 지위에 있는 사람들과 어떻게 해서든 친분을 쌓으려 하는지. 또한 명문고의 교우관계와 사교모임도 다 사회자본에 해당한다. 부르디외는 사회학자로서 왜 이런 취향과 취미 등 개인적이라고 생각한 문제에 관심을 기울였을까. 그의 문제의식을 따라가야 개념의 의미도 정확하게 파악할 수 있다.

▶ 오페라 투란도트

부르디외의 문제의식 - 취향은 곧 사회적 지위를 반영

부르디외는 1930년에 스페인 국경의 작은 외딴 마을에서 태어났다. 그가 이러한 문화적 자본과 관련된 취향의 계층, 계급별 차이에 관심을 갖게 된 것은 자신의 사회적 지위와 계층에 대한 스스로의 한계를 깨달았기 때문이다. 그는 프랑스의 중심부에 살지도 않았고 사회적인 지위가 높은 귀족가문출신도 아니었다. 프랑스 사회는 우리와 마찬가지로 파리가 중심이다. 그가 처음 대학을 다니기 위해 파리로 왔을 때 그는 모든 것에서 이질감을 느꼈다. 프랑스어에도 당연히 방언이 있다. 우리가 서울과 지방, 전라도와 경상도의 억양과 어휘 그리고 말투의 차이를 느끼는 것처럼 그 역시 사투리를 사용하는 자신과 중심지에 있는 사람들과의 차이에서 어떤 구조적인 차이를 느끼지 않았을까. 그가 문제의식을 가진 이유일 것이다. 이와 같은 이해 방식의 차이에서 갈등이 만들어진다고 부르디외는 사례를 통해 설명했다.

고정관념에 대해서 의문을 제기할 때 그리고 다른 방식으로 기존의 질서에 의문을 가질 때 숨겨진 진실이 드러나는 경우가 많다. 1장 1강에서 아파트에 대해 다르게 접근하며 이성의 기획에 대한 사고 훈련을 시작했다. 또한 개인은 일상에서 벗어난 새로운 장소에서 창의적으로 문제해결의 실마리를 찾는 경우도 있다. 지동설과 천동설을 생각해보자. 지구는 평평하며 지구가 우주의 중심이다. 태양은 지구를 돌고 있다는 기존의 사고방식과 패러다임에 의문을 제기하는 것은 당시에 쉽지 않았을 것이다. 하지만 예민한 지각과 호기심 있는 예술가와 사상가는 당연하다고 생각하는 고정관념에서 벗어나기 시작한다. 페르니쿠스적 사고의 전환은 위대하다. 부르디외는 자신의 촌스러움을 던져버려야 대학이라는 '상징적 가치'에 적응할 수 있겠다고 생각했다. "저들과 비슷해야 하는데"라는 생각은 스스로 겪고 있는 문제를 어떻게 해결할 수 있을지를 고민하게 만들었을 것이다.

1951년은 아직 프랑스 대학이 평준화되기 이전이었고 소수의 학생들만이 대학에 진학할 수 있었던 시기였다. 그는 준비생의 6% 정도만이 합격할 수 있을 정도로 입학이 어려운 교수를 기르는 학교인 에콜노말에 입학하고 우수한 성적으로 학업을 마친다. 이후 1958년에는 알제리와 프랑스의 전쟁에 참가한다. 전쟁은 사람의 사고와 인식을 바꾸는데 많은 영향을 끼친다. 사르트르의 실존주의에서도 언급했듯 전후의 시대적 상황은 사람들에게 큰 충격이었을 것이다. 이후 1964년에는 30대 초반의 나이로 사회과학고등연구원에 교수가 되었다. 그의 이러한 다양한 경험은 지식인의 숙명을 현실에 참여하고 사회를 개선하는 것으로 여기도록 했을지 모른다. 프랑스 지식인의 전통이라고 볼 수도 있을 정도로 그는 자신의 신념을 실천하려 노력했다. 91년에는 이라크 전쟁의 반대 성명서를 아랍지식인들과 함께 발표하고 프랑스 자국 내의 문제뿐만 아니라 국제적인 문제에 대해서도 입장을 스스럼없이 밝힌다. 하지만 그가 가장 관심을 기울인 부분은 문화적 자본과 취향 통해 드러나는 지위와 권력의 관계였으며, 이러한 상위계급의 허위의식과 티내기를 적극적으로 폭로하고 비판, 개선하려는 노력에 힘을 기울였다. 취향과 취미는 현대사회에서 숨겨진 의미이기도 하며 주목하지 않았던 아니 드러내기 꺼렸던 부분이지만 이러한 문화와 취향을 연구해 공개하고 까발린다. "나는 시끄럽기도 하고 천박해서 대중문화와 TV의 쇼프로그램을 싫어한다. 그러나 오페라와 예술영화를 좋아하며 뮤지컬을 볼 때 그 느낌이 좋다."는 말은 취향 이상의 의미가 담겨 있다.

그가 공헌한 부분은 개인의 사생활과 취미 그리고 취향이라는 개인의 문제를 사회 구조적인 측면으로 이해할 수 있게 해준 것이다. 뒤르켐이 자살을 개인의 문제에서 사회구조적 문제로 접근해 분석한 것처럼. 또한 여기에는 사회적 불평등의 문제가 숨어있다. 상위계급인 그들과 다른 계층의 사람들은 문화적 자본이 다르기에 취향과 취미가 다를 수밖에 없다는 것은 당연하다. 그러나 문제는 취향은 단순하게 기호 즉, 좋다, 나쁘다는 선호에서 그치는 않는다. 예술에 대한 지식이 있다는 것은 그만큼 여유시간이 있다는 사회적 지위와 지표이며 소득수준이 높다는 것이다. 오페라 감상이 취미인 사람은 오페라를 감상하기 위한 지식과 시간이 있고 공연가격을 부담할 수 있는 경제력이 있다는 것을 전제로 하고 있다. 문제는 이러한 문화를 소비할 수 있는 계층은 자신들만의 언어로 공연의 가치와 의미를 이야기 한다. 다른 계급과 차별화된 그들만의 언어가 공고한 구별짓기를 가능하게 한다. 의사들이 쓰는 전문용어를 떠올려보라. 또한 고급스러운 사교계의 말과 시장 좌판에서 벌어지는 언어의 사용은 다르지 않은가. 시끌벅적한 시장바닥에서 아무도 이데올로기와 아우라, 계급, 소득분배지수 등의 말을 꺼내지는 않는다.

이 과정에서 의도하든 그렇지 않든 계급적 구분과 차별은 더욱 공고해진다. 내가 다른 계층과 차별화 될 수 있는 취향을 가지고 있고 이는 곧 다른 사람 다른 계층과 차별화된 소비행태와 배타적인 태도 그리고 차별의 문화로 연결된다. 취향과 취미가 단지 개인적일 수 없으며, 계층의 문제이며 구별짓기, 그리고 차별의 의미가 만들어진다. 부르디외의 분석은 자본주의 사회의 숨겨진 구조를 눈앞에 드러낸다. 그가 탐구하고자한 자본주의 사회의 계급과 계층문제는 지식인으로서 진실을 드러내야 한다는 신념과 관련이 깊다. 그는 우리 사회의 문화적 자본이 만들어 놓은 숨겨진 의미를 폭로하고 있다.

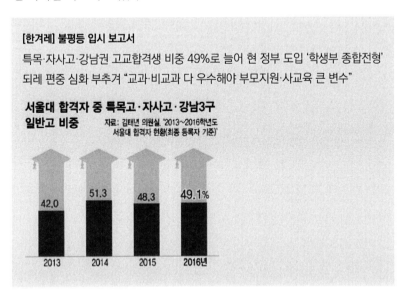

[한겨레] 불평등 입시 보고서
특목·자사고·강남권 고교합격생 비중 49%로 늘어 현 정부 도입 '학생부 종합전형' 되레 편중 심화 부추겨 "교과·비교과 다 우수해야 부모지원·사교육 큰 변수"

서울대 합격자 중 **특목고·자사고·강남3구** 일반고 비중
자료: 김태년 의원실, '2013~2016학년도 서울대 합격자 현황(최종 등록자 기준)'

2013	2014	2015	2016년
42.0	51.3	48.3	49.1%

학교 교육은 계층 간의 차이를 재생산하고 불평등을 강화한다

이러한 계층 간의 격차는 제도교육으로 더욱 강화된다. 또한 교육과정은 이러한 차이를 당연한 것으로 받아들이도록 만든다. 미디어는 소득격차에 따른 상급학교 진학의 차이와 문제를 자주 지적한다. 자료는 상대적으로 진보적인 입장에 있는 언론인 한겨레의 보도 내용이다. 경제적인 차이가 학업성적과 상위학교 진학에 영향을 미친다고 볼 수 있을 것이다. 그러나 이 두 변수 사이의 관계가 인과관계는 아니다. 여기에는 다른 원인 즉 다른 변수가 존재하고 있다. 현상 즉, 사실(fact)만을 보고 사회현상

을 이해하는 것보다 그 숨겨진 구조적 진실도 파악할 수 있어야 한다. 이 자료를 통해 계층 간의 격차뿐만 아니라 제도교육이 가지고 있는 구조적 한계를 이해해야 한다. 부르디외는 제도 즉, 학교 교육을 통한 성취의 차이를 만드는 것은 부모의 문화자본과 관련이 있다고 보았다.

학교 교육은 문화적 자본에 크게 의미를 두지 않는다. 그러나 상위계층 부모들은 자녀에게 더 많은 문화자본을 어릴 때부터 전수하고 있다는 것을 알아야 한다. 예술과 교양, 독서의 방법, 친구관계 등의 환경에서 이 계층의 아이들은 다양한 취향과 문화 등을 접촉할 기회가 많다. 이 과정은 또한 베토벤, 레오나르도 다빈치 등의 다양한 화가들의 작품들, 미술사, 역사 등의 과목에 대한 이해와 시대와 문화의 상황에 대해 더 빠르고 많은 정보를 습득하게 된다. 문제는 이러한 내용이 교과과정에서도 평가의 대상이 된다는 것이다. 하지만 노동자와 하위 계층 아이들의 경우 이러한 내용에 대한 이해자체가 쉽지 않다. 이러한 내용을 접해본 적도 기회도 없다. 이 계층의 아이들은 주로 텔레비전이나 인터넷이 주는 단편적인 정보 흥미와 자극 위주의 콘텐츠나 게임 등을 소비하며 시간을 보낸다. 여기에 맞벌이로 바쁜 부모의 방임과 돌봄의 부재에서 이 계층의 아이들이 제도교육에 적응할 수 없거나 학습에 흥미를 느끼지 못하는 것은 당연하다. 학습에 대한 자세와 태도와 습관 그리고 동기는 성취에 중요한 요소 중에 하나다. 조국 장관을 둘러싼 논란과 입시 과정에서의 불공성의 문제는 우리 사회의 문화자본과 사회자본을 둘러싼 투쟁이 어떻게 나타나는지를 보여주는 사례이다. 물론 여러 정치적 요인은 별개로 봐야 한다.

학교 교육은 가정 교육과 계층의 차이에서 오는 환경과 문화적 요인은 고려되지 않는다. 오로지 성적 그 자체만을 놓고 학생들을 평가하고 구분하며 잠재적 능력에 대한 기대치를 낮춰 평가를 내린다. 이들 아이들은 이러한 평가에 따라 스스로를 낙인찍는다. 학교 교육은 교육수준이 높은 부모와 그리고 이들의 환경에 따른 사회적 문화적 자본의 습득을 자연스러운 경향으로 여긴다. 이에 따른 학업성적의 능력 또한 이를 바탕으로 결정하게 되면 학교 교육은 경제적 불평등을 통해 다른 모든 능력을 평가하고 이를 당연하게 여기고 합리화하며 이러한 질서는 유지 반복된다. 문제는 지배적 권력을 가진 사람들이 이러한 형태의 평가의 요소를 강화하고 당연하게 만들려고 하는 데 있다. 자신들이 문화와 영향력을 강화하고 통제하며 교육과정을 결정한다.

결국 지배문화는 이러한 과정을 통해 지속적으로 강화되고 재생산된다. 폴 윌리스도 유사한 분석을 했다. 그는 〈학교와 계급재생산〉을 통해 영국의 노동자 계급의 자녀들이 학교 교육에 저항하는 모습을 본다. 철저하게 계급이 구분된 엉국 사회에서 학교 교육은 상위계층의 문화자본을 기준으로 맞춰져 있기에 노동자 계층의 아이들은 이를 쉽게 받아들이기 어렵다. 이들은 다양한 방법으로 학교의 교육과정과 문화에 저항하지만 결국 자신들의 부모의 지위에 맞는 직업을 선택한다. 동일한 계급은 이렇게 재생산되는 것이다. 부르디외는 이렇게 강조한다. 교육은 결국 계층이동과 성취를 위한 도구로서 기능하지 않는다. 현재의 교육은 지배계층에 유리하도록 기존의 계급구조를 견고하게 만드는 도구에 불과하다. 예술은 어떨까. 예술작품에 대해 느끼는 미학적 태도 아름다움에 대한 인식은 교육과정의 산물이다. 예술을 평가하는 것도 예술의 제도와 문화권에 있는 사람들이며, 이들은 자신들의 기준으로 평가의 기준으로 만든다. 현상에 대한 문제의식도 결국 학습된 것이다. 결국 내가 느끼는 것은 기존의 사회적 계층과 그 안에서 배운 문화에서 나온다. 이 취향은 결국 자신이 속해 있는 계급에 영향을 받는 것 아닌가. 자신이 어떤 계층의 가정에서 태어나 교육을 받았는지가 취향과 취미의 결정적인 변수가 됨을 알아야 한다. 어렸을 때의 가정환경, 교육 등에 의한 미적기준을 인정할 수밖에 없지 않은가.

나는 다른 대접을 받기를 원한다

대중사회에서 이제 귀족과 일반계층은 없어졌다. 이 둘은 형식적으로는 동일하다. 그러나 자본주의사회에서 이러한 평등은 불가능하다. 이들은 다른 방식으로 나와 다른 집단을 구별하기를 원한다. 구별짓기와 문화적 취향은 이제 자본주의 사회에서 가장 중요한 소비의 문제로 이어진다. 최상위 계층을 위한 소비, VVIP 등의 문구는 철저하게 자본주의 소비 형태에 맞춰져 있다. 한국사회에서 거주의 문제와 지역의 문제가 중첩적으로 얽혀 있다. 부동산과 거주지의 아파트는 우리의 계층을 구분 짓는 가장 중요한 변수 중에 하나이다. 아파트 광고는 분양을 할 때 다음의 문구를 내세운다.

"당신이 사는 곳이 당신이 누구인지 말해줍니다", "아무나 브라운스톤에 살 수 없습니다. 선택받은 사람들만 가능합니다", "아이비리그의 품격이 여기에 있습니다" 지역과 아파트 브랜드를 통해 자신과 타인을 구분짓고 분리하려고 한다. 여기에 사는 우리 그리고 다른 이들 한편으로 이러한 방식은 철저하게 자본주의적이고 욕망에 솔직하며 적나라하기 때문에 반감을 가져올 수 있다. 그러나 한편으로 우리는 모두 이러한 욕망을 욕망하지 않는가. 사실 일반적으로 상류계층 그리고 최상위층 부르주아 계층은 아파트라는 공간을 달가워하지 않는 성향이 강하다. 개성 없는 획일적인 거주공간이며 구별짓기를 통한 차별이 불가능하기 때문이다. 서구에서 만들어진 아파트라는 거주공간은 철저하게 자본주의적 효율성을 위한 곳이었다. 산업화 초기에 노동자의 효율적인 출퇴근을 위해서 설계된 장소이지만 우리나라에서는 역사적 사회적으로 아파트가 계층구분의 수단이 되어버렸다. 대기업은 철저하게 상위계급의 욕망과 구별짓기 전략을 판매 전략으로 활용한다. 결국 거주형태의 차이가 크지 않은 우리나라는 브랜드를 전면에 내 세울 수밖에 없다. 영문으로 가득한 중복된 의미의 아파트 브랜드는 이렇게 탄생하게 된다.

진실을 알고 싶어 빨간약을 선택

부르디외의 문화적 자본 및 구별짓기 등의 이론에 대해서 프랑스 사회의 일부 사람들의 여러 비판적 시각을 드러냈다. 사람들의 사기를 저하시키고 의지를 꺾는다는 것이다. 부르디외의 이론에 대해서도 다양한 비판과 반박이 나올 수 있다. 사회현상을 다루는 학문에서 100%의 완전한 이론은 없기 때문이다. 현상을 분석하고 선택하는 과정에서 분석자의 주관과 가치판단이 개입됨을 우리는 인정한다. 또한 이 이론은 서구의 사례이기 때문에 우리의 상황에 맞지 않는다고 생각할 수도 있다. 그러나 그의 이론과 개념으로 우리는 불합리한 사회현상에 대해서 고민과 성찰을 해볼 수 있는 기회를 갖게 되었다. 한국사회는 다양한 사회적 갈등상황에 직면해 있다. 대학입시가 학생의 미래에 가장 큰 영향을 미치는 사회에서 부르디외의 이론은 더욱 더 활발하게 공론화될 필요가 있을 것이다. 금수저, 흙수저, 헬조선, 청년문제 등의 부의 불평등과 계층 간의 경제적 문화적 격차는 더욱 견고해지고 있다. 계급사회로 진입하는 초입에 서 있는지도 모른다. 로스쿨은 사회적 지위의 대물림, 새로운 계급사회에 대한 우려를 낳는다. 공고한 계급사회는 음서제의 현대판 부활과 다름없다.

부르디외는 사람들의 비판에 대해서 이렇게 반박했다. 환상이라는 토대 위에서만 사기가 진작될 수 있을 것인가. 지식인은 진실을 드러내는 사람으로서 주어진 책무에 충실해야 한다고 주장했다. 우리는 비판적으로 정확하게 사회의 구조와 작동원리를 볼 수 있어야 한다. 그래야 대안을 마련할 수 있고 새로운 가능성을 실험할 수도 있다. 민주주의 정치체제에서 시민은 스스로 항상 깨어있어야 자신의 앞날에 대해 고민하고 참여하는 능동적인 주체가 되어야 한다. 그래야 우리는 우리의 수준만큼의 지도자를 가질 수 있다. 정치에 관심을 가져야 하는 이유는 가장 어리석은 사람한테 지배를 당하지 않기 위해서이다. 〈매트릭스, 1999〉의 네오도 같은 질문을 했다. 우리가 알고 있는 세계가 만들어진 것은 아닐까. 권력과 언론매체가 만들어낸 조작된 현실은 아닌지. 진실을 찾는 것은 어려운 일이다. 항상 긴장하고 의심할 필요가 있다. 그러나 막상 진실을 알면 매트릭스의 네오처럼 괴로울지도 모른다. 하지만 이성을 기획을 알기 위한 노력은 지속돼야 한다. 이제 자본주의 사회는 어떻게 소비 욕망을 자연스럽게 만들어 내는지 구조와 원리를 알아볼 차례이다.

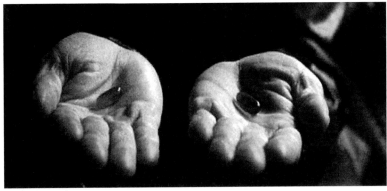

▶ 〈매트릭스, 1999〉

3강
욕망을 구매하라 -
자본주의 속 신화구조

#눈에 보이는 모든 것을 의심하라

▶ 〈사진1〉 몽블랑의 하늘

▶ 〈사진2〉 1980. 광주민주화 운동보도 사진

　두 장의 사진이 있다. 〈사진1〉은 풍경을 보여준다. 그러나 〈사진2〉는 보도 사진이다. 보도자는 1980년 5월 18일 광주에서 일어났던 사건을 찍었다. 쿠데타를 통해 집권한 전두환 신군부는 이 사건을 폭동으로 규정했다. 이 두 사진으로만 의미를 제한할 필요는 없다. 사진은 사례에 불과하다. 우리는 어떤 대상을 보고 무엇인가를 이해한다고 여긴다. 그러나 현상에 대한 인식과 이해는 사회, 문화적 영향이 함께 작용하는 복합적인 과정이다. 풍경을 다루고 있는 사진은 특별한 의미를 담아내고 있지는 않아 보인다. 사진을 감상하면서 우리는 몽블랑 산의 풍경 그 자체를 볼 것이고 장소를 상상할 수는 있을 것이다. 물론 저곳에 추억이 있다면 그 추억을 떠올릴 수도 있다. 그러나 두 번째 사진은 다르다.

두 번째 보도사진을 볼 때 감상자는 자신이 알고 있는 지식을 바탕으로 다양한 의미로 사진을 해석한다. 또한 사진은 촬영자가 사진을 보는 사람에게 특정한 의미를 의도적으로 전달할 수도 있다. 이 사진도 의도를 가지고 구성을 만든 것으로 보는 것이 타당하다. 사진은 무조건적인 객관성을 보장하는 매체가 아니다. 기호학을 바탕으로 한 구조주의라고 불리는 이론은 이러한 이해방식에 주목한다. 이 이론은 어떤 현상의 본질에 숨겨져 있는 심층구조와 본질을 추구하려 한다. 그리고 다양한 대상 속에 존재하는 공통적 원리와 속성을 파악하려는 의도를 담고 있다. 이번 강의에서는 우리의 사고를 지배하고 있는 구조화된 원리를 탐구해보고 우리들의 사고가 어떠한 형태로 이뤄지게 되는지를 살펴보려 한다.

구조주의(構造主義, 영어: structuralism)는 인문학과 사회과학 등 다양한 학문에 영향을 미친 사상흐름(사조)이다. 근본 요소들 사이의 상호 관계 위에 정신적, 언어적, 사회적, 문화적 '구조'가 성립하며, 그 구조에서 특정 개인이나 문화의 의미가 생산된다고 본다. 본디 언어학에서 출발하였지만 점차 그 적용 범위를 넓혀가면서 언어, 문화, 정치, 사회를 분석하는 가장 유명한 접근방법들 가운데 하나가 되었다. 구조주의의 출발은 보통 페르디낭 드 소쉬르의 언어학 연구라고 보며, 프랑스 학자들이 소쉬르의 구조적 접근법이 다른 학문에 적용시키면서 유행하게 되었다.

▸ MBC 아마존의 눈물: 조예족의 생활−구조주의, 참여 관찰법을 통한 다큐멘터리

모든 것은 구조로 이루어져 있다

구조주의는 20세기의 사회과학과 인문학의 연구의 방향과 관련된 흐름 중에 큰 줄기를 차지하는 이론이며 체계이다. 이 이론은 인간의 사고와 특징의 공통된 요소와 구조를 파악하려 한다. 특히 언어와 신화구조를 통해 인간이 가지고 있는 본질을 이해할 수 있다고 여겼다. 언어가 가지고 있는 가장 강력한 의미는 의사소통이다. 나의 의사를 상대방에게 전달하고 수용자는 그 의미를 이해할 수 있는 것이다. 이 글을 읽고 있는 독자라면 텍스트를 읽는 과정에서 전달하고자 하는 의도를 파악하려 한다. 또

한 문장의 의미와 문장과 문장으로 연결되는 행간의 의미를 이해하고, 추론과정을 통해 의미와 의미를 연결하는 중일지 모른다. 독서와 사고의 과정은 특별한 의도적인 과정을 통하지 않고 이뤄진다. 물론 훈련과정을 거쳐야 하는 것은 분명하다. 그런데 중요하게 고려해야 할 부분은 언어는 단순하게 소통을 위한 도구로서의 기능만으로 제한되지는 않는다는 것이다. 조금 더 생각해보면 이 무의식적 과정에 복잡한 여러 단계의 사고과정이 담겨있다는 것을 알 수 있다.

언어를 통한 소통에는 우리가 이미 문법적 지식을 이해하고 있다는 것을 전제하고 있다. 문법은 같은 언어를 사용하는 사람들 사이의 약속으로 한국어는 주어가 있고 서술어는 마지막에 위치한다. 그러나 영어를 비롯한 다른 서양의 언어권에는 서술어는 주어 다음에 바로 나온다. 이러한 언어 활용의 차이는 문화와 사고의 차이와도 관련이 깊다. 언어의 체계와 그리고 구성방식이 우리의 사고와 관련이 있기 때문이다. 구조주의도 바로 이러한 요소들 사이의 긴밀한 관련성에 주목했다. 이러한 언어와 사고의 관련성을 바탕으로 구조주의는 이제 언어와 기호로 표현되는 모든 것으로 연구범위를 확대해 나간다. 신호등의 파란불과 빨간불일 때 신호등의 색은 이미 언어인 것이다. 사람들은 파란불에서 길을 건너고 파란불에서는 멈춘다. 이 기호와 상징을 이미 규칙과 언어로 받아들이고 있지 않은가. 우리는 사회의 가치와 규범을 따르는 사회화된 존재이다. 우리의 의식과 자아도 언어를 배우는 사회화 과정에서 문화적 요인과 함께 복합적으로 형성된다. 우리의 사고와 인식은 구조화된 언어에 큰 영향을 받고 있다. 구조주의가 강조하는 중요한 부분이다.

롤랑 바르트

소르본대학에서 고전문학을 공부한 다음에, 파리에서 고등학교 선생을 했다. 이후 부카레스트, 알렉산드리아에서 대학강사를 하며 보냈고, 1952년 파리의 국립과학센터(프랑스어: Centre national de la recherche scientifique)의 연구원이 되었다. 1953년 근대문학의 형성을 다룬 《글쓰기의 영도Le Degré zéro de l'écriture》가 출판됐고, 1957년 일상생활의 이데올로기를 비판한 기고문을 모아 엮은 《신화론Mythologies》이 뒤따랐다. 1962년 프랑스고등연구실천원(프랑스어: École pratique des hautes études)의 연구책임자로 임명됐다. 1960년대 기호학과 구조주의에 전념했지만(《기호학원론Éléments de sémiologie》(1964), 《유행의 체계Système de la mode》(1967)), 곧이어 구조주의를 폐기했다(《S/Z》(1970), 《텍스트의 쾌락Le Plaisir du texte》(1973)).

구조주의 사상가들은 1장의 2강에서 다뤘던 실존주의와의 논쟁을 벌였다. 그 논쟁은 60년대 중반 이후 다양한 분야로 확대되었다. 롤랑 바르트는 구조주의를 바탕으로 현대사회의 신화를 분석해 소비사회로 대표되는 광고와 대중문화 영역의 이론의 발전에 크게 기여한 학자이다. 그러나 그는 독특하게도 정식으로 박사학위를 받지도 않았고 자기의 생각을 체계적으로 정리해 하나의 완성된 이론을 만드는 작업을 추구한 학자는 아니었고 작가에 가깝다. 생각나는 단상이나 의미들을 자연스럽게 발표하고, 대중문화 속 기호의 의미를 파악하며 연구하는 방법을 주로 사용했다. 이 부분이 학위를 받고 대학에서 연구하는 학자와 좀 달랐다.

그는 언어학과 기호학 그리고 구조주의 이론을 바탕으로 직관에 의한 자유로운 글쓰기를 추구했다. 대중매체 특히 광고에 숨겨져 있는 부르주아가 자본주의 소비 질서와 관련된 신화론에 대한 분석이 가장 대표적이다. 지배집단과 부르주아는 자본주의 질서를 유지하고 소비를 만들어 내기 위해 타인의 욕망을 모방하라고 부추긴다. 이들은 현재의 질서가 정당하다는 신화를 의도적으로 유포한다. 이를 통해 현재의 질서를 유지하고 이를 통해 이득을 얻는다. 그는 이것이 바로 현대 사회의 신화라고 보았다. 이러한 과정을 연구하면서 자본주의 속 숨겨진 구조를 폭로하는 작업을 수행했다. 그의 연구 방법은 구조주의에 따른 언어와 신화구조를 분석하는 것이었다. 이제 그의 연구 방법으로 자본주의 사회의 소비구조와 무의식적으로 우리에게 영향을 미치는 사례를 분석해 보자. 우리는 정말 신화에 빠져 있을까.

가) myth-초자연적 존재들이 세상의 기원과 창조 등등에 대해 이야기한 것
(그리스, 로마신화, 북유럽신화 등)
나) mythologies-자본주의 사회의 체계를 당연하게 수용하도록 만드는 의미 전달 방식

첫 번째의 신화는 대부분의 알고 있다. 창조신화, 그리스 로마신화, 제우스의 이야기가 여기에 해당된다. 또한 북유럽의 신화도 대부분의 사람들에게 친숙하다. 게임과 영화에서 주로 등장하는 이름들이다. 토르, 오딘, 라그나로크 등 북유럽의 긴 밤을 사람들은 이들의 영웅설화와 함께했다. 신화는 허구 즉, 꾸며낸 신들의 이야기다. 천둥과 번개가 치고 바다에 태풍이 부는 이유가 제우스 신의 분노, 포세이돈의 힘은 아니기 때문이다. 이들이 다스리는 세상도 없고 오로라가 죽은 자들의 영혼의 춤도

아니다. 자연과학의 발달은 신화적이고 미신적인 사고를 없애고 이성을 통한 합리성으로 세상의 변화를 설명하게 되었다. 그러나 우리가 주목해야 할 신화는 바르트가 말한 현대사회의 신화이다.

구조주의의 연구 방법은 언어에 대한 이해를 바탕으로 우리의 일상을 둘러싸고 있는 미디어와 대중문화가 전달하는 의미의 본질을 찾는 것이다. 대중문화는 수많은 상징과 의미를 우리에게 쏟아 낸다. 이러한 대중매체가 전달하는 의미는 언어처럼 우리의 의식과 무의식에 영향을 끼치고 있다. 몇 해 전 인기를 끈 〈신의 물방울〉은 와인 열풍에 한몫을 단단히 했다. 와인과 관련된 상표와 의미, 평가의 방법 등도 자세하게 소개되었다. 특히 와인평론가인 아버지가 남긴 글을 바탕으로 최고의 와인을 찾는다는 내러티브를 통해 독자들은 와인에 대한 지식과 정보를 손쉽게 접할 수 있었다. 한편 이 만화는 와인에 수많은 의미를 부여하기도 한다. 와인은 최고의 술, 천상의 술이며, 신이 내린 음식이라는 평가를 하고 포도주의 맛을 평가하는 부분은 헛 웃음을 만들 정도로 과장되었고 비장하게 묘사된다. 대중 매체를 통해 현대사회의 신화가 어떻게 만들어지고 유포되는지를 생각하면 이 만화는 신화의 의미와 개념을 생각해 볼 수 있는 좋은 사례이다. 이후에 차근차근 분석해 보자.

신화분석의 단계

우선 신화가 어떻게 형성되는지 살펴보자. 사람들의 사고에는 언어처럼 와인에 대한 기호(의미)가 자리 잡고 있다. 와인은 상류층이 먹는 것이며, 와인의 품종과 이름을 알고 생산년도와 맛을 판별하는 것이다. 그것은 교양 그 자체이며 문화적 자본의 의미도 함께 가지고 있다. 와인은 역사를 담고 있고, 맛을 음미해야하며 숙성의 차이 타닌의 양을 조절하는 등의 교양으로서의 문화적 지식을 요구한다. 그런데 와인을 둘러싼 이런 의미들을 꼭 알아야 하는가. 사실 보졸레 누보, 샤토 드 메리팅, 1995년산 에세조 등의 이름은 생산자의 이름이거나 포도농장의 이름일 뿐이다. 하지만 와인을 둘러싼 이러한 이름과 기표 등은 매체를 통해 확대되고 그 의미는 재생산되어 서서히 포장되기 시작한다.

▶ 와인 열풍을 몰고온 만화: 신의 물방울

▶ 와인, 샴페인, 품격과 품위를 상징하는 수단

상류층의 이미지와 대기업 CEO가 선호하는 품종 등의 이름과 함께 이 둘은 묶인다. '대기업 CEO, 와인 때문에 스트레스', '삼성의 이재용이 즐기는 와인' 한 경제지가 제목으로 내건 신문기사이다. 와인의 기호 (sign)는 이렇게 우리들의 머릿속을 점령한다. 막걸리나 맥주는 어떨까. 광고에서도 주로 막걸리는 친한 친구들끼리 왁자지껄한 실내 내부에서 먹는 모습이 두드러진다. 영화나 드라마를 통해 일반 회사원이 주로 포장마차에서 주로 소주를 먹는 모습도 빈번하다. 와인은 걸리나 맥주보다 세련되었으며, 상류계층의 사람들이 먹는 술인 것이다. 이러한 와인을 소비함으로서 내가 상류사회의 일원이며, 일원이 되는 욕망을 충족한다. 와인은 단순히 와인은 와인에서 끝나지 않고 그 와인의 기호를 소비하는 과정이 함께 담긴다.

　와인은 서구 문화권에서 일상적인 술에 불과하다. 하지만 우리는 와인 문화권은 아니다. 다수의 사람들은 와인의 미묘한 맛의 차이를 구분하기 어려울 것이다. 또한 이 술은 사교와 친분형성등과 관련이 있다. 하지만 와인을 둘러싼 이러한 의미들을 비판적으로 접근하기는 쉽지 않다. 매체가 전달하는 강력한 기호 즉 언어로서의 의미 때문이다. 우리가 사물의 명칭, 고유명사와 일반명사에 의문을 품지 않는 것과 마찬가지다. 나무를 왜 나무로 부르는가? 의자는 왜 의자이고 책상이 되는가? 최고급 아파트에서 와인 잔을 기울이며 턱시도를 입은 남자와 실크 드레스를 입은 여자가 건배를 하며 "최고급 와인"이라며 맛을 평가하는 장면에서 와인을 주의깊게 보라. 서민들은 허름한 포장마차에서 소주와 막걸리를 마시면서 상사를 열심히 욕하는 모습을 당연하게 여기고 있다면 우리는 신화가 만든 사고의 틀에 지배를 받고 있는 것이다. 턱시도 남자와 벨벳 실크드레스의 여자가 소주잔을 기울이는 장면은 어색하다.

　이러한 구조와 생각은 어떻게 만들어질까. 언어와 사고의 관계를 생각하면 된다. 언어와 사고의 연관성에 대한 다양한 이론들이 있지만 이번

강에서는 이 논의에 집중해야 한다. 장미 즉, 꽃을 생각해보라. 구조주의에서는 언어가 우리의 사고를 지배한다고 본다. 또한 모든 언어, 인간이 사용하는 언어의 본질은 같다. 언어의 체계는 기호(sign, 의미)=기표(구성원의 동의, 표시)+기의(개념)로 이뤄져 있다. 즉, 기표는 의미하는 것으로써 구성원이 개념(기의)을 같은 것으로 부르자고 동의한 것이다. 물론 기표와 기의 사이에는 필연적인 관계가 없다. 이를 언어의 자의성으로 부른다. 밖에 서 있는 푸른 잎을 가지고 있는 것은 왜 나무인가. 당연히 우리가 이러한 음성과 표시를 사용하자고 동의한 것에 불과하다. 이대 '나무'는 기표이며, 그 의미는 우리가 알고 있듯 유사한 특성과 성질을 가지고 있는 의미(기의, 개념)이 되는 것이다. 우리가 '나무'라는 기표를 볼 때, 다음의 것이 머릿속에 떠오르게 된다.

꽃(장미)은 언어직인 의미로 장미과의 꽃이다. 그러나 '철수가 영희에게 장미꽃을 주었다'는 문장을 썼다고 한다면 꽃이 단순하게 식물을 의미하지는 않을 것이다. 일차적인 의미를 넘어서 장미는 열정, 사랑, 관심 등으로 그 의미가 확장된다. 우리는 언어를 통해 이렇게 일반화와 추상화된 형태로 사고할 수 있는 것이다. 언어는 이미 그 자체로서 의미를 담고 있다. 꽃이라고 하는 기호는 이미 긍정적 의미를 내포하고 있다. 그러나 거지라는 기호를 본다고 생각하면 우리의 머릿속에는 냄새, 구걸, 게으름

등의 부정적 기호(의미)들이 자리를 잡고 있 게 된다. 이 부분을 이해했다면 이제 현대사 회에서 신화가 생성되는 원리에 조금 더 다 가간 셈이다. 신화를 유포해서 이익을 얻는 사람들이 있고 이러한 질서가 유지되기를 원하는 사람들은 대중문화에 와인열풍처럼 이러한 상징과 신화를 의식적, 의도적으로 끊임없이 숨겨 놓는다.

▶ 흑인 병사의 경례

신화분석

바르트의 분석을 따라가자. 한 잡지에 흑인병사가 프랑스 국기에 경 례를 하는 모습이 실려 있다. 이 시대는 1960년대 프랑스이다. 당시 프랑 스가 인종갈등 및 이민자 문제로 사회적 합의가 쉽게 이뤄지지 않을 때였 다. 이 사진에서 단순하게 흑인이 경례를 하고 있는 기표+기의=기호 이 상의 이차적 의미작용이 우리의 머릿속에 만들어진다고 주장했다. 그는 프랑스가 제국주의 국가라고 비판하는 사람들에게 보여줄 수 있는 확실 한 반박의 자료가 된다는 것이다. 사실적 의미에서 숨겨진 2차적 의미로 사진이 주는 의미가 만들어지는 과정은 다음과 같다.

첫째 국기에 대해 거수경례를 하는 사람은 민간인이 아닌 군인이다. 민간인이 국기에 경례를 일상적으로 하지는 않는다. 둘째, 국기는 국가 즉, 프랑스를 의미한다. 프랑스는 흑인 국가가 아닌 백인국가이지만 이

흑인은 프랑스국기 즉, 프랑스에 대해서 경례를 하고 충성을 맹세한다. 결국 프랑스를 조국으로 가지고 있는 모든 흑인들은 인종 차별 없이 군에 복무할 수 있다. 프랑스는 백인의 나라이지만 식민지 사람도 열심히 군복무를 할 수 있을 정도로 평등하다. 결국 프랑스는 위대한 제국이다. 프랑스가 제국주의국가라고 하는 주장에 대한 반박이 이 사진 한 장으로 이뤄졌고 사람들의 머릿속에 기호가 만들어졌다. 한 장의 사진이 큰 파급력을 가지고 올 수 있다.

기표	기의	기호(1차)	2차
흑인	비유럽인	프랑스 국가의 일원	프랑스는 흑인을 백인국가 공동체의 구성원으로 인정/
(국기) 경례	(프랑스) 군인	프랑스 국민	국가에 대한 충성(프랑스국기-경례) 흑인을 백인사회 구성원으로 수용 (그러므로) 프랑스는 제국주의 국가가 아님

　　다양한 대중매체를 통해서 우리는 자연스럽게 기존의 질서를 정당하게 만들려하는 신화에 노출되고 그 의미를 무의식적으로 수용한다. 사진역시 대중매체 중 하나이기에 사진의 객관성에 대해서도 의문을 제기해 볼 수 있다. 사진은 객관성을 보장하는 매체가 아니다. 앞서 설명한 〈사진2〉는

▶ 〈소녀와 독수리: 케빈 카터,1994〉 이 사진은 단순한 소녀와 독수리라는 대상을 촬영한 것에서 끝나지 않는다. 이미 기호가 머릿속에서 만들어질 것이다. 작가가 비난을 받아 자살했다고 하지만 사실은 다르다

▶ 〈사진3〉 영화의 스틸사진

1980년 5월 광주 민주화 운동의 상황과 관련된 보도사진이다. 같은 소재를 다룬 영화 속 〈사진3〉과 비교해보자. 사진은 특정한 시점을 바탕으로 의도와 주관을 피사체 즉 대상에 투영한다.

〈사진3〉에서 우리는 그냥 누군가가 싸우고 있다는 사실 그리고 한 사람이 다쳤다는 정보를 확인할 수 있다. 그러나 이 사진은 피사체에 초점이 맞춰져 있다. 민간인과 군인 사이에 폭력적 상황이 있었고, 이들은 군인이 뛰어오는 것을 두려워하고 있다는 의미 즉, 기호가 우리들의 머릿속에 자리잡는다. 사진은 민간인들의 관점에서 이 사진을 읽도록 맞춰져 있다. 사진속의 의미는 사진을 찍는 사람의 의도와 관련이 있다. 누구를 찍을 것인가. 무엇을 찍을 것인가. 작가는 프레임과 배경을 조절해 의미를 만들어 냈다. 두 집단 사이의 충돌이 있었고 우리는 민간인의 입장에서 이 사진을 보게 된다.

우리가 살아가는 사회는 완벽하지 않다

대중매체로 전달되는 수많은 정보는 이미 언어의 역할을 한다. 다양한 기표들과 기의는 자연스럽게 각종 매체를 통해서 우리일상에 스며들고 있다. 매번 이러한 의미들을 찾고, 신화를 찾아 폭로하고 사람들에게 알려주는 것은 힘든 일이다. 신화의 구조는 견고하고 의식하지 못하는 사이에 언어화된 기호로 이뤄져 우리는 그 의미를 무비판적으로 무의식적으로 수용한다. TV나 영화 그리고 대중문화, SNS등의 매체를 비롯한 우리 일상의 모든 영역에서 이러한 신화는 자연스럽게 유포되고 있다. 신화는 자본주의 체제와 현재의 질서가 정당하고 자연스럽다는 것을 끊임없이 강조한다. 그것이 지배 이데올로기이다. 칼 마르크스는 이데올로기를 허위의식으로 정의했다. 신화론에서 이데올로기도 이와 유사하다. 현재의 사회의 체계와 질서를 자연스럽게 만드는 지배집단 즉, 부르주아의 이념인 것이다. 자본주의 사회질서, 지배계층의 이익을 위한 질서와 시스템은 자연현상처럼 당연하게 수용하도록 만들어야 한다.

이 질서가 깨지면 안 된다. 그가 신화를 폭로하려 하는 이유도 이러한 이데올로기를 밝히려는 시도였다. 자본주는 소비와 빚으로 이뤄진 경제 구조와 경제 체제이다. 사람들은 빚을 내서 집을 구매하고 더 많은 물건을 외상으로 소비한다. 이 과정에서 자본가들은 막대한 이득을 얻게 되고 부르주아의 자본주의 질서는 유지되고 정당화 된다. 국기에 대한 경례 즉, 제례의식을 통해 권위에 복종하고 불합리한 지배를 당연한 것으로 만드는 것. 변호사나 판사 검사 그리고 의사는 대부분 지적인 존재이며 그리고 우월하며 모범적 성격을 갖춘 사람으로 주로 등장한다. 의사는 모두 사명감에 차서 환자를 살리기 위해 열심히 심폐소생술을 하고, 심장이 멈추면 "다시 해봐"라고 소리치는 장면이 자연스레 떠오른다면 그들의 의도는 성공한 것이다. 그러나 현실에서는 꼭 그렇지 않다. 부도덕한 의사들도 상당수이며 그들은 직능, 기능적 역할을 할뿐이지만 일부는 그 역할을 전지전능한 것으로 오해하기도 한다. 성폭행 성추행을 저지른 의사들처럼 그들의 인격이 완벽할 수는 없다. 그러나 우리는 의사와 변호사, 판사 등 전문직종의 사람들의 도덕성과 윤리의식이 더 높다고 믿는 경향이 많다. 역시 대중매체를 통한 신화의 한 부분이다.

현대사회의 신화는 이렇게 자연스럽게 곳곳에 숨겨져 있다. 소비사회의 문제를 이해한다면 바르트가 지적한 현대사회가 가지고 있는 이데올로기와 신화에서 벗어날 수 있다. 물론 모든 체제를 부정하자는 것이 아니라, 주변에서 찾을 수 있는 현실적인 대안에서 시작하는 것도 하나의 방법이다. 무분별한 소비를 위한 목적으로 만들어진 대기업의 광고를 비판하고, 공정한 무역(fair trade)를 실현하는 중소기업의 제품을 구입하려는 노력 등이 이에 해당 될 것이다. 제3세계의 노동력을 착취하는 다국적 기업보다 소규모 공동체나 조합주의로 만든 물건을 구매하는 것도 이러한 노력에 해당된다. 최근에는 기업에 대한 윤리의식이 더 강조되고 사회적 책임기업 ESG에 대한 요구도 크다.

남양유업에 대한 불매 사례도 이에 해당한다. 신화를 비판하고 현상의 모순을 찾아내는 과정을 통해 우리는 더 현명해지고 올바른 판단을 내릴 수 있다. 바르트가 신화론에서 하고자 하는 말은 "부르주아 사회에서는 프롤레타리아 문화나 프롤레타리아도덕성, 프롤레타리아 예술이란 존재하지 않는다. 부르주아적이지 않은 것은 모두 부르주아에서 빌려온 것일 뿐"이라는 것이다. 그는 혁명가는 아니었다. 기존의 것을 완전히 부정

▶ 강의하는 롤랑 바르트

하고 전혀 새로운 사회를 만들자는 구호를 외치지 않는다. 그가 신화를 분석해 폭로한 것은 신화가 만들어지는 이유를 생각하자는 의도였을 것이다.

ps) 우리나라는 동질성을 지나치게 강조한다. 한 가지 견해를 수용하라고 강요당하는 경향이 많다. 조금이라도 다르거나 집단적 생각에서 벗어나는 것을 쉽게 용납하지 않는 즉, 상식을 벗어난 행동을 하지 않는 것이 낫다는 하나의 신화에 빠져 있는 것이 아닐까. 전체의 이익이라는 이름하에 강요되는 여러 행위들을 수없이 목격하고 경험하고 있다. 우리 전체의 이익이라는 이름은 사실 특정지배세력의 이익을 대변하는 '신화'에 불과할 때가 더 많지 않을까. 이러한 신화가 깨졌을 때 사람들은 더 자유로운 생각을 할 수 있다.

커뮤니케이션
이론의 흐름

#책상은 책상이다

페터 벡셀의 단편소설 『책상은 책상이다』의 주인공은 무료한 나날을 보내던 중 재미있는 놀이를 한다. 사물의 명칭을 혼자 바꿔 부르는 것이다. 침대는 사진으로, 책상은 양탄자로 의자는 시계로 바꾸고 혼자만의 놀이에 빠지게 된다. 그러나 시간이 흐른 후 이제 완전히 자신만의 세계에 갇혀 타인과의 소통은 불가능해졌다. 그는 외부와 완전히 고립된다. 부르는 단어만 바꿨을 뿐이지만 언어는 사물의 명칭 그 이상의 의미가 있었던 것이다. 언어는 소통의 도구로서 타인과 의견을 교환할 수 있는 매개체이며 자신을 사회에서 고립되지 않게 해 준다. 그는 이 부분을 잊고 있었다.

사람들은 다양한 미디어를 통해 손쉽게 타인과 의견을 나눌 수 있게 되었다. 우리는 그 어느 때보다 자유롭고 편리한 커뮤니케이션을 할 수 있는 시대에 살고 있다. SNS를 통해 타인과 생각을 나누고 물리적 공간적 한계도 극복할 수 있다. 그러나 미디어의 발달은 진정한 커뮤니케이션을 막는 역설을 만들고 있는 중이다. 최근의 소셜 미디어는 한편으로 사람들을 스스로를 고립시키고 피상적인 관계로서의 소통이 아닌 전시에 힘쓰도록 한다. '좋아요' 그리고 '추천'을 위해 모든 노력을 기울이도록 하고 자신의 삶을 전시하며 이를 통해 존재의미를 찾는다. 사람들은 소통을 위해 미디어를 사용하는 것 아니라 추천을 받기 위해 매체를 사용하고 있다. 외부의 시선과 인정에서 자신의 정체성을 확인받으려 하는 사람들은 끊임없이 자극적인 자료를 찾아 논란을 만들어 내거나 관심을 요구한다. 매체의 발달이 과연 우리에게 소통의 가능성을 넓혀 주었는가. 미디어 이론을 정리하며 한번 쯤 고민해 볼 만한 부분이기는 하다.

미디어 연구를 포함한 커뮤니케이션이론은 대중사회에서 큰 의미를 가지고 있는 사회과학의 영역이다. 경제학, 정치학 사회학 등은 200년 이상의 역사를 가지고 있는데 반해 커뮤니케이션은 가장 늦게 등장했고, 비교적 최근에 이론적 체계가 만들어 졌다. 20세기 초기 대중사회에서 미디어가 발전하기 시작하면서 본격적으로 연구되기 시작하며 대중사회와 대중문화의 형성과 깊은 관련을 가지고 있는 학문이다. 한편 독일의 나치정권은 권력을 장악하고 미디어를 정치적 목적으로 활용하기도 했다. 나치는 히틀러의 말과 행동을 미디어를 통해 독일 사람들에게 생생하게 전달하기 위해 노력했고 2차 대전이 끝난 이후 독일의 사례는 커뮤니케이션과 미디어에 대한 연구가 활발하게 이뤄지는 계기가 되었다.

커뮤니케이션(communication)은 단순하게 의사소통이라고 번역하면 되겠지만 그 이상의 의미를 포함하고 있다. 또한 커뮤니케이션이라는 그 자체로 학문의 분야와 개념어로 많이 사용되기도 한다. 사전적 의미로서 인간이 상대방과 의사소통하기 위해서 정보를 나누고 상대방에게 나의 의도와 의미를 전달하는 행위가 될 것이다. 그렇다면 소통을 위한 도구가 필요하다 도구 없이 자신의 의도와 사고를 상대에게 전달할 수가 없기 때문이다. 이러한 소통의 도구를 미디엄(medium)즉, 매개체라고 부른다. 또한 커뮤니케이션은 개인의 영역뿐만 아니라 사회적으로도 이뤄지고 있다는 것을 생각해야 한다. 많은 사람들과 동시에 커뮤니케이션하기 위해서는 무엇이 필요한지를 생각할 때 매개체(medium) 즉, 미디어(media)라고 불리는(신문, 방송, 라디오, 전파, SNS) 등의 도구와 수단이 필요로 한다. 따라서 커뮤니케이션의 연구 대상과 영역은 분명해진다. 인간이 매개체를 이용한 소통과정을 다루고 연구하는 모든 영역이다.

미디어의 역사적 발전과정

커뮤니케이션 이론에 접근하기 위해 우선 미디어의 역사적 발전과정을 간단하게 파악할 필요가 있다. 인류의 최초의 미디어는 바로 음성언어였을 것이다. 초보적인 형태의 음성언어로 인간은 서로 서로 이야기를 하거나 몸짓을 통해 의사소통을 한다. 그러나 문명이 발달하고 인구가 증가하며 제도가 점차로 복잡해지기에 기존의 매개체로서는 여러 가지 한계에 직면하게 되었다. 또한 음성언어의 경우 지속적이지 못하고 소멸되기 때문에 문자로 기록을 남겨야 하는 필요성이 있었다. 미디어는 음성에서 기록을 위한 문자언어로 발전을 거듭하게 된다. 문자언어의 탄생은 인류문명의 변화를 이끌어 냈다. 즉, 매체의 역사는 사회적 변화와 함께 생각해야 한다는 점이다. 매체의 발전과 변화를 공시적 의미(diachronic)로만 접근하는 것은 단순한 이론의 나열에 그칠 수 있다. 미디어와 커뮤니케이션 이론을 시대의 변화와 함께 파악해야 하는 이유는 이 과정에서 역사발전에 미디어가 어떤 역할을 했는지 파악할 수 있기 때문이다. 또한 현상을 인과관계로 파악하면 우리는 개념에 대한 이해를 넓힐 수 있다.

셈족이 처음 만든 쐐기문자를 보통 서구의 문자의 기원 즉, 알파벳으로 본다. 드디어 소통의 매개체인 음성을 기록할 수 있는 문자가 탄생하게 되었다. 이 과정 역시 사회체제의 변화와 맞물려 있다. 문자의 출현은 통치의 효율성, 지배체제의 강화라는 사회변화와 관련이 깊다. 문자를 통해서 지식을 독점할 수 있게 되며 통치의 정당성도 확보된다. 문자는 곧 지식이 되며 특정한 계층이 이를 점유하는 것이 가능해진 것이다. 계급은 분리되고 이를 통해 사회체제는 강화된다. 결국 문자의 발견과 활용은 곧 집권체제의 안정과 통치의 효율성을 이끌어 냈고, 거꾸로 체제의 안정과 유지를 위해서 문자의 활용은 꼭 필요한 수단이기도 했다.

이후 미디어의 역사에서 두 번째 혁명적인 변화가 일어나기 시작한다. 바로 인쇄매체의 탄생과 발전이다. 중세의 지식은 라틴어로 이뤄졌다. 지식은 곧 권력이었고 지배층은 신의 말씀인 성경을 해석할 수 있는 사람들이었다. 라틴어로 쓰인 문자를 읽고 쓸 수 있는 능력은 바로 권력과 권위를 말하는 지표나 다름없었다. 그러나 미디어의 발전은 이러한 질서에 균열을 만들기 시작했다. 문자를 모르는 일반대중과 지배계급으로 구분되는 사회 체제는 르네상스 이후에 바뀌기 시작한다. 지식이 대량으로 책이라는 인쇄매체를 통해 확산되기 시작한 것이다. 결국 구텐베르크의 인쇄술은 기존의 세계관에 결정적인 변화를 가져오게 되었다. 또한 인쇄술의 발달은 국민국가의 출현에 기여했다. 유럽은 자국 언어로 성경을 출판하고, 다양한 책을 보급했다. 인쇄술이라는 매체의 발달은 지식의 양을 폭발적으로 늘리게 되었고 문자와 지식이 인쇄술을 바탕으로 보급되기 시작했다. 한편 고려시대의 인쇄술은 어떨까. 시기적으로 서양보다 200년을 앞섰다고 하지만 사회변화로서의 미디어의 역할에 크게 기여하지 못했다. 단지 기존의 기록을 보존하는 역할로 한정되었기 때문이다.

구텐베르트의 인쇄술

구텐베르크는 활판 인쇄술로 불가타 성서(구텐베르크 성서)를 대량 인쇄하여, 성직자와 지식인들만 읽을 수 있었던 성서를 대중화시켰다. 당시 성서를 비롯한 책들은 필사본이라 수량이 적어서 가격이 매우 비싸고 구하기가 힘들었지만, 활판 인쇄술이 등장하면서 책의 대량 생산이 가능해졌고 많은 사람들이 이전보다 쉽게 책과 접할 수 있게 되었다. 대량 생산된 책 중에는 그리스와 로마의 고전 작품도 있었고 이것은 르네상스의 밑거름이 되었다. 이 외에 활판 인쇄술은 대중 매체의 한 종류로서의 신문이 탄생하는 데에 기여를 했다.

마르틴 루터는 로마 가톨릭의 대사 판매를 비판하기 위해 95개조 반박문을 써서 비텐베르크 성(城) 교회의 문에 붙였다. 이 글은 활판 인쇄술에 의해 대량으로 인쇄되어 두 주 만에 독일 전역에, 두 달 만에 유럽 전역에 퍼졌다고 한다. 결과적으로 구텐베르크의 인쇄술이 대사를 비판하는 논리를 널리 퍼트려 종교 개혁의 불씨를 지폈다고 할 수 있다.

20세기가 되면서 미디어는 또 한 번 혁명적인 변화를 맞이한다. 대중사회로 사회체제가 바뀌는 시기와 맞물려 대중매체와 대중문화의 발전에 기여했기 때문이다. 대중사회는 미디어의 발전과 긴밀하게 맞물려 있다. 이 둘은 상호보완적 관계로 보는 것이 적절하다. 대중매체를 통해 전달되는 대중문화의 특성은 1장 2강에서 다뤘기 때문에 이 강의에서는 대중매체의 역사적 의미에 주목해 보자. 20세기의 미디어에서 주목할 만한 사건은 라디오와 텔레비전(1940년대 후반)의 탄생이다. 전파를 사용해 다수에게 의미와 내용을 동시에 전달할 수 있는 미디어가 등장하게 된 것이다. 인터넷과 휴대폰 등의 뉴 미디어가 나오기 전까지 이들 매체는 우리의 삶과 인식을 지배하다시피 했다. 텔레비전과 신문의 영향력은 20세기 중 후반까지 절대적이었다. www(world wide web)의 대중화가 1990년대 초 중반에 나타나기 시작했기에 뉴미디어의 등장은 불과 30여 년 전의 일이다.

대중매체의 영향력 – 매체 기능론 vs 매체 도구론

미디어의 역사적 발전과정을 간략하게 살펴봤다면 미디어 이론을 구체적으로 알아볼 필요가 있다. 대중매체로서 미디어의 기능에 처음으로 주목한 사람은 히틀러와 나치의 선전장관 괴벨스였다. 20세기 등장한 새로운 미디어를 적극적으로 정치적 수단으로 이용한다. 선전선동을 위한 목적으로 괴벨스는 라디오를 전국의 모든 가정에 거의 무료로 보급했다. 그는 매체를 활용해 독일인들에게 히틀러의 모든 것을 전달하려 했다. 전시 독일의 상황, 아리안족의 위대함 등의 메시지가 끊임없이 라디오를 통해 흘러나왔다. 나치가 주목한 것도 미디어라는 매체가 사람에게 끼치는 영향력에 있었다. 내가 정치 권력을 가지고 있으며 사람들에게 나의 정책과 이념을 홍보해 알리고 싶다면 어떤 방식이 효과적일까. 동시에 수많은 대중에게 나치의 정치이념을 전달하는데 이 만큼 효과적인 수단도 없었을 것이다.

매체의 기능은 절대적인 것으로 여겨졌다. 이 이론을 매체 매체결정론으로 부를 수 있다. 매체의 강력한 영향력 때문에 수용자는 단순하게 매체의 의미를 받아들이기만 하는 존재로 취급된다. 메시지를 미디어를 통해 반복해서 전달하면 대중들은 의도에 맞춰 움직였다. 그와 반대로 매체를 도구로 보는 관점과 이론도 있다. 매체 도구론은 수용주체의 자율성을 인정하고 있다. 1강의 대중문화이론에서 수용주제의 자율성을 바탕으로 스타가 만들어진다는 부분을 이미 살펴보기도 했다. 이 관점에서는 매체를 단지 도구에 불과하다고 본다. 매체는 인간이 미디어를 통해 자신의 욕구를 충족하는 수단이며 사람은 매개체 즉, 미디어가 전달하는 의미를 판단하고 비판하며 선별적으로 수용하게 된다. 미디어이론에서 대립되는 두 입장은 미디어 역사 초기에 중요한 연구 주제와 분야 중에 하나였다. 미디어 연구 초기에는 매체결정론이 절대적이었다. 히틀러와 나치 선전장관인 괴벨스의 전략에 주목하면, 나치는 매체를 활용해 독일 사람들의 사고와 판단을 지배할 수 있다고 생각했다. 이들의 바람처럼 여론은 원하는 방향으로 움직였다. 독일이 패전하기 직전까지 독일인들은 미디어에서 나오는 것처럼 자신들이 승리하고 있다고 믿었다. 나치가 의도한 대로 매체를 통해 독일 국민들에게 효과적으로 메시지가 전달되었기 때문이다.

물론 지금은 수용자가 단순하게 매체가 전달하는 의미를 무조건 수용한다고 믿지는 않는다. 하지만 매체는 사람들의 사고와 인식에 큰 영향을 끼치고 있는 것도 부인할 수 없다. 우리는 매체를 도구로 활용하지만 매체에 대한 과도할 몰입이 우리의 사유능력에 부정적 영향을 끼친다는 것도 인정하고 있다. 이 부분은 이후에 다시 다룰 것이다.

히틀러의 사례를 연구하며 학자들은 1940년대까지 매체결정론의 입장을 지지했다. 사람들은 매체가 전달하는 반복적인 내용을 사람들이 받아들인 것이 증명되었기 때문이다. 지속적으로 같은 메시지를 반복해서 전달하면 그 내용이 거짓일지라도 사람들은 매체의 메시지를 수용했다. 또한 괴벨스의 말처럼 사실과 거짓을 뒤섞으면 처음에는 의심하지만 사람들은 점차로 매체가 전달하는 의미를 믿게 되었다. 독일은 이러한 과정에서 전체주의 사회로 변했고 수많은 사람은 광기에 사로 잡혀 전쟁의 소용돌이에 휘말렸다.

히틀러의 지지율은 90%에 이르렀다. 더불어 나치는 효과적으로 사람들에게 외부의 적을 만들어 집단의 결속을 강화하는 전략을 추구했다. 유태인에 대한 증오를 부추기며 장애인, 집시 등은 독일인 즉, 아리안족의 순수성을 해치는 존재로 낙인찍었고 이들의 전략은 유효했다. 괴벨스는 "거짓말을 반복해서 하면 사람들은 쉽게 믿는다. "나에게 3초만 주면 그 사람을 살인자로 믿게 만들 수 있다."는 말을 남겼다. 이렇게 히틀러는 대중들의 지지를 바탕으로 전체주의 체제를 강화했다. 미디어가 가진 강력한 영향력을 바탕으로 국민들을 선동하고 전쟁을 독려했고, 거짓된 정보를 퍼뜨려 수천만 명의 사상자가 발생했다. 미디어는 정치적 도구가 되었고 전쟁을 수행하기 위한 효과적 장치로 활용되었다.

독재자들은 미디어를 활용해 권력을 강화했다. 대중을 통제하고 권력을 강화하는 수단으로 미디어는 효과적이었다. 쿠데타를 통해 정권을 장악한 집단은 민주주의적 정당성이 없기에 끊임없이 사회적 혼란과 정치적 갈등을 마주하게 된다. 독재자는 언제나 반대세력을 억압해야 했다. 이를 위해

▶ 나치선전장관 괴벨스

이들은 미디어에 영향력을 행사한다. 미디어를 통해 선전선동을 강화했다. 사람들이 쉽게 진실을 알지 못하도록 정보를 제한하기도 하고 자신들의 정치적 목적을 위해 매체를 이용했다. 박정희 정권은 권력에 비판적인 동아일보기자를 강제로 해직시키고, 미디어에 기업 광고를 싣지 못하게 했다. 국민들은 백지광고로 언론사에 힘을 보태고 독재정권을 규탄하기

도 했다. 1980년 전두환 정권은 쿠데타를 통해 권력을 장악한 뒤 국보위를 설치했다. 이후 언론을 통폐합했다. 체제에 비판적인 신문은 폐간되고 방송사는 강제로 합병됐다. 정권은 안기부를 활용해 미디어에 보도지침을 두었다. 정권에 비판적인 내용에 대해서 사전에 검열을 받아야 했다. 언론을 장악하는 자가 곧 권력을 쥐게 된다는 명제를 전두환 정권은 충실하게 실천했다.

▶ 민주화운동 기념 사업회와 민주언론시민연합 제공; 1985년 11월 2일 보도지침

미디어의 영향력은 다른 방향으로 활용되기도 했다. 2차 대전 중 미국의 루즈벨트는 라디오 방송으로 미국인들에게 전쟁을 승리로 이끌겠다는

노변정담을 정기적으로 진행해 사람들에게 희망을 주려했고 미국인들은 라디오 방송에 귀를 귀울였다. 이명박도 이를 차용했다. 매주 라디오를 통해 시정연설을 하기도 하고 4대강 살리기 정책 등 정권의 정책 홍보에 열을 올렸다. 권력은 이처럼 미디어의 강력한 힘을 활용해 정권의 안정과 통치의 효율성을 높이려는 노력을 지속했다.

미디어 효과이론 – 미디어는 어떻게 의미를 전달하는가

미디어 이론에 대한 활발한 연구가 시작한 것은 1940년대 후반이었다. 독일이 전쟁에서 패배한 뒤 서구의 학자들은 미디어에 대한 연구를 본격적으로 진행하기 시작했다. 이후 미디어 효과 이론은 발전을 거듭했다. 히틀러와 괴벨스의 미디어를 통한 선전선동은 역설적으로 미디어 이론의 발전에 기여를 했다고도 볼 수 있다. 매체 결정론과 기능론을 넘어서 미디어효과 이론의 초기 연구 성과를 살펴보자. 더불어 미디어가 어떻게 의미를 전달하고 사람들은 이를 수용하는지 커뮤니케이션 모델과 효과이론을 살펴볼 차례이다.

미디어의 역사적 발전과정을 살펴볼 때 매체는 사회의 변화와 발전에 중요한 기여를 한 것은 분명하다. 초기 미디어 이론의 연구자들의 관심은 아래처럼 미디어를 통해 의미가 전달되는 과정을 중요하게 여겼다. 초기 이론은 나치정권의 사례처럼 미디어의 절대적 영향력을 인정하고 있고 이를 기반으로 연구가 진행되었다. 대표적인 커뮤니케이션의 두 가지 모델이 있다.

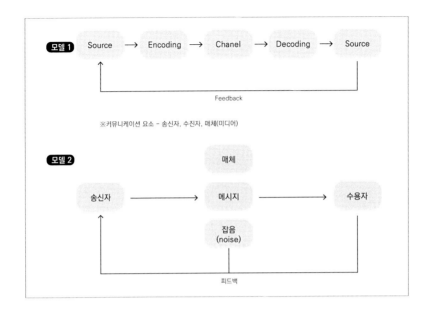

모델1을 보면 내용(source)을 수용자에게 전달하려면 우선 그것을 부호화(엔코딩, encoding)해야 한다. 의미가 경로(channel)을 통해 전달되면 해석(decoding)의 과정이 이뤄진다. 이후 수용자에 메시지가 도달하면 수용자는 그 의미에 대해서 발신자(진달자)에게 피드백(전달, 반응)하게 된다. 단순한 첫 번째 커뮤니케이션 모델이다. 그러나 항상 메시지는 그대로 전해지지 않는다. 모델2는 내용전달을 방해하는 요소를 포함시켰다. 연구가 진행되며 소통을 방해하는 이유를 잡음 즉, 노이즈에서 찾게 된 것이다. 송신자가 의도하는 내용이 수신자에게 100% 전달되지 않는 이유가 있다. 송신자가 말이라는 매개체(mediem)을 통해 수용자에게 의도를 전달할 때 예상치 못한 방해물은 항상 등장하게 된다.

친구와 내가 집중해서 기말시험에 대해 이야기를 하고 있었다. 갑작스레 옆에서 큰 소리로 한 커플의 말싸움이 벌어졌다. 대화를 지속하려 노력해도 자꾸 그쪽으로 관심이 쏠린다. 이러한 부분도 커뮤니케이션을 방해하는 요인인 것이다. 방송에서 신문에서 전달하는 메시지가 모두 의도한 대로 전달되지 않는것도 같은 이유이다. 다양한 여러 노이즈가 커뮤니케이션을 방해한다. 유무형의 모든 것이 소통을 제한하는 노이즈가 될 수 있다. 기본적 모델을 바탕으로 학자들은 어떻게 커뮤니케이션이 가능한지 이론을 통해 설명할 수 있게 되었고 소통이 제대로 되지 않는 이유와 더불어 수용자에 초점을 맞춰 커뮤니케이션 연구는 더욱 활발해졌다.

커뮤니케이션 모델은 진화하기 시작했다. 새로운 연구는 기존의 연구를 토대로 이뤄진다. 소통을 방해하는 요소인 노이즈라는 개념의 도입은 커뮤니케이션 연구가 새로운 방향으로 이뤄지고 있음을 뜻한다. 괴벨스는 미디어의 영향력은 강력하기 때문에 반복적으로 같은 내용을 주입하면 사람들은 모두 이러한 내용을 수용하고 받아들인다고 여겼다. 그러나 이러한 이론에 맞지 않는 사례들이 속속 등장했다. 우선 같은 메시지라고 하더라도 수용자는 이 의미를 다르게 받아들인다는 것을 알게 되었다. 노이즈는 문화적 차이, 지식수준, 환경적 요인 등도 모두 해당된다. 미디어는 수용자에게 강력한 효과를 전달한다 혹은 그렇지 않다는 상반된 연구결과가 나타나게 되자 연구자는 매체의 강력한 영향력에 의문을 제기한다. 미디어의 영향력이 생각보다 강력하지 않다는 결론에 도달할 수밖에 없었다. 이론이 완벽하려면 예외가 없어야 한다. 결국 매체의 영향력은 수용자가 이를 어떻게 해석하는가가 중요한 쟁점이 되기 시작한다. 1960년대에 이르러 미디어 연구는 미디어를 수용하는 사람들에게 집중되기 시작한 계기였다. 기존의 이론과 연구들이 메시지를 어떻게 하면 매체를 통해 효과적으로 전달할 수 있는지에 대한 연구, 송신자에 대한 연구였다면 1960년대 이후 미디어 연구가 수용자를 중심으로 한 방향의 전환이 이뤄지게 된 것이다. 정리하면 다음과 같다.

ㄱ) 미디어 (매체)는 대중과 국민의 인식 모두에 막대한 영향을 끼침〈강효과〉〈20세기 초반〉

ㄴ) 미디어 효과 이론-〈20세기 초반~1960년대 중반〉
　　강효과(효과가 크다) 약효과(효과가 별로 없다) 〈상반된 연구결과가 나옴〉

　　　　왜 전달하는 내용에 대한 수용의 차이가 발생할까? 모든 내용이 전달되지 않는군.
　　결국 수용자의 문화, 환경, 교육수준에 따라 달라지고 있군. 그렇다면 수용자를 연구해야겠네.

(미디어 효과이론 등장과 본격적 연구의 시작)〈1960년대 이후〉

사회과학 분야에서 미디어 연구가 활발하게 이뤄진 이유를 생각할 필요가 있다. 미디어가 가지고 있는 강력한 영향력 때문이다. 1장에서 대중사회의 형성과 관련된 여러 이론과 사례를 소개했지만 민주주의 정치체제에 기반한 대중사회는 결국 다양한 사회구성원의 합의된 의견 즉, 여론이 중요하다. 그 여론을 형성하고 사회적으로 중요한 의제를 설정하는 것이 바로 미디어의 기능이며 공론장으로서의 미디어의 역할이다. 방송과 신문 즉, 대중매체는 여론을 형성하기 때문에 대의 민주주의의 가장 기본적인 토대이다. 민주주의 사회에서 권력을 가지고 있는 사람은 여론에 민감

할 수밖에 없다. 통치의 정당성을 확보해야 하며 사회 구성원이 동의하는 정책을 집행하는 과정에서도 유권자의 지지가 있어야 한다. 권력자가 미디어를 두려워하고 미디어에 영향력을 행사하려는 가장 근본적인 이유이기도 하다. 미디어 효과 이론은 이렇게 본격적으로 연구되기 시작했다.

미디어 효과이론에 대한 연구들

강 효과 이론은 미디어가 전달하는 것을 수용자가 고스란히 수용하고 송신자의 메시지는 수신자에게 모두 전달된다는 이론으로 초기 이론을 대표한다. 탄환이론, 피하주사 이론 등이 있다. 용어자체에서도 미디어의 강력한 효과를 암시한다. 이 이론은 1940년대까지 통용되기도 했다. 오손웰스가 연출한 1938년 라디오 드라마 〈우주 전쟁〉과 관련된 일화가 있다 라디오에서 화성인들이 침공했다는 내용을 듣고 수 십 만 명의 사람들이 차를 타고 피난을 떠난 것이다. 라디오 드라마를 화성인의 침공으로 착각해 발생한 사건이다. 미디어가 주는 효과는 강력하다는 것을 대표하는 이론 중에 하나다. 약 효과 이론은 1960년대까지 논의되었다. 매체의 효과는 사람들 즉, 가정환경, 문화적 차이 등으로 따라 각각 다르게 나타난다는 것이다. 전달되는 것이 고스란히 수용자에게 강력하게 전달되는 것이 아니었다. 주로 선별적 노출이론으로 불린다. 이 이론에 따르면 사람들은 미디어를 통해 같은 내용이 전달되었다고 하더라도 교육수준 사회적 지위에 따라 그 의미를 다르게 해석한다. 결국 중요한 것은 미디어 즉, 메시지가 아니라 그것을 수용하는 사람들에게 있다는 이론이 힘을 얻기 시작했다. 아래의 다양한 이론들은 1960년대 이후 수용자에게 연구가 집중되는 시기에 나온 약 효과에 기반한 미디어 효과이론이다.

문화제국주의 이론 – 미국, 유럽 등 선진국의 문화(미디어를 통한) 받아들이고 수용함, 선진국의 내용모방(csl과학수사대, 미국의 드라마. 미국의 팝송과 문화)

침묵의 나선이론 – 사람들이 고립이 두려워 자신의 의견을 쉽게 말하지 않음, 다수의 입장으로 생각하고, 매체에 의존하게 됨.

지식격차 가설 – 사회경제적 지위가 높고, 경제적으로 부유할수록 정보를 더 빨리 취득하는 경향이 있다는 것.(시간과 여유)

배양이론 – 매스미디어가 폭력성을 부추기는가? 폭력적 게임, 폭력영화 드라마에 영향을 받는지, 연구

뉴스에서 우리가 자주 접하듯 범죄를 저지른 사람을 인터뷰할 때 영화나 게임 드라마에서 본 대로 했다는 말을 듣게 된다. 폭력적인 미디어 즉 영화나 드라마 등이 이를 부추긴다는 것은 바로 배양이론으로 설명이 가능하다. 학교에서 친구를 흉기로 찌른 아이를 미디어가 어떻게 다루는지 본 적이 있을 것이다. '게임에서 한 대로 친구를 찔렀다' 이렇게 언론에서 보도가 이뤄지면 게임이 폭력성을 부추긴다는 비판이 나오기도 한다. 사실 친구를 흉기로 찔렀다면 그 행위가 이뤄지기까지 다양한 요인이 있을 수 있지만 단편적으로 이렇게 보도되는 경향이 있다. 지식격차가설은 사회적 지위에 따른 정보의 습득의 차이를 강조한다. 사회적 지위가 높을수록 더 빠르고 많은 양의 정보를 습득하게 된다는 것이다. 이 가설은 많은 논란을 불러일으키기도 했다. 또한 사람들은 고립이 두려워 다양한 사람과 자신의 견해가 일치할 때까지 자신의 견해를 밝히지 않는다는 이유를

침묵의 나선이론으로 설명했다. 선거와 같은 의사결정이 필요한 상황에서 왜 자신의 의견을 제시하지 않고 침묵하는 사람이 늘어나는지를 설명할 수 있는 이론이기도 하다.

미디어를 우리는 어떻게 수용하고 발전시킬 것인가

미디어이론과 관련된 역사적 발전과정, 연구 성과를 시대와 관련해 그 의미와 맥락을 간략하게 살펴보았다. 이론은 항상 시대적 상황을 함께 이해해야 정확한 의미를 파악하고 현실을 좀 더 유용하게 설명할 수 있게 된다. 미디어이론의 연구초기와 다르게 그 영향력의 정도에 따른 차이가 있다는 것 뿐 미디어는 언제나 사람의 사고와 의식에 큰 영향력을 친다는 것은 부인할 수 없는 사실이다. 공중파에서 다루고 소개하는 내용은 그 자체로 권위를 가지고 있지 않은가. 신문과 방송은 이제 레거시(legacy) 미디어로 불리지만 뉴 미디어나 유튜브에 공신력을 댈 바는 아니다. KBS 9시 뉴스의 시청률이 아직도 10프로 이상을 유지하고 있다는 것을 볼 때도 그렇다. 단순수치만 봐도 천 만명 이상의 사람이 한 번에 방송이 전달하는 내용에 노출된다는 의미이기 때문이다. 현재는 다양한 매체가 공존하고 있는 시대다. 하지만 소셜미디어나 인터넷 포탈 등의 뉴미디어의 쌍 방향 소통 등 다양한 소통의 가능성이 늘어나기는 했지만 인터넷의 수많은 검증되지 않은 정보가 공신력 있는 언론의 역할을 대신하기에는 무리다. 이들은 보완적 역할에 그친다. 또한 공론의 장을 마련하는 부분에서도 레거시 미디어의 책임이 더 크다.

사람들에게 막강한 영향력을 행사하는 미디어가 설정하는 의제가 공정한지. 다양한 사회구성원의 복잡한 이해관계를 공공성을 바탕으로 공정하게 다루고 있는지에 대한 논의는 다른 차원으로 접근해야 할 부분이다. 미디어에 대한 이론을 살펴본 이유는 다음 강에서 다루게 될 여론조작과 사실과 진실의 구별 그리고 언론이 진실을 쉽게 보도하지 못하는 이유를 알기 위한 이론적 토대를 마련하기 위한 작업이기도 했다. 언론이 제대로 된 역할을 하지 못하면 그 사회는 건강함을 잃는다. 미디어는 사회적으로 시급한 문제와 관련해 다양한 의제(agenad)를 설정하고 공론장을 만들어야 한다. 특정한 정치집단의 목적을 위해 거짓된 여론을 조성하거나 자신들의 이익과 이해관계를 위한 편파적 보도를 반복하면 우리는 언론에 대한 신뢰를 갖기 어렵다. 언론 스스로 엄격한 기준을 가져야 한다.

　　언론은 주권자인 국민을 대신해 권력을 감시하는 역할을 부여받았고 이러한 의무와 책임에서도 자유롭지 않다. 권력은 언제나 부패할 수 있기에 견제 받아야 한다. 나치정권에 부역한 언론인에게 프랑스 사회는 엄격한 처벌을 가했다. 언론의 영향력에 대한 책임을 요구한 것이다. 그렇다면 우리 사회는 언론의 과거의 잘못에 대해 어떤 처벌을 가했는가. 언론은 제대로 된 역할을 해왔는가. 스스로의 잘못을 반성한 적이 있었던가. 언론들은 기회주의적으로 자신들의 잘못에 다른 잣대를 들이대며 스스로 과거의 잘못을 포장하기 바빴다. 일부 언론은 독재를 찬양했으며 사주와 특정정치 집단의 이익을 모두의 이익으로 포장하기도 했고 여론을 선동하기도 했다. 여전히 그들은 건재하다. 언론이 진실을 드러내지 못하고 자신의 과오를 반성하지 못하면 민주주의는 위기를 맞는다. 사실과 진실을 구별하고 언론이 추구하는 실체적 진실에 도달하기 위해서 미디어를 비판적인 시각으로 바라보는 자세와 태도가 필요하다. 이와 관련된 사회적 쟁점과 사건 등을 알아보자. 이론은 이렇게 현실과 연결된다.

여론조작과
미디어의 진실

#진실을 오직 진실만을

한국사회에서 판사 검사 그리고 변호사를 배출하는 가장 많이 배출하는 고등학교는 어디일까? 언론이 대신 답을 찾아주었다. 자료1에서 사실(팩트)을 확인해 볼 수 있다. 별것 아닌 기사처럼 보여도 이 내용은 언론과 관련해 중요한 함의를 드러내고 있다. 사실을 바탕으로 그것을 해석하는 입장이 무엇인지에 따라 보도 내용이 다르기 때문이다. 미디어가 자사의 이념 즉, 이데올로기를 바탕으로 현상을 보도하고 있다는 것을 확인할 수 있다. 언론이 현상을 판단하고 해석해 보도한 내용을 우리는 접한다. 무의식적으로 자신이 선호하거나 자주 접하는 언론의 해석은 내 사고와 판단에 영향일 미치고 있다. 언론이 사실만을 보도한다는 명제는 이미 설득력이 없다. 우리는 언론의 이데올로기에 포섭된 채 현상을 본다. 사람들은 무의식적으로 언론 보도가 자신의 판단과 일치한다고 여기거나 혹은 자신의 판단에 도움이 된다면 그 내용을 받아들이고 이 과정에서 사고의 편향성은 강화된다. 이를 확증편향이라고 부른다. 사람들은 자신들이 원하는 것 보고 싶은 것만 보는 것이다. 미디어 효과이론을 통해 우리는 그 내용을 확인하기도 했다.

이념은 현상을 보는 이해의 틀이며 보수와 진보 그리고 중도라고 불리는 이데올로기로 부를 수도 있다. 만약 언론이 특정한 이념에 치우쳐 선동과 의도적 왜곡보도를 한다면 이를 제지할 수 있어야 한다. 민주주의에 기반이 되는 여론형성에 악영향을 끼치기 때문이다. 우리 사회는 제도적 장치를 마련하고 언론보도가 문제가 있다면 법률을 통해 제제를 가한다. 또한 공동체와 시민단체 도 보도내용에 대한 감시를 하고 있다. 방송은 공공성의 성격이 신문에 비해 강하기에 제제를 더 많이 받는다. 하지만 신문은 사기업이기 때문에 이념적 편향이 도드라질 수밖에 없다. 이제

▶ 〈자료1〉 현상에 대한 상반된 입장을 드러내는 신문기사 - 법조인을 어느 학교가 많이 배출했는가라는 사실을 두고 한겨레는 특정한 학교가 많은 합격자수를 배출해 동질성의 문제를 가져온다고 보았다. 반면 중앙은 인원수를 주로 보도했다.

는 고유명사화 된 조중동이라는 말이 있다. 즉, 조선, 중앙 동아일보는 보수라고 불리는 이념을 추종해 기사를 작성한다. 반면 한겨레와 경향은 우리 사회에서 주로 진보적인 매체라고 통용된다.

신문의 이념 지형		
진보(한겨레,경향,오마이뉴스)	중도(한국일보?)	보수(조중동)

▶ 〈자료2〉 보수와 진보 – 정치적 입장에 따른 현상보도

사실 즉, 팩트(fact)라는 개념어, 용어는 이제 일상에서도 많이 사용된다. 그러나 진실(truth)이라는 어휘와 개념은 좀 낯설지도 모르겠다. 언론보도와 관련해 팩트보다 더 중요한 개념은 미디어와 관련해 '진실'이 되어야 한다. 우선 이 둘의 차이를 구분할 필요가 있다. 자료에서 팩트는 법조인의 수이다. 두 미디어의 보도에서 팩트는 다르지 않다. 단순한 사실보도에 이데올로기는 개입될 필요가 없고 개입할 수도 없다. 보도가 사실을 왜곡한다는 것은 언론의 신뢰 문제를 가져오기에 조사한 자료의 수치와 조작은 허용될 수 없는 것이다. 그러나 이 숫자가 무엇을 의미하는지는 보도자에 따라서 즉, 언론이 현실을 바라보는 이데올로기에 따라서 달라진다.

진보적 입장을 표방하는 한겨레의 보도는 특정학교 출신의 법조인 배출이 늘어나는 것을 우려하고 있다. 특정한 학교의 배출인원수가 많아지면 그들만의 카르텔이 형성되며 법조 인력 배출의 다양성을 막는 요인이 된다고 보고 있다. 또한 현재 법조인 선발방식의 대안 혹은 보완이 필요하다는 의미도 내포한다. 진보는 현재의 질서에 대한 변화를 추구한다.

즉, 기존의 사회질서와 제도는 기득권을 위해 유리하기에 개선이 필요하다는 것이다. 그러나 중앙일보는 동일한 사실을 다르게 해석해 보도한다. 특정학교가 법조인을 배출하는 것에 대한 문제의식은 보이지 않는다. 특정학교의 법조인 배출인원에 중점을 두는 보도가 전부이다. 중앙일보는 보수일간지로 불린다. 사회제도와 질서의 변화는 사람들에게 혼란만을 불러오기 때문이다. 특정학교가 많은 법조인을 배출하는 것이 왜 문제가 되는가. 기존의 선발방식은 문제가 없다는 입장이다.

중앙일보가 추구하는 이념에서 현재의 질서가 정당하다 해도 무리는 아니다. 고상하게 말하자면 기존의 전통과 질서가 유지되는 것이 나은 것이다. 따라서 법조인을 배출하는 학교의 숫자에만 관심을 보이게 된다. 이 둘의 해석의 차이를 살펴보았지만 사실 보수와 진보의 개념은 절대적인 것은 아니다. 상대적으로 봐야 한다. 정치와 정당으로 보수와 진보의 의미로 확장하면 한국 정당에서 국민의 힘은 보수로 불린다. 또한 국민의 힘을 보수이념을 추구하는 정당으로 보는 것은 미디어가 자신의 기준으로 정당의 이념과 정책을 판단하고 해석해 보도하는 부분도 영향을 미쳤다. 하지만 국민이 힘은 사실 다른 나라 특히 서구 언론에서 볼 때 보수보다는 극우정당에 더 가깝게 보이기도 한다.

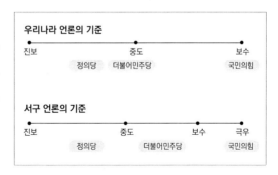

극우는 극단적 보수주의나 국수주의로 볼 수 있는데 정당이 어떤 이념을 추구하는가에 따라서 다양한 정치 경제적 정책이 실현된다. 국민의 힘이 추구하는 정책을 보면 경제적 영역에서는 국가의 시장 개입을 최소화하려 하고 정치적 측면에서는 법과 질서를 강조하는 보수적인 통치체제를 강조하는 경향이 있다. 국민의 힘은 효율성을 위한 공기업 민영화 최저임금제 및 주당 근로시간에 대한 유연한 입장을 추구한다. 또한 포괄적 차별 금지 정책 등에 대한 불분명한 태도를 표명하기도 했다. 물론 이런 이념과 정책이 극우적 태도에는 해당하는 것은 아니다. 다만 국민의 힘이 은연중에 시민사회에 대해 갖는 태도나 집회와 시위 및 시민참여에 대한 모습에서 극우적인 색채가 드러난다.

특히 국수주의적인 태극기 부대를 선거에 활용하거나 국민의 힘으로 정당명을 바꾸기 전 이명박 박근혜 정부 집권 시기 이 정치 집단은 집회의 자유를 제한하거나 국가기관을 동원해 민간인을 사찰하고 간첩을 조작해 처벌을 받기도 했다. 여기에 교과서를 국정화하려 하는 등 극우주의에 가까웠다. 이런 사회모습은 서구에서 보기에 극우적 입장에 부합한다. 국민의 힘의 윤석열 당선인 역시 대통령이 되면 민간주도 성장을 이뤄나가겠다고 했으며 국가의 시장개입을 줄이겠다고 공약하기도 했다. 경영합리와 고용유연성을 강화한다는 입장도 밝혔다. 즉, 해고를 쉽게 하겠으며 여성에 대한 구조적 차별은 없기에 여성 가족부도 해체하겠다고 했다. 시민사회와 노동계가 우려할 수밖에 없는 상황이다.

한편 정부의 정책을 보는 시각에서도 보수와 진보는 달라질 수 있다.

남녀평등을 추구해야 하고 소수자의 권익을 보호해야 한다는 입장을 견해를 가지고 있는 사람이라도 외국인 노동자의 입국을 제한해야 한다고 주장하는 하기도 한다. 국방과 관련해 상당히 보수적인 입장을 지지하는 견해를 가지고 있지만 차별금지를 폐지하고 다문화정책을 옹호하는 진보적인 정책과 입장을 지지하는 것도 가능하다. 정당도 마찬가지다. 국민의 힘이 여성의 표를 의식해서 진보적 입장과 정책으로 노선을 변경할 수도 있다. 정리하자면 진보적인 입장에서는 평등과 분배를 강조하고 구성원 간의 차별을 지양하는 원칙을 추구한다. 반면 보수의 이념에 따른 보도는 사회의 질서의 유지와 사회 구조와 기능적 측면에서 질서 유지와 안정을 강조한다. 경제적 측면에서도 능력에 따른 차별에 관대하고 이를 수용해야 한다는 입장에 대해서는 보수가 진보적 측면보다 너그러운 편이다.

언론이 보도하는 사실과 진실

언론의 이념에 따라 사실을 해석해 가치를 개입시켜 보도할 수 있음을 인정했다면 이제 진실의 의미에 대해서 고민해야 한다. 보도의 내용, 사실에 대한 해석이 다르다면 우리는 중요한 문제에 직면할 수 있다. 현상에 대해서 상대적이고 다양한 입장과 해석이 존재한다면 옳은 판단은 무엇인가. 진실은 어떻게 도달할 수 있는가의 문제일 것이다. 진리가 진실과 대응한다고 하면 언론보도의 문제는 진실의 문제 즉, 신뢰의 문제와 관련이 있다. 언론이 우리에게 무엇인가를 보도한다는 것은 사회구성원에게 중요한 의미를 담고 있다고 판단했기 때문이다. 그러나 현상에 대한 상반되는 보도와 해석이 빈번하면 혼란이 발생하고 보도자체를 믿을 수 없는 상황에 빠지게 된다.

지금은 다양하고 빠른 소식들이 실시간 SNS를 통해 전달되는 시대다. SNS가 이미 언론의 역할을 대신하고 있다는 소리도 나온다. 언론도 스스로 변화를 생각해야 할 때이기도 하다. 언론이 다루는 사실과 진실의 문제와 관련해 살펴볼 영화가 있다. 〈베테랑, 2015〉은 사회적 문제를 소재로 다뤄 흥행에 성공했다. 재벌기업과 그 후계자가 무소불위의 권력을 행사하며 특정한 사람에게 '갑질'을 한 사건을 배경으로 한다. 사회적 논란이 된 매 값 맞기는 많은 사람들의 공분을 샀다. "어이가 없는" 재벌의 행태는 조폭과 유사한 모습으로 비춰졌다. 회사를 조폭처럼 운영하는 후진적 기업문화, 물질만능의 가치관도 뒤따라 나온다. 우리 사회에 재벌의 어두운 그림자가 어른거린다. 2000년대 중반 한화그룹 회장의 폭행사건도 미디어를 통해 알려졌다. 이 사건의 배경을 통해 우리는 사실과 진실 그리고 언론의 실체적 진실에 대응하는 진리에 대한 의미에 대해서 좀 더 자세하게 이해 할 수 있다. 사건과 관련된 사회적 논란은 재벌회장의 아들이 술집 폭행시비에 휘말렸다는 사건에서 출발한다 이 부분을 사실로 볼 수 있을 것이다. 재벌회장의 아들이 술집에서 폭행시비에 휘말렸다는 것은 언론이 기사로 다룰 만한 사건이다. 그러나 그 내용을 한 꺼풀 벗겨 보면 또 다른 의미가 나온다. 재벌회장과 아들이 자신의 경호원을 고용해 피해자를 사적으로 보복 폭행한 사건이 있었기 때문이다.

알려진 사실은 재벌회장 아들의 폭행 사건이었다. 언론의 보도 역시 여기까지였다. 그러나 미디어와 경찰은 피해자의 억울함을 들어주지 않았다. 그 이후 사건은 커지기 시작하면서 재벌회장 폭행사건의 전말이 드러나게 된다. 사건의 이면에는 재벌이 힘과 권력을 이용한 사적 보복 폭행이 숨겨져 있었다. 재벌회장은 경호원을 데리고 사건 당사자를 공사장으로 끌고가 폭행했고 이후에 내용이 알려지게 된다. 이 사건에서 우리가 알아야 할 진실은 무엇인가. 진실은 사건의 맥락과 의미 그리고 심층 구조를 포함하고 있는 본질까지 담아내야 한다. 저널리즘에서 기자가 끝까지 다루고자 하는 것. 그것이 진실이다. 그러나 이러한 실체적 진실까지는 쉽게 보도가 되지 못하며 대중들은 이에 도달하기가 쉽지 않다. 미디어를 통해 현상을 알고 있는 우리들이 처음부터 이러한 사건의 숨겨진 의미까지 이해할 수는 없다.

수없이 발생하는 사건 중 언론에 보도되는 것은 일부에 불과하며 그 일부의 사건에서 진실까지 도달하는 것은 더 어려운 일이다. 재벌그룹 회장은 자신의 폭행 사실을 숨기고 다양한 방법으로 이 사건이 알려지지 않도록 영향력을 행사했다. 이 사건뿐만이 아니다. 수많은 사건에서 우리는 진실에 도달하지 못하는지도 모른다. 재벌회장 폭행사건보다 더 복잡한 사회적, 정치적 이해관계가 얽혀 있는 사건이라면 우리가 그 진실에 도달하는 것이 얼마나 어려운 일인지 알 수 있을 것이다. 언론의 기능과 역할은 실체적 진실을 드러내는데 있다. 그것이 언론의 의무이고 역할이다. 누구의 눈치도 보지 않고 진실 즉, 진리를 드러내는 것이 가장 중요한 언론의 사명이다. 언론 없는 정부와 정부 없는 언론을 선택해야 한다면 후

자를 선택한다는 미국 대통령 토마스 제퍼슨의 말처럼 언론의 자유는 민주주의 사회에서 끝까지 지켜야 하는 가치다. 언론의 보도의 가치개입을 인정한다는 전제에서 결국 언론이 추구하는 진실은 어떤 외압에도 공공의 이익과 더불어 약자를 보호하고 부당한 권력에 대한 감시에 충실해야 한다는 원칙과 관련될 수밖에 없다.

사실: 겉으로 드러난 것

진실(실체적 진실): 사실과 사건을 일으킨 사건의 심층구조 본질

언론매체에서 일하는 사람들을 우리는 '기자'라고 부른다. 기자의 권위는 과거에 비해 추락했다. '기레기'라는 비하의 의미가 쓰이기도 한다. 저널리즘에 충실해 기자로서의 신념과 원칙을 지키고 진실을 알리는 것이 아니라 조직의 이익 그리고 이권을 위해 정보원을 협박하고 거래

▶ 신문기자(2019): 아베 총리와 부인이 연루된 학교 인허가 비리 문제를 다뤘다. 실제 사건을 모티브로 했으며 심은경이 주연을 맡았다. 정부는 댓글 부대를 동원하고 민간인을 사찰하며 공문서를 조작하는 등의 불법행위를 자행했다. 언론은 이러한 문제 상황을 파악하고 진실을 알리려 한다.

를 일삼는 사람으로 묘사되기도 한다. 물론 이러한 인식에는 일부 기자들의 책임도 있다. 하지만 진실을 드러내기 위해 원칙과 신념을 가지고 활동하는 많은 저널리스트의 헌신과 희생을 무시할 수는 없다. 언론사도 조직이기 때문에 구조적인 문제로 진실을 제대로 드러내지 못하는 경우도 많다. 수많은 정보를 수집하고 그중 실체적 진실을 찾아 다루려는 노력도 '게이트 키핑'으로 인해 보도가 제한 될 수도 있다.

게이트 키핑 – 진실보도의 어려움

미디어는 현대사회에서 입법, 행정, 사법부와 더불어 권력의 제4부로 꼽힌다. 미디어가 여론을 독점했던 과거에 비해서 영향력이 감소한 것은 사실이다. 특히 1인 미디어는 올드 미디어인 공중파, 신문, 라디오의 일방적 소통에 비해 장점이 크다. 대중들은 수용자의 주체성과 능동성을 강조하는 형태의 미디어에 대한 관심을 많이 보이고 있다. 하지만 공중파 뉴스의 영향력과 파급력 그리고 권위를 대안의 미디어에서 찾는 것은 무리다. 기존 언론은 아직도 그 권력을 내려놓지 않았다. 미디어는 프레임을 만들고 여론을 형성할 수 있다. 언론이 만드는 프레임은 2장의 3강 신화론에서 다룬 것처럼 지배 이데올로기의 허울을 벗겨내고 공적인 의제를 설정한다. 이 과정에서 사회 문제는 공론화 되는 것이다. 권력에 대한 감시 역시 필연적이다. 공론화는 무의식에 숨겨진 즉, 사회에 겉으로 드러나지 않는 사회적 문제를 수면위로 끌어 올리는 작업이다. 노동의 문제, 계층양극화, 조직적 비리, 사회제도의 문제 등 우리 사회는 아직도 해결해야 할 문제가 많다. 여기저기서 소리치는 양들의 침묵을 멈추게 하기 위해서라도 사회적 공론화 작업은 꼭 필요하다.

1994년 민주당의 빌 클린턴 대통령의 재선은 프레임 이론의 효과로 볼 수 있다. 재선에 불리한 상황에 처해있단 클린턴은 일시에 경제문제로 프레임을 돌린다. '바보야 문제는 경제야'라는 말은 상황을 뒤엎었다. 언론을 통해 이 프레임은 확산되었고 그는 재선에 성공했다 .이명박은 언론을 활용해 성공적으로 프레임을 자신의 것으로 만들었다. 대통령 당선 일등 공신은 그에게 언론이 만들어준 '경제대통령'이라는 용어다. 국밥을 말아먹고 '경제를 살린다'는 구호는 그 어떤 공약보다 효과적인 선거 전략이었고 당선에 유리하게 작용했다. 집값을 올리고, 뉴타운을 만들며, 747이라는 실체 없는 공약도 힘을 발휘했다. 그 모든 것이 경제를 살린다는 것과 관련이 있었다. 어쨌거나 그는 이 프레임을 선점해 경제대통령이 되었고 그 이후 우리는 엄청난 대가를 치렀다.

어떤 프레임을 통해 여론을 만들 것인가를 결정하는 것은 조직의 최상층에서 결정한다. 이들의 의사결정 과정에서 걸러지고 선별된 것만 미디어를 통해 우리에게 전달된다. 게이트 키핑이란 이렇게 선별된 중요한 사안과 사실이다. 그 뉴스가 우리에게 전달되는 것이다. 언론보도는 보도자 그리고 이러한 프레임을 만드는 사람들의 의견이 종합적으로 얽혀 있다. 따라서 진실보도가 어려운 것은 당연하다. 1980년대 군사독재 시절에는 각 언론사에 중앙정보부 즉, 안기부의 요원들이 찾아와 정부에 비판적인 기사를 빼고 사전에 이를 검열해 기사와 방송을 내보냈다. 게이트 키핑은 강화되고 더욱 선별된 정보만이 보도되었다. 그 기준은 정권에 도움이 되는가. 그리고 정권에 대한 부정적 여론을 형성하지는 않는가 였다. 지금은 정치적 언론통제는 거의 불가능하지만 진실에 대한 여과 장치는 훨씬 교묘하게 작동한다. 재벌의 언론통제 즉, 광고와 기사를 맞바꾸는 암묵적 통제장치는 파악하기가 더 어렵다.

여론조작 – 만들어진 진실/manufactured consent

사실에 대한 의미와 해석이 다르기에 보도의 내용이 달라질 수 있다. 미디어가 현대 대중사회에서 중요한 이유도 바로 여론을 반영하기 때문이다. 언론이 공론의 장으로서 공적 여론형성에 중요한 역할을 하기 때문에 이들이 제 역할을 하지 못하면 공적으로 중요한 문제는 다루지 못하게 될 가능성이 크다. 또한 의미 없는 내용이 정치적인 목적으로 과장될 수 있다. 비판적 시각으로 미디어를 바라본 언어와 미디어를 다루는 학자인 촘스키는 언론의 진실보도의 한계를 짚었다. 여론조작(manufactured consent)은 언론을 통해 전달되는 사건들이 최소한 다섯 단계의 필터링을 거친다고 설명한다. 민감하고 특정한 사람들에게 불편함을 줄 수 있는 내용은 그리고 진실은 다음과 같은 단계에서 다양한 이유로 걸러지게 된다.

• 언론을 소유한 거대기업 수익성과 정치적인 판단

• 광고주의 이익

- 정부기관의 정보제공뉴스

- 불매운동을 통한 뉴스의 제한

- 시장논리라는 이데올로기

우리가 보고 있는 뉴스는 결국 절반의 진실만을 다루고 있을지도 모른다. 현대사회에서 여론조작은 더욱 교묘하게 이뤄지고 있다. 특히 거대자본은 자신들과 이해관계가 걸려있는 부분에서 정치적 권력보다 더 큰 영향력을 행사한다. 이들은 비판의 대상이기도 하지만 미디어에게는 중요한 광고주이다. 이들에게 불리하고 불편한 진실은 쉽게 드러나지 않는다. 진실에 접근하기 위해서는 용기와 신념 그리고 실천이 필요한 것이다. 두 번의 보수라고 불리는 정부 이후 공중파는 사회적 현상의 진실을 드러내지 못한다는 논란에 휩싸였다. 또한 종합편성채널 즉, 종편의 편향성에 대한 논란도 이어지고 있다. 당시 이들 뉴스프로그램은 정치적으로 민감한 사안은 거의 다루지 않으며 흥미와 자극 위주의 사건들을 다루는데 이를 뉴스의 연성화라고 부른다. 뉴스가 공론의 장을 형성하지 못하고 신변잡기와 생활정보를 전달한다는 비판까지 받기도 했다. 이 시기에 언론의

▶ MBC뉴스 화면

자유 정도가 크게 추락하고 있음을 드
러내는 지표도 눈에 띈다.

미디어에 대한 이러한 비판과 문제
제기는 미디어가 사회적으로 중요한
역할을 담당하고 있다는 반증이다. 여
론이 제 기능을 하지 못하면 현대사회
의 문제점은 제대로 드러날 수 없다.
의사가 사람을 치료하는 사람이라면,
언론은 사회의 환부를 드러내고 의사
이다. 권력을 비판하고 견제하며 감시
하는 역할이다. 견제 받지 않는 권력은
반드시 부패하기 마련이다. 또한 미디

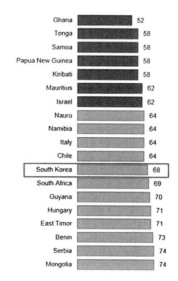

Ghana	52
Tonga	58
Samoa	58
Papua New Guinea	58
Kiribati	58
Mauritius	62
Israel	62
Nauru	64
Namibia	64
Italy	64
Chile	64
South Korea	68
South Africa	69
Guyana	70
Hungary	71
East Timor	71
Benin	73
Serbia	74
Mongolia	74

▶ 언론자유 지수/ 프리덤 하우스 2014년 보수정부
집권시기에 우리나라 순위는 하위권으로 밀려났다.

어는 다양한 사회구성원의 의견인 여론을 형성해 이들이 자유롭게 토론
할 수 있는 공론장으로서의 역할을 더욱 강화해야 한다.

진실은 무엇인가 – 결코 도달할 수 없는 것인가

진실과 관련된 흥미로운 텍스트가 있다. 〈라쇼몽, 1950〉은 인간의 본
성과 더불어 실체적 진실은 무엇이며 존재할 수 있는가에 대한 질문을
던진다. 부인을 데리고 숲속을 지나던 사무라이가 도적을 만났다. 도적
과 싸움도중에 사무라이는 죽게 되고 우연히 나무꾼이 이 광경을 지켜보
고 있다. 살인사건이 났으니 범죄에 관련된 수사는 진행되고 관련된 모두

를 조사해 보니 서로 진술이 엇갈린다. 그러나 이들이 모두 거짓말을 하는 것은 아니다. 사무라이가 죽은 것은 사실이고 도적과 결투를 벌였다는 것에 이견은 없다. 영화는 각 서술자의 시점으로 이 사건을 보여주고 관객에게 판단을 구한다. 여기에 함정이 숨어 있다. 이들의 말은 자신에게 유리하게만 재구성된 사실이었다. 이 사건에는 모두의 이해관계가 복잡하게 얽혀 있었던 것이다. 과연 진실은 무엇인가.

▶ 라쇼몽, 1950

사건과 이해관계가 없는 사람의 증언이 마지막에 등장하고 조금씩 사건의 실체가 드러난다. 그러나 영화의 마지막에서 우리가 알게 된 것도 결국 진실이 아닐 수 있다는 것을 감독은 넌지시 흘린다. 이해관계가 없는 사람의 말이 진실에 가깝지만 그의 말도 신뢰할 수가 없다. 진실은 결국 영원히 유보된다는 것이라는 또 하나의 질문을 던지고 있는 것이다. 숲에서 싸우다 죽은 단순한 사건만을 두고도 이렇게 판단이 어려운데 복잡한 사회현상은 어떨까? 여기에는 수많은 사람의 이해관계가 얽혀 있다. 모든 이해관계를 초월해 공정하게 진실을 전달할 수 있다는 것이 과연 가능할까. 사회현상은 자연현상이 아니기 때문에 원인과 결과가 분명하지 않다. 어떤 현상(사실)을 만든 수많은 원인이 다양하게 존재하기 마련이다. 언론이 공공성을 추구해야 하지만 복잡한 현대사회에서 가치중립, 불편부당함이 한편으로는 불가능하다는 것을 인정해야 한다.

결국 특정한 상황에서 실체적 진실은 무엇인지 영원히 모를 수도 있다. 진실이 계속 미뤄진다면 진실은 끊임없이 추구해야 하는 노력이며 과정 그 자체가 될지도 모른다. 진실과 진리는 정치체제로서의 민주주의와 같은 가능성의 영역일 수 있다. 이 체제는 결코 완성될 수 없다. 다양한 이해관계로 인해서 민주주의 사회는 항상 시끄럽고 합의도 어렵다. 비용도 많이 든다. 하지만 우리는 이 정치 체제를 포기하지 않았다. 정치체제로서의 민주주의 이상의 것을 찾아내지 못했기 때문이다. 마찬가지로 우리들은 끊임없이 사회적 진실을 추구해야 할 것이다. 사회적 모순을 찾아내고 문제를 개선하며 공공선을 위해 노력해야 한다. 사회적 타협과 합의를 이뤄내는 과정은 힘든 여정이다. 결국 공론화를 위해 언론의 역할은 중요할 수밖에 없으며 언론과 민주주의는 불가분의 관계가 되는 것이다. 진실에 도달하기 위한 노력 민주주의의 지속적인 발전을 위한 노력은 모두 언론이 제 역할을 할 때 가능해진다. 3장에서는 새로운 사고와 방식으로 사회를 보려는 이론과 개념을 살펴볼 것이다.

2장 요약

1강에서는 대중사회와 대중문화의 의미에 대해서 다뤘다. 대중사회는 대중문화와 관련이 깊다. 대중매체로 전달되는 모든 문화를 대중문화로 정의할 수 있다. 대중문화론에서는 문화를 고급문화와 대중문화로 구분한다. 이 관점에서 대중문화는 고급문화와 대비되는 저급한 문화로 취급된다. 기존의 귀족주의를 계승한 형식에 충실한 문화가 아니기 때문이다. 하지만 문화주의 이론에서는 이러한 이분법적 문화구분을 지양하고 대중의 일상에서 다루는 삶의 모든 양식으로 규정했고 대중의 능동성과 주체성을 강조한다. 또한 이러한 문화이론의 개념을 바탕으로 다양한 문화콘텐츠에 대한 연구가 폭넓게 이뤄지고 있다.

대중문화와 관련해 프랑크푸르트 학파의 문화산업비판이론은 중요한 역할을 했다. 비판이론가들은 독일의 전체주의를 비판했다. 또한 독일인들이 나치정권을 무비판적으로 추종한 이유를 문화산업에서 찾았다. 대중문화가 사람들의 비판적사고와 이성을 마비시켰기 때문이라고 여긴 것이다. 그러나 이들 사상가 가운데 한명인 벤야민은 대중문화이론에서 대중의 능동성에 대한 새로운 가능성을 예견했다. 마르크스의 이론을 수용한 그는 기계기술의 발달이 더 많은 사람들에게 문화예술에 접할 기회와 가능성을 넓혀 이들의 주체성과 비판적 사고에 기여를 할 것으로 보았기 때문이다. 그의 이론을 적용하면 문화산업가들은 이익을 추구하기 위해 수많은 콘텐츠를 생산한다. 하지만 이들 중 일부만이 성공한다. 즉, 문화산업의 성공을 위해서는 대중의 자발적 선택이 필수인 것이다. 대중문화영역은 이렇게 의미를 생산하고 그것을 수용하는 사람이 역동적으로 만나는 의미실천의 장이 된다.

2강은 문화적 자본의 개념을 파악하는 것을 목표로 했다. 취향과 취미는 결국 사회구조적으로 형성된다는 부르디외의 논의는 우리가 사회와 개인을 보는 관점을 확장하는데 기여하고 있다. 아비투스는 특정한 계층에서 만들어지는 무의식적인 습관, 행동양식, 취미 등을 포괄하는 개인의 사고 그리고 행동의 모든 것이다. 이 과정을 통해 개인은 자신의 집단의 동질성을 강화하게 되고 타집단과 자신의 집단을 구별한다. 또한 개인은 무조건 사회구조에 영향을 받는 것은 아니다. 사회구조와 개인은 서로 영향을 주고 받는다. 그의 이러한 문화적 취향과 문화자본에 대한 연구는 불평등의 문제로 나아간다. 상위계급은 자신의 지배를 정당화한다. 또한 학교와 제도교육은 이러한 계층별 차이를 더욱 공고화하는 형태로 이뤄져 있다. 학교 교육은 계층이동을 위한 수단이 아니라 계급의 차이를 공고화 하고 자신의 계급의 질서를 수용하도록 만든다.소비와 관련해서도 사회와 기업은 이러한 차별과 차이 구별짓기를 통해 차이를 부추기고 더 많은 이윤을 창출하고 있다. 진실을 찾으려는 노력이 어느 때보다 필요하다. 하지만 그 진실은 받아들이기 어려울지도 모르지만 부르디외는 지식인의 임무가 진실을 드러내는 것이라고 강조했다.

3강은 언어와 신화를 통해 소비사회의 본질을 파악하려 했다. 구조주의는 언어와 관련이 깊다. 우리가 사용하는 언어와 신화에서 공통된 요소가 있다고 여긴다. 언어는 단순하게 소통의 도구로 한정되지 않는 것이다. 바르트의 분석은 언어라는 기호가 기표와 기의로 이뤄졌다는 것에서 출발한다. 기존의 이론에서 언어를 보는 관점과 큰 차이는 없다. 기표는 사람들 사이의 약속이며, 기의는 그것이 담고 있는 의미이다. 이 둘 사이에는 아무런 관련성도 없다. 하지만 이 둘이 합쳐져 기호가 된다. 이러한 언어의 구조는 대중문화를 통해 전달되는 모든 의미를 분석하는 데 적용될 수 있다. 대중문화에 등장하는 다양한 의미들은 언어와 유사하게 서로 연결되어 기호를 만들어 우리의 사고에 영향을 끼친다. 와인은 대기업의 임원, 사회적 상류층이라는 지위, 품위와 품격이라는 기호를 만들어 낸다. 하지만 와인은 서구에서 일상적인 술에 불과하다. 와인이 만들어낸 이러한 기호는 특정한 집단이 의도적으로 만든 신화에 불과한 것이다. 바르트는 자본주의 사회에서 부르주아는 소비사회를 활성화시키고 자신들의 지위를 유지하기 위해 신화를 형성해 만들어 낸다고 주장했다. 이러한 구조에 숨겨진 이데올로기를 폭로하고 비판하는 자세를 멈추지 말아야 한다. 자본주의 사회의 숨겨진 질서를 현대사회의 신화라고 그는 개념화 했다.

4강. 커뮤니케이션 이론

커뮤니케이션이론은 20세기 초반에 처음 만들어진 사회과학 분야의 이론이다. 또한 대중사회에서 중요한 역할을 담당 한다. 이 이론은 미디어를 통해 이뤄지는 소통이라는 모든 것을 포괄해 다룬다. 커뮤니케이션에서 미디어는 중요한 연구대상이기 때문에 미디어가 사회변화에 어떤 영향을 끼친 것인가를 쟁점으로 역사적 측면에서 의미를 살펴볼 필요가 있다. 기본적인 음성언어에서 문자언어가 발달했고 근대의 구텐베르크의 인쇄술 등의 발전과정을 볼 때 미디어는 사회발전에 큰 영향을 끼쳤다. 20세기 대중매체즉, 라디오, TV, 영화 등 대중매체가 만들어졌고 21세기 뉴미디어로 이어진다. 커뮤니케이션 이론의 발달은 나치 정권 즉, 히틀러와 괴벨스의 선전선동 정책과 관련이 깊다. 괴벨스는 히틀러의 일상을 라디오를 통해 독일 국민들에게 알리고 전쟁의 승리에 대해서 끊임없이 확신하는 내용을 전달했다. 전쟁이후 이러한 상황에 대한 연구가 진행된다. 독일의 상황처럼 초창기 미디어 이론 연구자들은 매체의 영향력이 절대적이라고 여겼다. 그러나 연구가 진행됨으로서 모든 내용이 수용자에게 전달되지 않는 상황을 파악하게 된다. 이후 수용자에 대한 연구를 진행되었다. 이후 커뮤니케이션 모델을 바탕으로 미디어 효과에 대한 다양한 이론이 등장한다. 강효과와 약효과를 거쳐 결국 미디어가 제한적이기는 하지만 우리의 사고와 인식에 영향을 끼친다는 것에 의문을 제기할 수는 없는 것이다. 이러한 미디어 효과이론을 바탕으로 미디어의 사회적 역할과 관련된 사회현상의 의미로 이해를 넓혀야 한다.

5강. 여론조작과 미디어의 진실

하나의 사회현상은 미디어의 보도에 따라서 다른 해석과 의미로 수용자에게 전달된다. 특정 학교의 법조인 배출 수를 놓고 진보의 이념으로 해석하는 미디어는 이러한 질서가 문제가 있다고 보도할 것이다. 그러나 상대적으로 보수 즉, 주어진 질서가 정당하다는 입장에서는 특정학교가 많은 법조인을 배출하는 부분에 대해서 크게 문제를 제기하지 않는다. 언론보도에는 이렇게 이념 즉, 이데올로기가 개입되어 있고 이를 통한 해석을 바탕으로 사회현상의 의미가 전달된다. 이러한 의미로 볼 때, 언론은 단순한 사실을 보도하는 역할을 하는 것이 아니라 사건의 본질과 심층구조인 진실을 전달해야한다. 또한 그 진실은 공익적 성격에 부합하고 공론의 형성과정에 맞아야 할 것이다.

이를 통한 해석과 진실보도를 우리는 언론에게 요구하고 있다. 그러나 〈여론조작〉은 진실보도가 쉽지 않음을 보여준다. 게이트 키핑 즉, 언론사가 특정한 사안을 선택하고 제외하는 기능 때문이 하나이 이유이며 자본 권력, 정치권력 등의 개입이 끊임없이 일어나기 때문이다. 기존에는 자본권력이 진실을 보도하기 어려운 환경을 만들어냈다면 우리나라의 상황은 좀 다르다. 보수정부가 들어서고 정치적 이유로 특정한 정치세력에게 불리한 보도가 불가능한 언론사의 제도화 환경자체가 만들어졌다. 라쇼몽의 사례에서 보듯. 진실은 상대적일수도 있고 수많은 사람의 이해관계가 걸려있는 복잡한 사회현상에서 이를 찾는 것은 쉽지 않다. 다만 이를 위한 노력은 필요하다. 이 과정은 민주주의의 발전과정과도 이와 유사하다. 민주주의는 결코 완성된 것이 아니라 완성을 향해 노력해 나가야 한다는 의미를 담고 있기 때문이다.

3장
다른 방식으로
사고하라

역사는 무엇인가?
역사의 진실을 찾아서

#역사교과서를 국정화 한다고?

2016년 박근혜 정부는 역사교과서 국정화를 선언했다. 학생들은 국가가 만들고 인정한 역사교과서로만 역사를 배워야 하는 것이다. 정책이 사회적 논란을 불러오는 것은 너무나 당연했다. 정부는 시민사회단체나 학계의 반대 의견을 무시하고 '올바른' 역사관이 필요하다는 논리를 폈다. 이 시대착오적인 사태에는 역사를 둘러싼 중요한 쟁점이 숨겨져 있다. 역사는 단순하게 과거에 일어난 사실이 아니다. 역사는 역사 규정 주체의 문제, 역사관, 이데올로기, 해석의 다양성 등을 포괄하는 정치적 투쟁의 영역이다. 국정교과서 논란을 이해하기 위해서 역사에 대한 정의에서 출발해야 한다. 역사는 과거 사실에 불과한가. 올바른 역사라는 것을 과연 규정할 수 있는가라는 질문이 따라 나올 수밖에 없다.

정부가 국정교과서를 만들며 내세운 논리는 올바른 역사를 가르치겠다는 의지의 표명이었다. 그렇다면 다수의 학생들이 배우고 있는 교과서는 올바르지 않은 교과서가 된다. 학생들은 검정체제에서 만들어진 교과서로 역사를 배웠기에 역사를 잘못 알고 있는 것일까. 이러한 의문에 대한 설득력 있는 논리와 타당한 논거가 필요하다. 하지만 정부는 국정화에 대한 설득력 있는 논거를 제시하지 못했다. 그것이 문제였다. 인문학 그리고 사회과학은 우리가 사는 시대의 문제를 다룬다. 고전은 인간이 살아가며 직면하게 되는 보편적 문제에 대해서 스스로 성찰하도록 만든다. 과거나 지금이나 인간이 처한 본질적인 문제는 크게 변하지 않기 때문이다. 우리는 어떤 삶을 살아야 하는가. 가치 있는 삶은 무엇인가. 사회구성원으로서 갖춰야 할 책임과 윤리의 문제는 어떻게 정립할 수 있는가. 고전을 통해 해답을 구하기도 한다. 그렇다면 역사 즉, 과거의 사실과 기록은 삶과 관련해서 어떤 의미를 줄 수 있을까. 학문을 하는 이유와 목적은 진리를 추구하는 것이다. 진리는 진실에 대응한다고 보았다. 그렇다면 역사에 진실이 존재할 수 있는가.

　　2장 5강에서 여론조작과 진실의 문제와 관련해 〈라쇼몽〉을 살펴보았다. 영화는 사실과 진실 그리고 상대성의 문제를 관객에게 고민하도록 했다. 하나의 사건은 당사자의 입장에 따라 다르게 기억되고, 이들은 자신에게 유리한 것을 재구성하고 기억해서 진술한다. 모두가 거짓을 말한 것은 아니었다. 그리고 진실이 계속 유보될 수 있는 가능성도 알아봤다. 역사와 역사교과서 논란도 이 개념에서 다뤘던 쟁점과 유사하다. 언론과 진실의 문제도 본질은 역사교과서 논란과 크게 다르지 않다. 과거를 재현하는 것은 불가능하며, 역사가 모든 사실을 다 기록하는 것도 아니다. 역사는 해석자의 주관을 바탕으로 후대에 기록된다는 것을 생각해 봤을 때 진실을 둘러싼 논란은 필연적일 수밖에 없다. 자연과학처럼 가치를 배제하고 연구를 진행하는 것은 불가능하다. 역사를 이해하기 위해서는 이러한 특성을 이해해야 한다. 비판적 사고를 바탕으로 과거의 기록을 다양한 관점으로 파악하고 진실에 도달하려는 노력이 뒤따라야 한다. 그게 우리에게 남겨진 몫이다.

이순신과 배설 그리고 신돈

명량 해전을 바탕으로 제작된 영화가 〈명량, 2015〉이다. 이 영화를 두고 소송이 벌어졌다. 영화에서 배설에 대한 묘사를 두고 논란이 벌어진

▶ 명량, 2015

것이다. 영화 속 배설은 이순신을 암살하려 하거나 거북선에 불을 지르고 도망치는 사람으로 묘사됐다. 난중일기에서도 배설에 대한 부정적 평가가 드러나고 그를 처벌했다는 기록이 등장한다. 그러나 조선왕조실록의 배설에 대한 평가와 기록은 좀 다르다. 전쟁이 끝난 후 그는 병조판서에 추서되었다. 영화에 등장하는 배설의 행위에 대한 기록은 역사적 사실의

기록 즉, 다양한 사료에서는 찾아볼 수는 없다. 오직 난중일기에만 나온다. 배씨 문중은 영화감독과 제작사를 결국 명예훼손으로 고소하기에 이른다. 〈사도, 2015〉도 흥미로운 영화다. 사도세자의 비극적 죽음은 역사적 사실이다. 영조는 사도세자를 뒤주에 가둬 죽였다. 그가 죽어야 이유는 과연 무엇이었을까. 그 죽음을 둘러싼 다양한 해석은 진실에 도달하기 위한 노력이기도 하다.

실록에는 사도세자가 유년기 이후 정신병이 심해져 수많은 기행을 저지르고 많은 내관들을 죽였다고 기록한다. 이를 보다 못한 영조가 세자를 뒤주에 가둔 것으로 보고 있다. 몇 가지 흥미로운 해석도 있다. 그 중 하나는 정치투쟁이다. 영조의 즉위를 도운 노론 세력과 이와 대척점에 있는 소론, 남인은 세자를 통해 권력을 되찾으려 한다. 이 과정에서 세자가 이들과 한편이 돼 영조의 권력에 대한 도전으로 인식해 비극이 발생했다는 것이다. 사도세자의 부인인 혜경궁 홍씨가 자신의 가문과 아들 정조를 위해 『한중록』에 거짓을 기록했다는 의혹도 뒤따른다. 또한 형을 죽이고 왕이 되었다는 소문에 시달리는 영조의 편집증적인 강박관념이 세자를 죽음으로 내 몰았다고 보기도 한다. 사도세자의 죽음이라는 사실과 기록을 두고 이렇게 다양한 해석이 나오는 것이다. 그렇다면 과연 역사의 진실을 찾을 수 있는가. 사도세자는 왜 죽었는가. 그 진실을 무엇이었을까.

고려에 대한 기록은 조선에 비해 많지 않다. 하지만 문제적 인물 신돈은 그 자체로 흥미로운 연구 소재이다. 그는 고려 말 공민왕과 함께 개혁을 시도한 승려였다. 기울어가는 국가를 되살리기 위한 마지막 불꽃이 타오르던 시대였다. 신돈에 대한 다양한 해석이 있지만 부정적 평가가 대부분이다. 정사인 고려사에서 신돈을 왕을 속이고 재물을 탐하며 기행을 일삼은 악행에 주목해 부정적 평가를 내리고 있다. 신돈의 어머니는 절의 여종이었으며 신돈 역시 사회적 최하층이었다. 그러나 신돈의 성장기 청년기 등의 기록은 사서에 나타나지 않는다. 수 십년 후 갑작스레 고위 관료의 추천으로 신돈은 공민왕을 만난다. 신돈은 사회적 최하층에서 어떻게 왕과 독대해서 권력자가 되었는가. 이 기간은 추론과 해석의 영역이다.

…신돈이 왕에게 건의해 전민변정도감을 설치한 후 스스로 판사 자리에 앉아 전국 방방곡곡에 방을 붙여 다음과 같이 일렀다. 최근 국가의 기강이 크게 무너진 결과 백성의 재물을 탈취하는 일이 유행을 이루어 나라 사람들이 가업으로 이어온 전민을 권세 있는 가문들이 다 빼앗아 버렸다. 반환하라는 결정을 내렸는데도 그대로 쥐고 있기도 하고 때로는 양민을 노비로 만드는 경우도 있다. 병역 부역 조세 의무를 다하지 않고 도망한 자들을 모조리 숨겨 놓고 농장을 크게 일으키는 바람에 백성과 나라는 쇠잔해졌으며…

이제 도감을 설치해 이제까지 잘못을 바로잡고자 하는 바 자신의 잘못을 알고 스스로 고치는 자는 죄를 아니 물을 것이나 기일이 경과한 후 발각되는 자는 그 죄를 다스리고 거짓으로 고발하는 자는 도리어 처벌할 것이다. 명령이 발표되자 권세가가 부호들 가운데 점탈했던 전민을 주인에게 되돌려 주는 자가 많아 온 나라가 기뻐했다. 신돈이 겉으로 공의를 가장하고 사람들에게 은혜를 베푼답시고 천한 종으로서 양민이라고 호소하는 자는 모두 양민으로 만들어 주었다. 이렇게 되자 주인을 배반한 노예들이 벌 떼처럼 들고 일어나 성인이 나왔다고 떠들었다.

…모임이 끝나고 신돈이 궁중에서 나오는데 승려와 도사 및 잡다한 무리들로 온 궁궐이 메워졌다. 선남선녀들이 임금님을 따라 문수보살과 좋은 인연을 맺기 원하

오니 부녀자들도 불전에 올라와 불법을 듣도록 해주소서… 남녀가 마구잡이로 몰렸으며 심지어 신돈에게 잘 보이려고 요염하게 화장하고 오는 과부까지 있었다… 당시기근을 만난 유랑민들이 불공 행사가 열린다는 말을 듣고 구름처럼 모여들자 신돈은 남은 베를 유랑민들에게 나눠줌으로서 칭송을 받으려 했다.

_ 고려사

신돈은 권력을 잡고 난 뒤 전민변정도감을 설치하고 노예를 해방했다. '주인을 배반한 노예들이 벌떼처럼 들고 일어나 성인이 나왔다고 떠들었다', '차별 없이 평등하게 여인들에게도 불전에 올라와 불법을 들을 수 있도록 하자', '신돈에게 잘 보이려고 요염하게 화장을 하고 오는 과부도 있었다', '남은 배를 유랑민에게 나눠줌으로서 칭송을 받으려 했다' 등의 기록을 보면 당시 기득권 세력들이 신돈을 어떻게 평가하고 있었는지를 알 수 있다. 자신의 권리를 빼앗긴다고 생각한 이들은 극심하게 개혁에 저항했다. 신돈의 개혁은 사회의 근본을 흔드는 혁명적인 운동이었다. 고려말 권문세족은 토지를 강제로 점유하고 막대한 부를 쌓아나갔고 백성들의 삶은 피폐해졌고 유랑민은 넘쳐났다. 공민왕은 신돈을 내세워 사회적 모순을 해결하려 했을 것이고 신돈과 기득권 세력 및 귀족들의 갈등과 대립이 격렬하게 분출했을 것이다. 사회적 하층인 부녀자들에게도 동등하게 불법을 들을 수 있는 기회를 주고자 한 것 베를 유랑민들에게 나누어 주려 한 것 등을 모두 부정적으로 평가하고 있다.

당시의 일을 우리는 정확하게 알 수 없다. 기록을 통한 추측과 추론을 할 뿐이다. 다만 역사가 후대의 기록이라는 것을 생각할 때 고려사가 쓰인 시기와 저술 주체를 생각해야 한다. 신진사대부들은 역성혁명을 통해 고려를 무너뜨리고 조선을 세웠다. 이들은 어떻게 역사를 기록해야 했을까. 신돈의 개혁정치는 철저하게 깎아 내려야 했다. 단점은 최대한 크게 부각시켜야 한다. 그래야 자신들이 고려를 무너뜨리고 역성혁명을 한 정당성이 만들어진다. 조선 건국은 필연적이어야 한다. 그 역사적 배경을 염두해 두고 사실의 기록을 해석해야 하지 않을까. 고려사에서 신돈이 공민왕을 만나는 시기 이전은 기록되지 않은 이유가 있을지도 모른다. 가령 신돈은 백성들에게 상당한 영향력을 가진 인물이었으며 고단한 삶을 사는 민중들에게 칭송을 받는 개혁세력의 우두머리일 수도 있다. 과거나 지금이나 갑작스레 사회적 하층에 있는 사람이 고위관료를 만나고 최고 권력자를 만나는 것은 불가능한 일이다. 정치적 거래가 성립되려면 두 집은 최소한 동등한 지위와 사회적 영향력을 가져야 한다. 신돈에 대한 평가와 해석은 시대에 따라 계속 변화하고 있다. 대상만 바뀌었을 뿐이다. 2022년 대한민국에서도 여전히 벌어지고 있는 일이다. 검찰의 기소독점을 둘러싼 권력을 두고 기득권과 개혁세력관의 정치투쟁과 맞닿아 있다. 역사는 여전히 반복되고 있는 중이다. 현재의 역사적 사실에 대해 수 백년 후 역사가들의 연구 주제가 될 수도 있다. 역사를 둘러싸고 벌어지는 이 투쟁의 장을 이해하기 위해서 그 개념에 다가서야 한다.

역사를 바라보는 관점과 시각을 넓히자

역사에 대한 의문을 제기하는 것은 고정관념과 상식에서 벗어나기 위한 사고훈련과 같다. 역사학의 아버지인 헤로도토스부터 포스트모던 역사학까지 역사연구의 쟁점을 조망해 보자. 역사 연구는 기록된 사실에서 시작한다. 과거의 역사적 기록은 사실이라는 전제에서 출발한다. 건축에 비유하자면 기록 즉, 사실은 건물의 뼈대와 같다. 연구 대상이 되는 것이다. 오래된 건축물의 잔해는 항상 존재한다. 물론 그 건물의 원형을 우리가 잘못 알고 있을 수도 있지만 사실 즉 뼈대 없는 건물이 존재하지 않는다. 사실은 과거에 일어난 일이다.

> 한일합병은 1910년에 일어났다.
> 1492는 왜가 조선을 침공했다.
> 2007년 대통령 선거 당선자는 '이명박'이다.
> 2020년 대통령은 문재인이다.
> 1997년 우리나라는 IMF에 자금을 신청했다.

이 기록들은 역사의 사실이라고 부를 수 있는 것들이다. 역사가는 실제로 일어난 일의 전후와 맥락을 찾고 연구하지만 사실을 바탕으로 일어날 가능성이 있는 일을 연구하기도 한다. 역사의 의미를 파악하는 작업은 건물의 뼈대에서 외관과 원형을 복원하는 것이며 진실을 찾는 작업으로도 볼 수 있다. 어떤 진실을 찾아볼 수 있을까.

역사학의 시작 – 헤로도토스

헤로도토스가 『역사』를 쓴 이유는 다음과 같다. 기록과 탐구를 통해 과거의 이야기를 남겨야 후세사람들이 어떤 일이 있었는지를 알 수 있다는 것이다. 아무런 기록이 없다면 당시에 벌어진 일들은 모두 잊혀질 수밖에 없다고 그는 생각했다. 이런 문제의식을 바탕으로 과거 기록을 탐구하고 존재 한 일을 기록 했다. 그의 저술의도를 생각하면 그는 역사학의 기원 즉, 역사의 아버지로 불러도 손색이 없다. 『역사』는 그리스와 페르시아를 두 축으로 구성되어 있다. 당시의 풍습과 지리, 역사, 풍속 등에 대해서 사람들이 전해준 이야기와 실제로 목격한 이야기가 기록돼 있다. 사실 이 시대는 기록이라는 것 자체가 의미가 있었던 시절이었다. 『역사』의 서문에서 저술 의도를 간단하게 언급하고 있다.

이 책은 할리카르나 소스출신의 헤로도토스가 인간세계의 사건이 시간이 흘러감에 따라 잊혀져가고 그리스인과 이방인의 놀라운 위업들, 특히 이 양자가 어떠한 이유 때문에 전쟁을 하게 되었는가 하는 사정을 세상 사람들이 알지 못하게 될 것을 우려해 스스로 연구 조사한 바를 서술한 것이다.

헤로도토스의 중요한 업적은 하나 더 있다. 당시는 신의 뜻과 인간의 의지가 공존하던 때였다. 인간의 지식으로 설명할 수 없는 자연현상은 모두 신들에 의해 일어난 것으로 설명하기도 했다. 과학적 지식이 없었던 시기 신화는 세계에 대한 이해의 방식이었다. 설명할 수 없는 것은 모두 신의 의지와 뜻이었다. 신들은 인간처럼 질투와 시기 배반과 음모도 꾸몄다. 여신들의 질투로 인해서 전쟁이 발생했다는 믿음도 존재했다. 바다의 신, 지하세계의 신 하데스, 신들의 신인 제우스 등 초월적 힘을 갖춘 신들과 더불어 인격을 갖춘 신을 믿는 신화적 사고가 인간세계에 자리 잡고 있을 때이다. 하지만 헤로도토스는 『역사』에서 신화적 사고에 대해서 명확하게 선을 긋는다. 신화와 미신적 사고와 철저하게 단절하겠다는 의지였다. 전쟁의 원인은 인간이다. 전쟁은 인간의 의지를 바탕으로 일어난 것이다. 『역사』는 이 부분을 강조한다. 신과 인간이 공존하는 시대를 지나 인간의 의지가 반영된 현실이 되었다.

▶ 역사학의 아버지 헤로도토스

신화적 사고에서 인간으로 내려온 역사. 역사는 기록이며 탐구이며, 인간의 의지가 개입된 인간이 만든 의지의 산물인 것이다. 그리스어로 '히스토리아이, historiai'는 이렇게 정의된다. 이렇게 역사학은 시작되었다.

과학적 실증사관의 랑케

여러 세기가 지나도록 역사학과 역사에 대한 큰 변화는 없었다. 헤로도토스 이후 천년이 지난 19세기에 역사학의 일대 전환이 일어난다. 역사를 연구하는 방법에 대한 이해를 획기적으로 바꾼 카의 역사관은 역사의 의미를 이해하기 위해 반드시 파악할 필요가 있다. 역사교과서에 첫 부분은 주로 역사학자인 랑케(Leopold von Ranke, 1795~1886)와 카(E.H, Carr, 1892~1982)를 다루며 시작한다. 이들로 인해 역사가 과학의 영역으로 확장되었기 때문이다. 랑케의 실증주의적 역사관을 통한 연구 방법론부터 살펴보자. 실증주의라는 말처럼 그는 역사를 사실 즉, 팩트로써 증명 가능한 것을 다루겠다는 의지를 드러냈다. 실증주의 하면 과학이 떠오른다. 역사도 과학적인 연구와 증명방법을 통해 이해해야 한다는 것이다. 그에 의해 역사는 비로소 사실을 다루는 학문이 되기 시작했다.

랑케는 1824년 발간된『라틴 및 게르만 제 민족의 역사 1494~1514』에서 이 부분을 분명히 했다. 이 책으로 그는 명성을 얻게 되었고 역사와 역사관이 새롭게 정립되었다고 해도 무방하다. 그가 강조한 부분은 역사는 '진실로 어떠했는가를 보여는 것'이라는 점에 있다. 역사가는 역사를 연구할 때 주관을 철저하게 배제하고 객관적으로 과거의 사실을 그대로 재현하고 밝혀야 한다는 방법론을 세웠다. 역사가 과학의 영역으로 들어오게 된 이유이다. 역사학의 첫 번째 원칙이다. 일본의 관방장관이나 정치인들이 위안부 문제 및 독도관련 발언을 하면 정부 관계자가 원론적인 표현으로 '역사를 왜곡하지 말 것'을 강조했다는 보도가 나올 때가 있다. 랑케의 표현을 빌리면 일본정부는 입증된 사실자체를 부인하는 행동을 하지 말라는 말과 같다. 아래의 세 개의 문장이 있다.

> (가) 1950년 한반도에서 북한군과 남한군의 물리적 충돌이 있었다.
> (나) 한국전쟁은 일본의 참전으로 끝났다.
> (다) 박정희 대통령은 1970년 이후 민주주의의 발전을 이루어냈다.

(가)는 실제로 있었던 일이다. 1980년에 혹은 2000년, 2050, 2080년

에 연구해도 그 사실은 변하지 않는다. 또한 미국, 영국, 프랑스 학자가 살펴봐도 한국에서 군대끼리 물리적인 충돌은 분명히 존재했다. 이것은 역사적 사실이다. (가)의 기록은 과거 사실에 대한 객관적인 진술과 기록이고, 주관과 가치판단은 배제돼 있다. 랑케에 따르면 역사는 서술된 사료를 바탕으로 최대한 가치중립적인 기록 객관적 사실에 기반 해야 한다고 했다. 이것이 역사를 연구하는 자세와 방법론이다. 둘째, (나)는 실제로 일어난 일이 아니다. 사실자체가 맞지 않는다. 한국전쟁에 여러 나라가 참전했지만 일본이 참전해서 전쟁이 끝나지도 않았고 참전하지도 않았다. 이 기록은 객관적인 사실에 해당되지 않는다. 사실 자체가 문제가 된다면 역사서술로서의 가치가 없는 것이다. 존재하지 않는 가상의 영역, 이것은 허구이며 문학이며, 판타지이다. 일본이 역사적 사실을 왜곡하는 사례에 해당한다. 과학적 실험과 연구에서 틀린자료가 활용되었다면 그 결과를 믿을 수 없는 것과 마찬가지다.

(다)는 박정희 정권이 1970년 이후 민주주의의 발전을 이루어냈다고 서술한다. 이 기록은 역사로서의 가치를 인정받을 수 없다. 랑케는 주관을 배제하고 철저하게 객관적 사실로서의 기술을 지향하기 때문이다. 랑케는 역사서술에서 이러한 기술과 기록은 문제가 된다. 박정희 정권에 대해 서술자가 주관과 편견을 개입시킨 것이다. 주관이 개입된 가치평가와 관련된 역사는 객관성을 보장받지 못하기에 역사기록으로 한계가 있다. 객관적 사실을 기술해야 한다는 전제에서 볼 때, '박정희 시대는 한국적 민주주의가 발전한 시기였다고 주장한다면 가치와 의도가 개입된 기록과

해석이 된다.

　유신독재를 통해 정치적 반대세력을 억압하기는 했지만 분단의 상황이었고 경제발전을 위해 헌법 개정하는 등 국민들의 기본권에 대한 제약은 필요했다는 서술을 한다면 이미 기술에 주관이 개입된 것이다. 그러나 우리 사회와 공동체는 박정희 정권의 한국적 민주주의를 독재체제라고 규정했다. 가치판단이 개입된 서술은 특정한 의도와 이해관계가 반영된 것이다. 과거를 정당화하기 위한 의도가 있다. 따라서 정확한 역사에 대한 이해를 방해하는 요소가 되어 버린다. 편견이나 선입견 혹은 잘못된 지식도 역사의 의미를 파악하는 데 한계로 작용하는 것은 마찬가지다.

> "나는 나의 자아를 소거해 사실로 하여금 말하게 하며 강대한 모든 힘을 눈앞에 나타나게 하려고 할 뿐이다" _ Leopold von Ranke,

　역사연구와 서술은 자신의 사적인 견해와 자아를 버리고 정치적 이해관계에서 벗어나 정확하고 공정해야 한다. 이것이 랑케가 주장한 역사의 서술방법이다. 역사가가 정치적 이해관계에 빠지게 되면 여러 문제가 발생한다. 특히 독재정권의 정치적 지배가 국민을 위한 민주주의였다는 그들의 입장을 정당화하는 도구로 활용될 수 있다. 우리 사회는 과거 여러 번 이 사건을 겪었다. '한국식 민주주의'의 필연성과 정당성'을 강조하는 것은 역사와 학문이 권력의 이익과 유지에 봉사하는 것으로 즉, '곡학아세'로 볼 수 있다.

랑케 역사관의 의의

랑케의 역사관은 과거사실의 절대성과 객관성을 바탕으로 한다. 역사가 정치에서 벗어나 그 자체가 되는 것을 추구했다. 역사의 역사적 전환점인 것이다. 또한 랑케는 자연과학처럼 가치판단에서 벗어난 실증적 역사관을 통해 종교적 영향력에서 벗어나고자 했다. 역사가 철학의 목적에 이용되던 시기도 있었고, 권력자가 자신의 주장에 맞는 것을 과거에서 취사선택하고 그렇지 않은 것은 철저하게 제외시키는 사례도 있었기에 랑케의 실증사관은 높은 평가를 받는 것이다. 19세기 중반 랑케가 활동했던 시기는 사회과학의 태동기라는 시대적 상황과 관련이 깊다. 사회학의 창시자는 콩트이다. 콩트가 사회학을 처음 사회물리학이라 이름 붙였고 그가 『사회학, sociologie』를 쓴 것이 1839년이다. 방법론에서 이 두 학문은 서로 영향을 주고 받았다. 콩트는 자연과학의 방법론을 사회를 연구하는데 도입했다. 사회를 자연과학과 마찬가지로 방법으로 수치화 계량, 정량화해서 연구할 수 있다고 본 것이다. 자연과학에서 가장 중요한 것이 법칙성의 발견과 엄격한 사실에 근거한 현상 이해와 탐구였고 콩트역시 그 원리를 사회연구에 도입하려 했다.

▶ 랑케

랑케역시 이와 유사한 방법론을 활용해 사회와 역사를 설명할 수 있다고 보았다. 역사를 서술할 때 항상 사실 그 자체를 위한 역사가 진정한 역사학이라고 본 이유이다. 따라서 랑케가 추구한 실증사학에서 가장 중요한 역사서술은 바로 사료였다. 구술보다는 기록된 문서를 신뢰했고, 한 가지 사건을 둘러싼 다양한 관계자들과 목격자의 범위를 넓혀 사건과 직접관계된 것을 1차 사료로 보고 큰 비중을 두었고 간접적인 관계를 드러낸 것을 2차 사료로 구분해 연구를 진행한 것이다. 역사적 기록의 신뢰성을 따질 때 동시대의 다양한 자료를 교차 검증하기도 하는데 이 방법역시 신뢰성을 높이기 위한 의도였다. 랑케가 활동하던 이 시기는 또한 유럽의 나라들이 과거의 조약, 협정관련 문서를 공개했는데 연구 자료가 많았을 때였다. 지금도 마찬가지로 한 국가에서 타국과 맺은 조약 등의 비밀문서가 20~40년이 지난 후 해제되는데 그 이유는 시간이 흘러 이해당사자들이 죽거나 민감한 시기를 피하려는 의도이다. 시간이 지난 후 사료를 통해 당시의 상황을 구체적으로 확인할 수 있고 그가 역사학의 연구방법론을 정립한 것도 이런 시대적 변화와 무관하지 않다.

사료의 한계

랑케가 추구한 역사연구 방법은 합리적이다. 자연과학의 방법론을 사회현상 특히 역사에 도입해 연구한 공이 크다. 그러나 그의 역사연구가 가지고 있는 근본적 한계가 있다. 역사를 객관적 사실 그 자체로 보는 것은 불가능하다. 역사 기술에서도 주관을 완전히 배제시킬 수 없다. 사료는 역사적, 정치적 상황에 의해서 왜곡되거나 특정한 목적으로 쓰일 수 있다는 것을 생각해야 한다. 그것이 사료의 오염이다. 조선왕조의 건국이라는 역사적 사실은 우리역사에서 가장 극적인 사건 중에 하나다. 그러나 고려의 역사 일부는 조선에 쓰였다. 고려사는 조선시대에 편찬된 것이다. 고려말기의 혼란스러운 상황을 최대한 객관적으로 서술했다는 점을 인정하더라도 각종 부정부패나 혼란스러운 정치적 상황은 조선건국의 정당성을 위해서 과장될 수 있다.

유학자로서 역성혁명을 통해 새 왕조를 세운 사대부들은 자기모순에 빠진다. 충과 효를 최우선의 가치로 내세우는 이들이 왕을 죽이고 폐하며 새로운 왕을 세우려면 고려의 역사는 부정되어야 한다. 신돈 개혁의 성과에도 불구하고 부정적인 기록이 많은 이유이기도 하다. 이런 부분을 보완하기 위해 고려 후기 역사 연구에서는 2차, 3차 자료 및 중국과 일본의 역사서 등 많은 기록을 교차해 검증해야한다. 랑케역시 수많은 자료를 검토해 오류를 검증하려고 했고, 다양한 측면에서 연구와 세미나를 통해 사료의 오염을 파악하고 서술의 오류를 줄이려는 시도를 했다. 랑케는 이를 '역사 연습', '역사연구'라고 불렀다. 랑케는 이를 통해 역사는 과학적인 탐구를 통한 연구의 결정체가 될 수 있다고 믿었다. 그러나 객관성의 한계에서 여전히 자유로울 수는 없다. 이 부분은 카의 역사관과 함께 다시 한번 생각해 볼 것이다.

Carr, 역사는 과거와 현재의 대화

카는 『역사란 무엇인가, what is history?, 1961』의 마지막을 이렇게 끝냈다. '역사는 과거와 현재와의 대화'라는 말이다. 카는 역사학자나 교

▶ EH, Carr

수가 아니다. 영국의 외교부에서 근무하고 러시아 혁명을 연구한 국제문제 전문가였다. 이 책은 1960년대에 쓰였다. 프랑스에서는 기존의 보수적인 사회질서에 대항하는 68혁명이라고 불리던 운동이 일어났고, 미국에서도 베트남 전반대운동과 히피문화가 등장한 시기다. 진보의 물결이 유럽과 전 세계에 퍼져나갔고 프랑스의 68혁명을 상징하는 문구는 '상상력에 권력을'이었다. 카의 역사관은 이러한 시대상황에 영향을 받았다. 카가 '대화'를 강조한 것은 랑케의 실증주의적이며 과학적인 탐구 작업과 더불어 역사가의 해석을 통해 나온 결과에서 의미를 찾는 것을 염두해 둔 말이다. 그것이 역사의 본질이라는 것이다. 카는 사실의 구분부터 생각해야 한다고 보았다. 과거는 '실존하는 경험'이기에 분명 실체가 있는 것이었다. 카 역시 실증적 사실을 중요하게 여겼다. 이 부분은 랑케와 같다.

1) 조인성은 1950년 3월 24일 아침을 먹었다.
2) 한국전쟁은 1950년 6월 25일 북한의 남침으로 일어났다.
3) 임진왜란은 1592년 왜가 조선을 침략하면서 시작되었다.

과거 사실을 언어로 표현해 기록하면 과거는 경험의 표현이 된다. 즉, 과거는 언어에 의해서 재구성되는 것이다. 재구성이라는 개념이 중요하다. 과거에 일어난 사건에 대한 표현으로 과거는 설명되기 때문이다. 과거에 일어났던 사건에 대해 말하지 않으면서 과거를 설명할 수는 없다. 역사책이나 사료가 말하는 기록도 '과거에 대한 사실'을 알려주게 된다. 그렇다면 역사는 과거의 경험에 대한 기록이 된다. 사실을 기록한 것이기에 사료의 정확성이 곧 제대로 된 역사의 반영이 된다. 여기까지 랑케와는 큰 차이는 없다. 과거는 실존하는 경험이라는 의미로 개념화 된 것 뿐이다. 그러나 과거의 사실은 항상 오류의 가능성을 가지고 있음을 알아야 한다.

임진왜란은 1592년 임진년 일본의 침략으로 시작된다. 그러나 왜란 10년 후 역사책을 쓴 역사가가 임진왜란의 발생년도를 1594년으로 잘못 기록했다고 생각해보자. 물론 이 역사책은 사료로서 인정받을 있다. 단순한 표기의 오류인데 이러한 문제점은 다른 기록을 통해 보완될 수 있기 때문이다. 역사적 사건의 발생연도가 다르게 기록돼 있다면 교차 검증함으로써 사실로서의 가치를 평가해 볼 수는 있다. 역사에서 정확한 사실 파악이 우선이라는 것은 물론 변함이 없다. 카는 랑케의 과학적 역사관을 부정하지 않았다. 두 역사가의 교집합에 해당하는 부분이다. 그러나 카는 과거의 사실이 의미를 갖기 위해서는 과거의 사실이 역사상의 사실로 전환되어야 한다고 말한다. 이러한 역할을 하는 것이 바로 역사가의 임무라고 보았다. 이 부분이 랑케와 다른 점이다.

'1)조인성이 1950년 3월 24일 아침을 먹은 것'과 2)'한국전쟁은 북한의 남침으로 일어났다'는 두 기록은 과거의 사실이다. 그러나 1)의 조인성에 대한 사실 기록으로 의미가 없는 사건이기에 주목하지 않는다. 그러나 한국전쟁은 다르다. 특별한 의미가 있는 사건으로 의미가 부여되는 것이다. 그렇다면 과거의 기록과 수많은 사실에서 한국전쟁은 이제 역사상의 사실이 되었다. 그러나 역사상의 사실로도 부족하다. 어떤 사실 혹은 사건의 경우 역사상의 사실을 다양하게 검증해 보았는데 별 의미가 없는 사건일 수도 있기 때문이다. 즉, 역사상의 사실로 보려고 했는데 큰 의미가 없는 단순한 과거 사실에 불과할 수 있다.

기록으로서의 역사가 아닌 고고학에 해당하기에 조금 맥락은 다를 수 있지만 흥미 있는 사례가 있다. 일본의 역사연구가가 역사를 조작하기 위해서 거짓된 유물을 만든 사건은 전 세계를 충격과 공포에 빠뜨렸다. 후지무라 신이치는 한때 신의 손이라는 별칭으로 불렸다. 그가 발굴현장에 나타날 때마다 새로운 유물이 출토되었으며, 그의 업적으로 일본의 구석기 문화는 70만년 전으로 올라가게 되었다. 그러나 매번 새로운 유물이 발견되는 것을 이상하게 여긴 마이니치 신문사의 기자는 그의 발굴 작업을 몰래 촬영했다. 여기서 비밀이 드러났다. 그는 스스로 유물을 묻고 발굴하는 작업을 반복하며 유물 발굴을 조작하고 있었던 것이다. 사실은 모두 날조되었다. 이 사람은 구석기 일본문화의 자부심을 위해 사실 자체를 왜곡했다. 역사를 특정한 목적과 이념을 뒷받침하기 위한 수단으로 활용하려 한 의도였다. 이 사례처럼 과거기록으로서 의미가 역사상의 사실이 되었지만 역사상의 사실을 조사하고 연구하는 과정에서 조작으로 밝혀지기도 한다.

한편 역사상의 사실로 보았지만 연구해 보니 의미가 없다고 판단되면 다시 과거의 사실로 바뀐다. 금광에서 숨겨진 금덩이 인줄 알고 열심히 빛나던 물체를 발견해서 흙을 제거하고 기뻐할 일만 남았다고 생각했는데 금의 비율이 1%도 안 되는 물체라고 판명되었다. 연구 성과가 물거품이 되는 것과 마찬가지다. 이 상황에서 연구자들은 (자료) 사료조작에 유혹에 시달리기도 한다. 사회과학에서도 가설을 세우고 연구를 설계하고 통계조사를 했지만 가설과 맞지 않는 경우도 많다. 당연히 가설은 폐기되고 이제껏 연구한 것은 매몰비용이 되어버린다. 하지만 어쩔 수 없다. 연구에서 조작을 할 수는 없는 것이다.

▶ 신이치의 구석기 유물 조작사건

내용을 정리하면 다음과 같다. 과거의 사실이 있다. 역사가가 그 사실에 부여한 중요성에 의해서 역사상의 사실이 되며 역사적 사실로서 사건과 기록은 가치를 부여받는다. 역사상의 사실이 집을 짓기 위해서 찾아놓은 각종 자재이고 역사적 사실은 자재로 지은 건물 일부분이 된다. 이러한 집짓기의 주체는 역사가이다. 과거 사실을 바탕으로 역사상의 사실을 통해 역사적 사실이라는 집을 지은 것이다. 역사라는 집은 결국 역사가의 첨예한 노력이 만들어 놓은 산물이다. 이처럼 역사는 역사가에 의해서 선택되고 기록된다는 카의 견해는 역사에 대한 새로운 이해를 가능하게 해 준다.

이제 만들어진 집이 과연 제대로 구성되고 유지될 수 있을까의 문제가 남았다. 선택한 재료가 썩어 있었다면, 무게를 제대로 지탱하지 못했다면 문제가 생긴다. 역사적 사실은 언제나 순수하게 존재하기가 어렵다. 역사가가 찾은 재료인 과거의 사실은 이미 누군가가 취사 선택한 자료 즉, 재료였다. 과거 사실은 항상 취사선택이 이뤄지고 정치적, 종교적인 이유 등에 의해 특정한 의도를 포함시켜 기록될 수 있는 것이다. 그렇다면 과거의 사실 중 일부인 역사상의 사실 역시 당연히 특정한 의도가 개입될 수 있고, 역사상의 사실은 역사가가 의미를 부여했기에 오류의 가능성이 더 커지게 된다. 아래와 같은 삼단 논법이 만들어진다.

D: 과거 사실은 오염되어 있을 수 있다.
C: 그 일부인 역사상의 사실 역시 마찬가지다.
B: 역사적 사실은 역사상의 사실의 일부이다. 특정한 목적으로 활용될 수 있기에 오염가능성
   을 더 철저하게 검증해야 한다.

(A: 따라서) 결과적으로 역사 그 자체의 객관성, 순수성은 존재할 수 없다.

우리가 이해하고 있는 역사는 수많은 사실과 관련해 역사가가 기록한 그 당시의 역사적 사실이다. 연구자는 고려사를 쓴 그 시절의 사람들의 생각, 마음, 상태로 돌아가야 할 필요가 있다. 다시 고려사를 편찬한 사람들의 의도를 생각하자. 그들은 역성혁명에 참여한 유학자였다. 과연 어떠한 심정에서 고려사를 편찬했을까. 우리는 이를 과거에 대한 상상적 이해라고 부른다. 하지만 아무리 노력해도 당시의 상황 그대로 돌아갈 수는 없다 역사가는 이제 한계에 부딪치게 된다. 역사가는 과거를 연구하지만 현재를 살아가는 사람들이다. 현재의 관점이 과거를 해석하는데 영향을 미친다. 개인은 사회와 떨어질 수 없고 사회 속 구성원이기 때문이다. 역사적 인물은 그 시대에 속해있기에 우리의 판단과 기준으로 그들의 행위의 의미를 파악하게 된다. 결국 역사는 사회와의 연관성을 뗄 수 없다. 과거와의 끊임없는 대화라는 말은 이제 역사의 사회성으로 연결되기 시작한다. 우리는 현재의 관점에서 과거를 보고 있는 것이다. 역사적 사건 즉 역사적 사실이 언제나 다시 해석될 수 있는 이유이다. 기득권을 제한하고 사회변혁을 위한 개혁을 시도할 때 신돈을 정치적 혁명가로 다시 해석하며 신돈의 유년기와 청년기 그리고 공민왕을 만나기 전 그의 생애의 빈곳을 역사상의 사실을 찾는 과정을 되풀이한다.

> 역사는 단순히 과거의 사건만을 연구하는 것이 아니라 과거 사회를 이해하는 것이다. 동시에 역사는 현재사회에 대한 정통한 지식을 증대시키는 것이다. _ carr

카는 역사학의 사회적 의미에 대해서 말한다. 역사가는 자신이 속한 사회와 그곳의 모순을 극복하고 역사를 연구하는 자신의 작업이 어떻게 의미가 있는지를 찾아야 할 필요가 있다. 이것이 역사의 미래성이다. 카는 진보적인 시각으로 역사를 이해해야 한다고 생각했다. 역사의 방향성을 찾고 미래의 목표를 설정하기 위해 과거의 사실 중 어떤 것이 의미가 있는지를 선별한다. 이를 통해 미래의 가능성과 전망을 실현시키기 위해서 역사가는 과거의 사실을 찾아 역사적 사실로 만들어야 한다고 보았다. 이것이 카가 말한 과거와 현재와의 대화의 의미였다. 시대의 요구에 따라서 역사는 언제나 새롭게 해석될 수 있다. 기존의 역사적 사실이 역사상의 사실이 되기도 한다. 프랑스 혁명은 구시대의 모순 즉, 앙시앙 레짐을 극복하고 자유, 평등, 박애라는 혁명정신을 바탕으로 한 새로운 시대를 열었던 인류사의 역사적 사실이다. 역사학자들은 구시대의 모순을 분석하고 새로운 전망과 해석을 시도해 의미를 부여한 것이다. 과거의 연구는 과거에 그치는 것이 아니다. 미래와 관련된 진보적인 가치를 띤 학문이다. 카의 연구 목적은 과거를 이해하는 것에서 그치지 않고 현재와 미래까지 보는 것이었다. 역사는 과거와 현재의 끊임없는 대화가 될 수밖에 없다.

누구를 위한 역사인가

지금까지 랑케와 카의 역사관을 살펴보았다. 하지만 카의 역사적 방법론은 1990년대 이후 심각한 도전을 받게 된다. 포스트모더니즘이라고 부르는 새로운 지적 사조의 출현이 역사에도 영향을 미쳤다. 포스트모더니즘을 단순하게 정의내리기는 어렵다. 그러나 이 이념은 인간의 이성에 대한 회의적인 태도를 바탕으로 진리의 상대성을 강조한다. 포스트모더니즘은 랑케와 카의 역사관 자체를 문제 삼기 때문에 '카의 역사적 정의는 더 이상 의미가 없다'라고까지 말하기도 한다. 2장에서 구조주의적 관점에서 언어와 사고와의 관계를 다뤘다. 이와 관련지어 보면 역사학이 처한 문제 상황을 이해할 수 있다.

역사를 정의하고 기록하는 것은 언어이다. 언어(기호, sign)는 기표와 기의로 이뤄진다. 기표와 기의의 관계는 자의적인 특성을 가지고 있다. (2장 3강-욕망을 구매하라 구조주의 연구 방법 참조) 인성이와 진모가 길을 걷고 있었다. 그들은 웃고 떠들며 지나가며 지나가는 개를 보았다. 즉, 관찰했다. 진모가 말했다. '개가 지나가네' 그 말을 들은 인성이는 즉시 머릿속으로 기의와 기표(개, dog, 犬)를 연결 지었다. 몇 달 후 이번에 둘은 조선시대 역사서에서 문자로 기록된 '개를 보았다'는 문장을 보았다. 이 문장을 보고 이 둘은 며칠 전 보았던 개를 떠올릴 수도, 본인만이 가지고 있는 개의 이데아를 떠올릴 수도 있다. 수많은 사람은 모두 저마다 다른 개에 대한 의미를 머리에 담고 있다. 어떤 사람은 사나운 개를 떠올릴 것이고, 강아지를 입양 받은 현수는 귀여운 개를 그리고 정연이는 몸집이 큰 투기견을 생각할 수도 있다. 개라고 불리는 생명체의 이데아 즉, 본질은 무엇일까.

이제 중요한 역사적 사건을 생각해보자. '발칸전쟁, 한국전쟁, 중동전쟁' 역사는 사료 즉, 기록이다. 그 기록은 모두 언어로 이뤄진다. 그렇다면, 그 역사가는 모두 같은 의미로 전쟁이라는 용어를 썼을까. 그렇지 않다. 언어는 가족 유사성이라는 특징을 가지고 있다. 특정한 의미를 범주화하고, 개념화 일반화한다. 이들이 말한 언어로서의 전쟁은 일정부분 유사한 의미가 있지만 모두 똑같은 전쟁을 의미하지는 않는다. 그러나 역사의 기록은 모두 전쟁이라고 기록한다. 승자의 기록에서는 학살(masscre, genocide)도 전쟁에 포함되는 것이다.

▶ 전쟁에 대한 다양한 이해방식

우리가 역사의 실재에 대해서 말한다는 것은 결국 특수한 의미에 대한 것일 수밖에 없다. 개라고 부를 때 개별적인 존재의 개가 아니라 부분적으로 유사한 속성을 가진 개를 모두 지칭하듯 언어는 현실에 특징만을 부여하는 수단에 불과하다. 언어가 일반적이고 추상적인 말을 지칭하기 시작할 때 그 지시의 대상은 객관적일 수 없다. 포스트모더니즘은 이성에 회의적이고 상대적이고, 주변적이며, 비역사적인 것의 의미를 강조하며 이성 중심주의를 해체하는 형태의 지적인 사조와 흐름이다. 기록으로 이뤄진 역사는 언어의 이러한 다양성과 모호성을 바탕으로 역사 자체에 대한 회의를 불러일으킨다. 1980년에 광주에서 일어난 현대사의 비극적 사건을 누구는 폭동이라고 말했고 다른 한편에서는 민주화운동으로 불렸다. 30년 전의 사건도 이렇게 언어적 정의에 따라서 의미가 달라지는데 수백, 수천 년 전의 기록을 바탕으로 한 역사적 사실은 더욱 의미가 모호하다.

또한 텍스트는 다의적이다. 언어에는 수많은 의미들이 중첩되어 있다. '박근혜 정권은 새로운 독재 세력이고 파시즘을 추종한다. 촛불로 민주정권인 문재인 정권이 탄생했다'는 구호를 단체에서 만들었다. 그렇다면 파시즘이 무엇인지 알아야하고 그 의미를 정의해야 한다. 또한 '파시즘을 추종 한다'는 구호를 만든 사람은 박근혜 정권은 파시즘 정치체제를 옹호하고 있다고 전제한다. 정권이 사상의 다양성을 인정하지 않고 자의적으로 권력을 활용하며 소수의 희생을 강요한다는 파시즘의 개념적 정의를 구호를 읽는 사람은 알고 있다고 여긴다. '이명박 정권의 신자유주의에 대해 비판한다'는 표어는 어떨까. 이 용어에는 여러 사람의 목소리가 함께 들어가 있다. 신자유주의는 특정집단이나 국가에 불공정하게 시장을 개방하고, 시장에 대한 국가의 규제를 최소화하며, 노동자에 대한 해고를 자유롭게 하는 정치 경제적 이념이다. 이명박 정권이 이러한 이념을 추구하는 것을 반대한다는 의미가 될 것이다.

신자유주의 (세계화)	정의1	정의2
	전 세계의 시장을 자유롭게 활용	자유무역 협정
개방화	기업활동의 규제를 해체	서비스 산업 기본법
공공부분의 시장화	공공부분에서 기업이 이윤을 창출할 수 있도록 함	공기업 사유화, 교육, 의료, 주택시장 사유화

노동의 유연성	노동자를 더 자유롭게 해고할 수 있도록 함	비정규직으로 바꾸기

언어가 가지고 있는 이러한 의미를 포함하는 개념이 바로 텍스트이다. 모든 텍스트는 서로 영향을 끼치고 그 영향을 통해 또다시 서로 영향을 주고받는 네트워크다. 이 책도 다른 사람의 저작과 언어표현과 사고 개념적 정의에 도움을 받았다. 책의 마지막에는 수많은 참고문헌들이 있다. 이렇게 모든 텍스트들은 서로 영향을 주고받는다. 이를 텍스트의 텍스트 즉, 상호텍스트성으로 부른다. 기존의 것을 참고하지 않고서는 아무것도 규정될 수 없다. 무엇인가를 정의내리고 개념화 시키고 설명할 수 있는 것은 이러한 언어 즉, 텍스트를 통해서만 가능하다. 사료라고 부를 수 있는 것은 텍스트이며 사료는 당시의 언어적 규범에 따라 만들어진 것이다. 역사가가 과거에 역사적 사실로 만들어 놓은 것도 결과적으로 기존의 역사가가 중요성을 부여한 역사적 사실을 또 하나의 텍스트로 만들어 해석한 것에 지나지 않는다. 결국 역사는 '역사는 과거와 현재의 끊임없는 대화'도 아니고 실증주의에 따른 객관적 사실의 기록도 아니다. 역사는 '해석과 해석 그 해석에 대한 해석'만 존재하는 것이다.

담론의 의미생산방식

역사적 해석은 '담론(discourse)'이라고 불리는 의미생산방식이 들어있다. 담론은 권력이 담긴 말로서 사회적으로 지배적인 이념을 포함한 말이다. (1장 3강 푸코의 이론을 참고하자.) 담론이 사회에서 어떻게 의미를 만들어내고 운영되는지 '민족주의'라는 용어를 떠올려 보자. 이 말은 사회에서 민족의 입장과 가치를 우선으로 생각한다는 이념이 지배적이라는 의미를 담고 있다. 그렇다면, 이 민족주의라고 불리는 담론이 사회에서 통용되는 시기에 민족의 이익과 배치되는, 다수가 바람직하다고 여기지 않는 행위는 어떻게 될까. 패륜적이고 비도덕적인 그 무엇으로 여겨지지 않을까. 민족주의 담론이 힘을 얻고 있는 사회에서 이러한 견해에 반대되는 입장이나 말을 하기는 쉽지 않다.

황우석 박사의 줄기세포 조작 사건을 두고 2006년은 뜨거웠다. 우리는 그가 생명과학을 이끌어가는 구세주이며 줄기세포치료를 통해 난치병을 해결하고 수많은 경제적 이익을 가져다 줄 수 있다고 믿었다. 사람들은 신화에 사로잡혔다. 이미 그의 말은 그 자체로 의미를 가지고 있었다. 그의 말은 권력이었고 담론이었다. 힘과 권력 그리고 지식과 진리 그 자체가 된 것이다. 줄기세포 연구에 문제가 있었음에도 불구하고 아무도 쉽게 이의를 제기하지 했다.

▶ 담론의 생산방식- 황우석 논란

▶ 한국사 교과서

역사에 대한 이해를 위한 텍스트는 언제나 현재 진행 중이다. 근현대사 역사교과서 논란은 역사가 특정집단의 이데올로기와 담론의 해석 즉, 힘을 가진 사람들에 의도에 의해 좌우된다는 것을 알게 해준다. 문재인 정부가 들어선 후 대한민국 건국과 관련된 사회적인 논란이 있었다는 것을 기억할 것이다. 보수우익(?)이라고 불리는 집단은 대한민국 건국절을 내세웠고 건국의 아버지로 이승만을 추대하려한다. 이들은 임시정부를 인정하고 싶지 않다. 일본의 보수우익과 맥을 같이 하는 모습도 보이는데 일본의 식민지 지배로 한국의 근대화가 이뤄졌다는 주장에 동조한다. 이들은 역사 교과서의 좌편향도 문제 삼는다. 하지만 구체적 근거는 부족하다. 차라리 일본의 극우가 내세우는 것처럼 '자학사관을 가르치지 말 것'이라고 한다면 민족주의적 관점으로 치부할 수도 있고 군국주의시대를 그리워하는 시대착오적 집단 망상이라고 여길 수도 있다. 하지만 좌편향의 근거로 '우주의 기운', '그런 기운이 있다'는 것은 실증적이지도 역사적 사실에 부합하지도 않는다. 이런 논거는 200여 년 전 랑케와 콩트 시대의 문제의식에도 도달하지 못한 것이다.

역사교과서 좌편향 문제를 들고 온 사람들은 역사를 자신의 정치적 이념에 맞게 해석하려 했다. 일제강점기 친일의 이력을 가지고 있고 재산을 축적하고 권력을 유지한 그들은 반민특위에서 살아남아 광복 이후 사회의 주류가 되었다. 그 대척점에는 국가와 민족을 위해 헌신한 독립운동가가 자리하고 있다. 광복 이후 이들은 친미 반공노선을 생존의 전략으로 삼고 6·25전쟁은 이들에게 절호의 기회였다. '좌파', '종북' 등의 선전방식은 전쟁의 트라우마를 부추겼다. 그 사람들이 주류로 살아남았다. 시대는 그렇게 흘러갔다. 이들은 이승만과 건국절을 옹호하고 독립운동가와 임시정부의 가치를 깎아 내리는 것이다. 고려사를 쓴 신진사대부가 했던 것처럼.

역사가 현재의 이념을 강화하는 수단에 불과하다는 것을 우리의 근대사는 생생하게 체현하게 해 준다. 담론은 것은 사회에서 힘깨나 쓰는 사람들, 지배세력으로 헤게모니를 장악한 권력자들의 이해에 기초한 말로 사회에서 진리로 통용되고 규정된다. 역사적 사실은 이렇게 현재의 질서에 의한 담론을 바탕으로 해석되고 활용된다. 우리가 보고 있는 텍스트는 결국 담론의 산물인 것이다. 역사는 특정한 목적과 의도를 반영하고 있다. 역사는 텍스트이며 동시에 담론이다. 포스트모던 역사관은 역사를 이해하는 지평을 한 층 더 넓혀주고 다양한 사고 실험을 할 수 있도록 도와준다. 우리의 판단기준을 새롭게 만들어 낼 수 있고 현상의 이면을 볼 수 있도록 말이다. 담론으로서의 역사를 이해한다면 역사는 무엇이다가 아니라 누구를 위한 역사라고 물어야 한다. 그래야 진리에 도달할 수 있는 계기와 기회를 마련할 수 있다. 결국 현재를 지배하는 자가 과거와 미래를 지배하는 것이다. 우리가 명심해야 할 것은 모두를 위한 역사는 존재할 수 없다는 점이다. 역사는 승자의 기록이라는 말에는 이렇게 다양한 의미가 담겨 있다.

정의로운 사회:
한국 사람들은 정의에 목마르다

#2012, 런던 올림픽 개막식

　2012년 런던에서 올림픽이 열렸다. 전 세계가 관심을 가지고 지켜보는 개막식 행사에서 개최국은 자국이 생각하는 가장 자랑스러워하는 전통과 가치를 보여주려 한다. 산업혁명의 나라답게 그들의 산업화의 역사를 보여주며 행사는 시작했다. 이들의 역사가 하나씩 이어지면서 개막식은 중반을 지났다. 화면이 어두워지고 갑작스레 병원과 침상이 등장한다. 그리고 간호사복장을 사람들이 환자를 치료하고 있다. 2차 대전 후 환자를 무상으로 돌보는 영국의 NHS 시스템을 이들은 개막식에 등장시켰다. 영국은 80년대 대처와 레이건의 신자유주의 파고 속에서도 의료분야 만큼은 시장의 영역에 넘기지 않았다. 민영화의 전사 대처도 의료민영화는 도입하지 못한 것이다. 그들이 추구하는 의료의 공공성 즉, 영국의 공공

의료정책이 만능은 아니다. 그러나 영국인들이 추구하는 정의가 무엇인지는 이 사례를 통해서 어느 정도는 파악할 수 있다. 그들은 의료까지 민영화해 수익을 창출한다는 것을 받아들일 수 없었다.

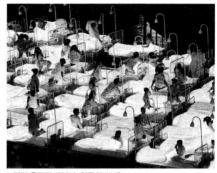

▶ 런던 올림픽 개막식: 영국의 NHS

정의란 무엇인가

우리 사회는 무엇인가에 열광하지만 그 열정은 빠르게 식는다. 또한 기억과 평가에 대해서 인색하다. 불합리한 사회현상에 분노하지만 문제의 본질에 대해서 고민하거나 시스템을 개선하려는 노력으로 쉽게 나아가지 못한다. 그 중 다수가 관심을 보이는 분야는 공정과 정의다. 조국 전 장관의 딸의 입시가 정치쟁점화 되더니 어느 순간 기회의 공정과 정의의 문제로 치환되기 시작했다. 대통령 당선인인 윤석렬은 공정과 정의를 슬로건으로 들고 나와 당선됐다. 그러다 또 그 논란은 휘발되어 버렸고 이 문제는 이제 많은 사람들의 기억에서 점점 잊혀졌다. 굳이 정의를 말하지 않더라도 정의가 강물처럼 흐르는 사회, 정의로움이 일상이기에 더 이상 언급할 필요가 없는 사회가 도래한 것일까. 한 때 마이클 샌델의 『정의란 무엇인가』가 사회현상이 될 정도로 사람들이 열광했던 적도 있었다.

당시 상황은 우리 사회가 무엇인가 정의롭지 않다는 것을 역설적으로

▶ 존 롤스(1921-2002)

드러내고 있는 것일지도. 사람들은 끊임없이 정의가 무엇인지 알고 싶어 했고 대답을 구했다. 그러나 공론화과정으로 쉽게 나아가지 못했다. 이후 집값은 폭등했고 소득불평등과 세대 간 갈등은 첨예해졌다. 삶은 치열해지고 각박해지고 있으며 대다수는 주위를 잘 돌아보지 않는다. 오직 앞만 볼 뿐이다. 정의의 문제와 더불어 공동체와 연대를 말하는 것은 사치다. 우리 사회는 신자유주의와 민영화를 강조했던 철의 여인 대처가 말하듯, 사회는 더 이상 존재하지 않는다. 단지 너와 나로서 각자도생하는 곳이 된 것일까. 우리에게 어떤 이론과 제도와 방법을 통해 해법을 제시할 수 있을까. 그 중 공정성으로서의 정의를 강조한 『정의론』이 여전히 해답을 줄 수 있을지도 모른다.

정의론, 정당화될 수 없는 자의적 불평등이 없는 상태

롤스는 자신의 평생의 목표였던 정의로운 사회 그리고 정의론의 이론적 체계를 마련하려 노력했다. 정의는 사회적 합의를 통한 분배의 기준을 마련하는 것으로 볼 수 있다. 하나의 케이크를 공정하게 세 명이 나눠먹는 방법은 무엇인가. 첫째, 누가 케익을 자를 것인가. 먼저 누가 케익을 집을 수 있는 권리를 얻게 되는가. 그리고 그 원칙은 무엇인가를 결정해야 한다. 이 과정에는 누구나 동의할 수 있는 일정한 규칙과 원칙이 필요하고, 그 기준은 공정해야 할 것이다. 이러한 과정에 따라 만들어진 규칙이라면 구성원들은 합의를 따르고, 공동체는 유지될 수 있다. 이처럼 그는 사회구성원 모두가 받아들일 수 있는 공정한 절차와 방법을 고안하려 했다. 또한 규칙을 통해 이익을 조절하고 사회 여러 문제를 해결하려는 원칙을 제시했다. 정의에 관한 이러한 고민과 업적을 담아낸 그의 견해가 가장 잘 드러난 원칙이 '정의론'(A Theory of Justice)이다.

롤스가 정의로운 사회의 원칙을 강조하는 이유는 미국의 역사적이고 사회적인 특성과 관련이 깊다. 다양한 인종이 용광로에 모여 있는 사회. 그 사회에서 미국이라는 정체성을 만들기는 쉽지 않다. 20세기 초반 미국의 인종차별문제는 중요한 사회적 현안 중에 하나였다. 롤스는 어린 시절 가난한 아이들과 다른 인종의 아이들과 성장하며 불합리한 차별의 문제에 눈을 뜨게 된다. 하지만 성장하면서 평등이란 말뿐인 것이 아닐까라는 문제의식도 함께 갖게 되었다. 대부분의 흑인들은 제대로 된 학업을 이어가지 못하고 범죄와 일탈행위에 빠져든다. 이들이 제대로 된 삶을 살수 없도록 만든 환경의 모습을 보며 자랐다. 롤스는 전통적 WASP(백인이며 앵글로 색슨족의 프로테스탄트인 미국사회의 주류)에 해당하고 독실한 기독교 신자이지만 사회문제에 관심이 컸다. 또한 1차 2차 대전을 보면서 신앙과 종교의 한계 그리고 이를 둘러싼 현실적 문제에 대해서 고민했다.

이러한 문제의식에서 그는 사회 변화는 개인의 행동과 의식보다 사회 구조와 제도적 합리성을 바탕으로 이뤄질 수 있다 결론에 도달하게 된다. 또한 사회적 정의와 분배 등의 문제를 확립하고 개선하기 위해 먼저 법과 제도의 원칙의 중요성을 확립했다. 미국사회에서 흑인과 소수인종들은 사회의 주류에 쉽게 진입하지 못하는 이유가 있다. 기본적으로 소수자들은 백인 등의 주류와 출발선이 다르기 때문이다. 또한 자신의 능력을 최대한 발휘하면 성공할 수 있는 사회가 되면 좋겠지만 자본주의 사회에서 재벌회장의 아들과 생활보호대상자의 자녀가 성공할 수 있는 기회와 가능성은 다르다. 즉, 환경과 기회의 차이도 정의의 요건에서 반드시 고민해야 하는 부분이다.

정의로운 사회 그리고 이러한 사회 구조의 합리성은 어떻게 마련될 수 있는지에 앞서 현상을 먼저 살펴봐야 할 것이다. 롤스는 자의적 불평등이 없는 상태로 정의를 규정했다. 미국은 불평등의 개선과 구조와 제도적 합리성이 마련되었는가. 미국의 의료 현실부터 살펴봐야 한다. 아프면 치료를 받아야 한다. 국민의 기본적 삶의 조건에서 의료는 큰 부분을 차지한다. 하지만 의료도 자본주의에 따라 모두 민영화 된다면 문제가 발생할 것이다. 미국사회에서 의료의 공공성 그리고 의료보험 민영화는 여전히 뜨거운 감자이다. 이 문제에 중요한 한 획을 그은 것은 1972년 닉슨 대통령이 의료보험제도를 민영화한 이후부터이다. 의료보험이 없으면 간단한 시술에도 천문학적 비용을 지불해야 하는 미국식 의료보험제도는 현재 미국 의료시스템의 기반이 되었다. 의료의 시장화와 민영화 즉, 사유화는 사회적으로 큰 비용을 지불하게 만든다. 의사들은 병원과 제약회사의 그리고 자신의 수익을 위해 마약성분의 진통제를 손쉽게 처방해 중독자를 늘렸다. 마약은 미국사회의 가장 큰 사회문제 중에 하나이다. 긴급한 상황에서 보험에 가입하지 않은 병원은 위급 환자를 받지 않는다. 자신이 가입한 의료보험에 가입한 병원을 찾느라 환자가 그 과정에서 생명을 잃기도 한다. 미국 의료의 공공성은 이미 무너졌다. 의료 분야는 미국사회에서 자의적 불평등이 가장 큰 부분이다. 분배와 관련된 빈부격차와 불평등의 문제도 여전하다. 신자유주의는 미국사회의 부의 불평등을 민낯을 보여주는 사례이기도 하다.

신자유주의 배경

2008년 신자유주의주의로 인해 미국은 전례 없는 혼돈 상태에 빠졌다. 신자유주의 경제이념은 1980년대 후반부부터 2000년대 후반까지 전 세계를 휩쓸었다. 이 이론은 모든 것은 시장의 자유에 맡기면 된다는 고전적 의미의 자유주의의 연장선상에 있다. 시장에 국가가 개입하는 것을 원하지 않는 자유주의자들 특히, 시장자유주의자들은 경제는 자유로운 경쟁의 상태에서 최적의 결과를 가져온다고 믿는다. 개인의 자유는 최대한 보장되어야하고, 각자 자유롭게 이익을 추구하면 효율성으로 바탕으로 구성원 모두의 이익은 극대화 된다고 여긴다. 분배와 복지도 이 과정에서 자연스럽게 이뤄진다고 주장했다. 사회도 이러한 경제 발전의 연장선상에 있으며 이 과정을 통해 사회전체의 이익의 총량도 함께 증가하게 된다고 그들은 믿는다. 그러나 그들의 믿음과 원칙은 예상과는 다른 결과를 가져왔다. 이윤추구의 자유를 최대한 보장하고 필요한 규제를 없애자 시장은 탐욕으로 넘쳤다. 더 이상 이를 제어할 수단이 없었다. 2008년 발생한 서브 프라임 모기지 사태는 결국 수많은 기업을 도산시켰고 사람들은 집과 일터를 잃고 거리로 쫓겨났다. 많은 사람들은 이로 인해 고통을 받아야 했다.

혼란은 거대 투자은행들이 불러온 잘못된 투자와 인식 때문이었다. 그들은 자신의 이익을 극대화하기 위한 투자행위와 경제행위를 했다. 투자를 통한 이익추구는 당연하다. 그러나 더 많은 이익을 위해서 시장의 질서를 어지럽히는 것도 개의치 않았다. 법과 규칙을 회피할 수 있는 수단과 방법을 모두 동원했다. 시장의 자유를 통한 이익추구는 결과가 좋으면 모든 것이 용서되었다. 특히 투자회사나 은행은 빚을 통해 더 높은 수익을 낼 수 있는, 위험도가 큰 채권과 부동산 등에 묻지마 투자를 지속했고 아무도 결과에 대해 신경 쓰지 않았다. 하지만 탐욕은 거대한 빚을 만들었고 더 이상 빚을 갚을 수 있는 방법이 없는 사태에 빠졌다. 결국 시스템은 붕괴했다. 이들은 이제 정부에게 손을 내민다. 사회 구성원의 세금이다. 시장의 자유가 최우선이라고 부르짖던 사람들은 스스로의 원칙과 신념을 버렸다. 미국의 서브프라임 모기지 사태는 신자유주의 체제의 종말이었다. 탐욕스러운 인간은 스스로의 욕구를 조절하지 못했고, 자신들이 만든 사회 경제시스템을 위기로 몰아넣었다. 시장의 자유가 자기 자신과 사회를 파멸로 이끈 것이다.

신자유주의는 어떻게 1980년대에 힘을 얻게 되었을까. 18세기 후반 산업혁명이후 자유주의를 바탕으로 한 경제체제인 자본주의는 큰 발전을 거듭한다. 그러나 계급간의 갈등, 빈부격차와 더불어 수많은 문제를 만들었다. 부르주아들은 더 많은 자본을 축적하기 위해 노동자를 탄압한

▶ 소련 공산당 대회

다. 착취와 억압은 일상이 되었다. 자본가들은 점점 더 부유해지며 자신의 부와 기득권을 사회 제도를 통해 유지하고 정당화 시키려 한다. 국가는 이때 아무런 역할을 할 수 없을 정도로 미약했다. 마르크스는 19세기 말 이 자유주의 체제로부터 시작된 사회의 여러 문제에 대한 새로운 사회, 경제체제를 고민하기 시작한다. 이러한 사회체제가 바로 공산주의다. 기존의 부르주아의 정치체제와 경제체제를 개선하려는 의도와 열망으로 20세기 사회주의 정치, 경제 체제가 만들어진다. 이 체제는 평등을 가장 중요한 이념적 지향으로 삼았다. 정치적인 부분에서 뿐만 아니라 경제적인 측면에서도 생산수단을 사회가 공유하는, 모든 사람은 평등해야 한다는 원칙을 마련한다.

이러한 문제의식에서 나온 체제임에도 불구하고 현실 사회주의 체제는 근본적 한계가 있었다. 모두가 평등할 수는 없는 것이다. 사회주의 사회체제에서도 여전히 당과 간부들은 특권을 누렸다. 또한 생산수단의 독점과 사적소유를 제한하고, 생산과 소비가 이뤄지는 계획경제는 비효율성을 가져올 수밖에 없었다. 이 사회 체제의 실험은 최악으로 끝났다. 인민들은 기본적인 삶을 누릴 수 없었고, 체제를 유지하기 위해서 독재와 감시를 통해 개인의 자유와 기본적 인간의 권리를 억압했다. 구성원들의 삶은 점차로 피폐해졌다. 결국 20세기 말 소련과 동유럽이 붕괴하고 사회주의 실험은 막을 내린다.

　자유주의 진영은 사회주의의 급격한 세력 확장을 반면교사와 백신으로 삼았다. 자유민주주의 국가들은 자본주의 경제체제의 위기에 직면한 뒤 스스로 문제를 극복해 나가려 했다. 복지제도를 통해 경제적 불평등을 줄이고 노동자의 정치참여를 보장했다. 사회주의의 위협에 대항에 스스로의 경쟁력과 생존력을 높였다. 2차 대전 이후 복지를 강조하며 정부가 시장에 개입하는 형태로 자본주의 사회에서 중산층이 된 노동자 계층은 20세기 중반 역사상 유래가 없는 풍요를 누리게 되었다. 이것이 영광의 30년의 체제이다. 20세기 말 사회주의는 대부분 붕괴한다. 체제 경쟁에서 결국 자유주의를 바탕으로 자본주의 체제는 승리를 거두고 프랜시스 후쿠야마는 이를 역사의 종말(the end of history)이라고 표현했다. 자유주의를 바탕으로 한 자본주의 경제체제와 정치적 민주주의 체제가 완성되었다는 것이다. 여기까지의 상황을 정리하면 자유주의의라는 개념이 조금 더 분명해진다.

　신자유주의 체제는 이러한 흐름의 연장에 있다. 특히 경제적 측면에서 자유주의는 점점 세력을 키워나갔다. 자본주의 체제의 위기가 없어지고 사회주의가 붕괴하자 자본이 다시 그 본색을 드러내기 시작한다. 이제 권력을 가진 기득권들은 사회제도를 자신들에게 유리하게 바꾼다. 더 많은 것을 가지고 싶은 욕심에 사로잡힌다. 이러한 흐름은 이미 1970년대 후반을 기점으로 나타나기 시작했다. 세계경제가 침체에 빠지자 정부의 시장 대한 개입과 규제가 효율성울 저하시킨다는 우려의 목소리가 나왔다.

경기가 쇠퇴하고 성장의 효율성이 떨어지는 이유는 여러 가지임에도 불구하고 복지와 과도한 분배가 성장을 저하시킨다는 이데올로기가 사회적 담론으로 힘을 얻기 시작했다. 이들의 목적은 분명했다. 다시 효율성을 바탕으로 한 즉, 자신들의 이익을 늘릴 수 있도록 시장경제 제체의 근본으로 돌아가자는 주장을 펼치는 것이다. 신자주유주의 이념이 점차 주류의 이념으로 떠오르기 시작한다. 신자유주의는 복지국가체제의 비효율을 줄이고 시장에 대한 정부의 개입을 최소화해 효율성을 높이자는 이념과 다르지 않다. 그러나 과도하면 문제가 생기는 법이다.

신자유주의의 시대

1980년대 초반 이러한 흐름은 이제 본격화된다. 그 신호가 바로 보수 정치세력의 집권이었다. 영국에서 보수당의 대처가 정권을 잡았고 미국은 로널드 레이건이 레이거노믹스를 앞세우고 대통령이 되었을 때였다. 이데올로그들은 효율성과 생산성을 향상시키기 위해 기업에게 좀 더 많은 자유가 필요하다고 주장했다. 각종 규제를 줄이거나 없애야 한다고 말한다. 그리고 시장에서의 경쟁은 경쟁력을 향상시켜 경제위기가 극복되고 기업은 더 많은 노동자를 고용해 경제가 살아난다고 주장했다. 사회현상 그리고 이를 다루는 사회과학은 가치가 개입된다. 이론에는 이들의 가치와 믿음이 깔려 있었다. 2008년 즈음 이명박 정부는 이들의 주장과 크게 다르지 않은 정책을 폈다. 그 중 대표적인 것이 트리클 다운 즉, '낙수효과'다. 기업의 이익이 늘어나면 자연스레 그 부가 노동자계층에게도 흘러간다는 것이다. 하지만 현실은 예측과 달랐다. 이제 그 이론을 강조하는 사람은 없다. 신자유주의 이론이 주류가 되자 국가의 역할과 국가의 시장에 대한 개입은 점차로 줄어들었다. 불필요한 규제를 없애자는 담론이 힘을 얻었다. 이 과정에서 심화된 사회적 불평등과 모순은 2000년대 초반부터 누적되기 시작했고 2008년 미국에서 서브프라임 모기지 사태가 돼 터진 것이다.

신자유주주의 체제가 강화 될 때 양극화 즉, 계층 간 빈부격차는 더욱 확대된다. "돈이 돈을 번다"는 말은 바로 자본이 스스로 자산을 늘리는 상황을 말하는 것이다. 그렇기 때문에 자산을 소유하지 못한 사람은 자본을 많이 가진 사람에 비해서 부를 획득하기가 어려워지고 기회도 줄어든다. 이 격차가 더욱 심해지면 분배의 불평등이 강화된다. 2010년대 이후 신자유주의라는 개념과 용어는 이제 더 이상 사회적 담론을 형성하지 못하고 있다. 또한 이 이념이 분배의 문제를 해결할 수 있다고도 여기지 않는다. 금수저, 은수저, 흙수저, 지옥고(지옥 옥탑, 고시원)가 청년들의 삶을 보여주는 사회는 이 신자유주의 체제의 부작용 중 하나이다. 불평등이 고착화되고 강화되고 있지만 이 문제를 해결하기 위한 사회적 합의도, 실질적인 대안도 마련하기 쉽지 않아 보인다.

사회주의라는 백신이 사라진 신자유주의 사회 그리고 자본주의는 특정한 집단의 이익을 극대화했다. 공공성과는 거리가 먼 특정 소수를 위한 부의 추구가 사회적으로 어떤 결과를 가져오는지를 최강대국 미국의 상황에서 알 수 있다. 공공성을 저버린 민영화의 폐해이다. 미국사회에서 다수의 사람들은 빈곤의 그림자에서 자유롭지 못하다. 상위 1%의 부가 전체의 43%를 차지하고, 상위 1%의 부 증가율이 전체의 93%이며, 미국 아동 빈곤율은 21.9%(5명 중 1명)에 이른다. 밥 굶는 아이 5명 중 1명이고 미국 의료 보험 미가입자는 6명 중 1명이다. 의료보험이 없는 상태에서 병에 걸리거나 다치게 되면 미국사회는 생존권을 위협받는다. "미국은 더 이상 민주주의 국가가 아니고 이미 금권주의 국가"라고 시티은행 보고서는 밝힌다. 개인의 자유를 최대한 강조하는 미국사회의 전통은 불평등과 빈곤의 문제로 사람들을 옭아매고 있다.

10여 년 전 오바마 정권은 오바마케어를 통해 수 십년간 미국사회의 문제로 지적된 의료보험제도를 개혁하고 확대하려는 시도를 했다. 하지만 민주당 의원들을 사회주의자로 취급하고 정치적인 쟁점으로 삼아 공격을 가했다. 공화당 네오 강경파들과 보수원리주의자인 티파티 의원들은 개인의 자유를 침해한다는 이유로 의료보험 개혁을 반대했다. 이러한 미국사회의 특성을 살펴볼 때 사회복지와 분배제도와 관련된 논의를 공론화하는 것 자체가 용기가 필요한 일이다. 롤스가 생전에 사회주의자로 몰리기도 했고, 정의론과 관련된 분배문제가 아직도 미국사회에서 논란이 될 수 있다. 이 같은 미국사회가 정의롭다고 보기에는 어려울 것이다. 굳이 롤스의 원칙과 정의론을 언급할 필요도 없다.

신자유주의

신자유주의(新自由主義, 영어: neoliberalism)는 1970년대부터 부각하기 시작한 경제적 자유주의 중 하나이다. 토머스 우드로 윌슨 대통령이 1920년대 제창했던 새로운 자유(The New Freedom) 정책, 그리고 정치적, 문화적 자유에도 중점을 두었던 자유주의와는 다른, 고전적 자유주의에 더 가까운 것이다.

국가 권력의 개입증대라는 현대 복지국가의 경향에 대하여 경제적 자유방임주의 원리의 현대적 부활을 지향하는 사상적 경향이다. 고전적 자유주의가 국가개입의 전면적 철폐를 주장하는데 비해, 신자유주의는 강한 정부를 배후로 시장경쟁의 질서를 권력적으로 확정하는 방법을 취한다. 신자유주의는 1980년대의 영국 대처 정부에서 보는 것처럼 권력기구를 강화하여 치안과 시장 규율의 유지를 보장하는 '작고도 강한 정부'를 추구한다.[출처 필요] 신자유주의는 한국에서 주로 노동 시장의 유연화(해고와 감원을 더 자유롭게 하는 것), 작은 정부, 자유시장경제의 중시, 규제 완화, 자유무역협정(FTA)의 중시 등의 형태로 나타나고 있다.

정의로운 사회의 요건과 정의론의 3가지 원칙

롤스의 생전에 사회적 불평등은 더욱 극심했을 것이다. 그렇다면 롤스가 강조했던 정의로운 사회는 어떤 사회인가. 첫 번째로 그의 이론은 사회계약론에서 출발한다. 사회계약론은 사회와 공동체는 어떻게 만들어졌는지 그 기원을 밝히려는 이론이다. 홉스, 로크 등이 대표적인 사회계약론자이다. 우리는 개인의 자유와 생명 그리고 재산을 보장받기 위해 국가 그리고 공동체와 계약을 맺고 우리의 자유를 일정부분 국가에 양도했다. 따라서 개인의 자유와 더불어 이윤추구의 자유는 최대한 보장해야 하는 것이다. 롤스역시 이러한 원칙에 동의했다. 그의 정의론도 이러한 대전제에서 출발한다. 따라서 그가 분배를 강조했다고 해서 사회주의자로 보는 것은 그의 사상을 제대로 이해하고 못하고 있는 것이며 정치적 목적을 위한 낙인찍기에 불과하다.

공리주의적 관점도 롤스 정의론의 한 축을 이루고 있다. 공리주의는 행위의 결과가 중요하다. 벤담과 밀로 대표되는 공리주의 사상에서 행위의 원칙은 "최대다수의 최대행복"이며 이를 통한 사회제도와 정책역시 마련되어야 한다고 강조한다. 많은 사람에게 이익이 돌아간다면 그것으로 최선이라는 공공성의 원칙을 이 이념은 내포하고 있다. 코로나시대 백신을 맞는 이유가 있다. 백신을 맞는 행위는 개인이 위험한 중증에 걸리지 않도록 면역이 생기게 하지만 그 면역은 사회구성원 모두에게도 이익이다. 또한 백신을 맞은 개인이 부작용에 시달릴 수 있지만 백신을 맞아 코로나에 걸리지 않는 것이 더 큰 이익 즉, 편익이 된다는 것을 부인할 수 없을 것이다. 공리주의적 관점에서 보면 백신을 맞는 것이 타당한 행위의 원칙이 된다. 그러나 공리주의역시 비판받을 부분은 있다. 롤스는 공리주의를 일부 비판하면서 정의론의 원칙을 강조했다.

공리주의는 보완이 필요했다. 최대다수의 최대행복은 다수결의 원리와 관련이 있다. 다수결의 원리는 민주사회를 운영하는 효율적인 원칙 중에 하나이다. 원칙과 원칙 가치와 가치가 충돌할 때 최상의 의사결정은 다수의 이익을 따르면 된다. 그러나 다수결의 원칙이 항상 옳을 수만은 없다. 공리주의의 원칙을 따르게 되면 소수자를 위한 여러 제도와 장치 등은 불필요하며 합리적이지도 않다. 이 원칙은 소수자의 권리와 이익을 무시하는 한계가 있다. 계단이 있는 건물에 따로 장애인을 위한 엘리베이터를 설치하고, 장애인용 화장실은 번거롭게 만들 필요가 있을까. 소수자

▶ 오바마의 의료보험 개혁공약

를 위한 것은 모두 쓸모없는 비용에 불과하다. 그러나 사회적 합의를 통해 공공성의 의미가 바뀌고 이에 따라 사회제도와 정책도 이에 맞춰 바뀐다.

공리주의의 원칙을 따르지만 소수자의 권리역시 무시할 수 없다는 인식이 형성되고 사회적 합의가 이뤄진다면 가능한 일이다. 우리나라 역시 이러한 문제의식을 바탕으로 소수자에 대한 권익을 위해 공공건물이나 지하철 등 소수자의 이동을 보장하기 위한 다양한 시설을 만들었다. 사실 이러한 변화도 20여 년 정도의 역사를 가질 뿐이다. 장애인을 위한 이동권, 장애인 차별금지법, 다문화 가정에 대한 차별 금지와 지원 등에 대한 법률도 이러한 원칙에 근거한다. 이러한 법안들은 소수자들이 교육, 고용, 이동, 거주 등 사회에서 차별받지 않을 권리를 보장하고 있는 것이다. 우리 사회는 다양성을 인정하고 소수자의 사회적 권리를 보장하는 형태로 바뀌어 왔고, 다양한 분야에서 정의론의 원칙은 확립되었다. 롤스가 말한 정의의 원칙은 사회계약론에 출발해 인간의 자유와 기본적 권리를 최대한 보장하는 것이다.

둘째, 계약을 맺은 사람들은 모두 자신이 몸담고 있는 집단이나 계층의 이익만을 추구해서는 안 된다. 건축가는 자신에게 유리한 방향으로 건축물에 관련된 법을 만드는데 지식을 활용하며 비용은 최소화하도록 할 수 있기 때문이다. 법률가는 의뢰인보다 자신에게 유리하게 법을 활용하는 것도 가능하다. 이러한 상황이 되지 않도록 제도와 정책이 마련되어야 한다. 결국 계약을 하는 사람들과 법을 만드는 사람들은 공정한 절차를 마련하기 위해서 특수한 여건에서 배제되는 것이 옳다. 계약 당사자들은 미래에 자신이 어떤 지위에 있는지 모르는 상태에 있어야 하며 이 상태를 롤스는 무지의 베일(the vail for ignorance)이라고 불렀다. 케이크 자르기처럼 모두가 합당하게 받아들일 수 있도록 기준을 선정할 때 케이크를 자르는 사람은 가장 늦게 조각을 집어야 한다. 그리고 나머지 두 사람은 공정한 게임을 통해 먼저 선택할 수 있는 기회를 만드는 것이다. 케이크를 자르는 사람은 누가 가장 큰 조각을 집게 될지 알 수 없기 때문에 최대한 공정하게 케익을 나누게 될 것이다. 그리고 두 사람은 게임과 경쟁을 통해 케익을 선택할 수 있는 권리를 가지게 되었기 때문에 이 규칙을 받아들일 수 있게 된다. 즉, 우리는 자신이 어떤 가정에서 태어나게 될지 모르는 상태였다. 자본주의 사회에서 자본가의 아들로 태어나는 것이 유리하지만 우리는 자신의 태어날 계층을 선택할 수 없다. 그것이 바로 무지의 베일상태이다. 사회적 계약을 한 당사자들인 우리가 공정한 절차에 의해서 사회제도나 규칙이 만들어진다면 그 결과를 우리는 수긍할 수 있게 된다.

셋째, 정의론의 원칙은 차등이다. 자유의 원칙에 동의했다면, 사회적 경제적 불평등이 발생한다. 바로 분배의 문제이다. 그는 이 불평등이 인정되려면 가장 하위의 사람들에게 일정한 기회와 혜택이 보장되어야 한다고 주장했다. 경제적 이유 때문에 기본적 권리를 포기하는 경우도 많기 때문이다. 즉, 최소수혜자에게 최대의 혜택이 필요하다는 것이다. 기회의 평등과 관련해 대입제도가 있다. 의무교육을 마친 후 대부분 수능시험을 통해 대학입학자격을 얻는다. 물론 상위권대학진학이 자신의 미래의 가능성을 높일 수 있기에 경쟁이 치열할 수밖에 없다. 그러나 전라남도의 외딴섬에서 사는 학생과 서울의 대치동에 사는 학생을 수능점수만으로 동일하게 평가하는 것은 정의롭지 않은 것이다. 이 둘은 기회의 평등에서는 동일하지만 그 과정에는 서울의 학생이 더 많은 사회, 경제적 혜택을 받고 있다. 이를 개선하기 위해 우리 사회는 차등을 원칙을 위한 정책을 위해 다른 전형을 도입했다. 지역입학 할당제, 균형선발제도 등을 도입해 공공성과 공정성을 강화하고 정의의 원칙을 실현하려 한 것이다.

지역의 아이들과 강남의 아이들이 모두 점수를 통한 경쟁만 추구하는 것이 아닌 다른 선발과정을 거치는 것이 사회적 합의에 따른 차등의 원칙에 부합한다. 정의는 기계적 기회의 평등과 형식적 평등을 지양한다. 또한 사회주의와 같은 결과의 평등을 추구하지도 않는다. 공정함으로서의 정의를 강조하는 롤스의 정의론은 형식적 기회의 평등에서 실질적 평등으로 나아가자는 의미를 담고 있다. 정의론과 관련된 제도와 정책가운데 하나인 미국의 대학입학제도인 affirmative action이 있다. 물론 이 정책도 미국사회에서 역차별의 문제로 끊임없는 사회적 논쟁 속에 있다. 이 정책은 흑인, 히스패닉, 소수 인종에 따라 대학입학의 비율을 강제하는 제도이다. 하지만 이 제도의 시행은 미국사회가 실질적 평등과 다양성을 강조하고 있다는 의미도 된다. 건강한 사회는 능력에 의해 평가받아야 한다는 부분을 강조하는 것이기도 하고 인종의 다양성을 고려해 사회적 통합을 이루려는 노력이다.

어디에서든 가능성 있는 빌리는 나와야 한다

〈빌리 엘리어트, 2000〉는 80년대 영국의 탄광촌의 작은 마을에서 시작한다. 발레에 재능이 있는 어린아이가 있지만 그 아버지는 아이에게 발레능력을 키워줄 수 있는 경제적 능력이 없다. 그의 아버지는 광부이다. 또한 남자아이는 발레를 하는 것이 아니라는 성역할과 관련된 편견을 가지고 있기도 하다. 여러 고민 끝에 아버지는 아이의 재능을 인정하고 그의 재능과 능력을 키우기 위해 자신을 희생하기로 한다. 결국 빌리는 편견과 차별을 극복하고 어려운 경제상황에서도 자신의 적

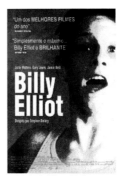

▶ 〈빌리 엘리어트 2000〉

성과 재능을 펼칠 기회를 갖게 된다. 이 영화는 1980년대 영국의 대처정권의 탄광노동자 정리해고 등 신자유주의 정책을 우회적으로 비판한다. 또한 성소수자의 문제 등을 과하지 않게 소재로 활용했고 성장스토리에 잘 녹여 내였다. 또한 공정성으로서의 정의의 원칙을 잘 설명할 수 있는 텍스트이기도 하다.

1980년에 집권한 대처 정부는 신자유주의 원칙에 충실했다. 영국 경제의 문제를 정부의 시장개입으로 인한 비효율성과 과도한 복지에서 찾았다. 이러한 영국 경제침체의 위기를 과감한 신자유주의 이념과 정책으로 해결하려 했다. 대표적으로 탄광 노동자들의 반대에도 불구하고 대대적인 구조조정을 벌이고 이 과정에서 사회적 갈등과 노동자들과 정부의 대치는 극단으로 치닫는다. 빌리의 아버지는 노조대표로 정부와 파업을 벌이지만 갑자기 파업을 멈추고 정부의 제안을 수용한다. 조직원들의 비난을 무릅쓰고 소신을 꺾는다. 다른 사람들은 그를 배신자라고 부른다. 노조 지도자로서 파업을 주도한 그였지만 빌리의 재능을 인정하고 "빌리에게 자신의 재능을 펼칠 수 있는 기회를 주고 싶었다"고 그의 말은 공정으로서의 정의를 떠올리게 만든다.

아버지의 노력으로 빌리는 자신의 삶을 바꿀 기회를 얻게 된다. 탄광촌 노동자로서 삶이 아니라 왕립발레학교에서 발레를 공연하는 예술가로서의 삶을 살게 되었다. 하지만 자신의 적성과 재능이 있다고 해서 모두에게 이런 기회가 오는 것은 아니다. 수많은 다른 아이들은 이런 기회를 보장받지 못할 가능성이 더 많기 때문이다. 또 다른 분야에서 빌리는 기회를 기다리고 있다. 행운, 누군가의 선의와 희생만을 요구할 수 없다. 공정성으로서의 정의는 제도적인 형태로 구체화되는 것이 바람직하다. 태어난 계층에 상관없이 자신의 재능과 능력을 펼칠 수 있는 기회를 보장받을 수 있는 실질적 평등이 보장된 사회. 이러한 제도와 정책이 구체화된 사회가 롤스가 바라는 정의의 원칙에 따른 사회이다. 그리고 우리가 만들려고 하는 사회의 모습일 것이다.

3강

게임이론과
죄수의 딜레마

#다크나이트- 조커의 게임

〈다크 나이트, 2013〉의 절정은 죄수의 딜레마 상황이었다. 혼돈과 악을 상징하는 조커는 고담시를 혼란과 무정부 상태로 몰아넣는다. 배트맨은 조커를 막기 위해 애쓴다. 자신으로 인해 주변사람들이 위험에 빠지지 않도록 박쥐가면을 쓰고 악을 소탕한다. 배트맨과 조커는 서로의 대척점다. 두 존재는 선과 악, 낮과 밤, 질서와 혼란을 상징한다. 배트맨과의 최후의 대결을 앞두고 조커는 사람들의 본성이 악과 이기심으로 가득 찬 존재이며, 인간은 이러한 본성에서 벗어날 수 없다는 것을 증명하려 했다. 혼돈과 악이 원래 우리의 존재 이유라고 외친다. 사람들은 조커가 폭탄을 설치한 배를 타고 도시에서 벗어나려 한다. 두 종류의 배에는 각각 일반 시민들과 죄수들이 타고 있었다. 조커는 두 배에 따로 방송을 한다. 시

▶ 〈다크 나이트, 2013〉

민들이 탄 배에는 다른 배에 죄수들이 타고 있다고 알려준다. 폭탄을 먼저 누르면 살 수 있다. 그러나 상대방이 먼저 기폭장치를 누르면 자신의 배는 폭발하고 모두 죽는다고 알려준다. 조커는 절묘하게 우리를 시험에 들게 만들었다. 이기적이고 합리적 인간이라면 먼저 폭탄을 눌러 상대를 죽이는 것이 맞다. 그 결과는 어떻게 되었을까.

우리는 일상에서 수많은 선택을 해야 한다. 그 선택은 상대방을 고려해 자신에게 유리한 상황을 만들기 위한 전략일 수도 있고, 자신의 현재 상태에서 가장 유리한 선택을 한 것일 수도 있다. 남자인 당신은 25살에 다른 나라로 어학연수를 떠날 것을 고민하고 있다. 당연히 이러한 선택은 취업과 본인의 미래 등 모든 타인의 전략과 선택을 고려해 이뤄지기도 한다. 당신은 다양한 요인을 고려한다. 이를 분석하는 도구로서 다음의 표를 만들어 볼 수 있다.

25세의 어학연수			
장점	유학생활의 경험 자유로운 생활 대륙횡단, 오토바이 등 새로운 사람 만남	군대 안 갔다 옴 경제적 능력은? 휴학의 문제 사회진출 늦어짐	약점
단점	국제경험 중시하는 사회 다국화 된 모습 다국적기업 취업유리 다양한 경험은 장점	병역문제는 귀국 이후? 갈수록 취업이 힘들어짐 국내에서도 할 수 있음 사람들의 관계 소원해짐	위기

경영이나 통계 상품 판매전략 등 기획안을 작성할 때 이 SWOT분석은 다양한 분야에서 활용된다. 다만 본질은 같다. 다양한 변수를 고려했을 때 스스로 최적의 선택을 하고 이익을 극대화하려는 의도인 것이다. 게임 이론도 이와 유사하다. 게임이론의 탄생과 발전은 냉전시대라는 시대적 상황과 관련이 깊다. 미국과 소련은 모두 핵무기를 가지고 있었지만 두 나라는 2차 대전 이후 이 핵무기를 전면적으로 사용하지 않았다. 핵무기 의 사용은 당연히 모두의 파멸을 불러오게 된다는 전략적 판단이 이뤄졌 기 때문이다. 즉, 상호확증파괴 그리고 억제의 전략을 통해 두 나라는 합 리적인 의사결정과정으로 이러한 현재의 상황을 유지하는 것이 최선이라 고 판단했다. 이후 냉전은 지속되었다.

이 같은 상황을 고려해 간단히 정리한다면 게임이론은 상대방의 전략 을 읽고 최선의 선택을 모형화해 판단한다. 합리적 경쟁 주체 A or B 혹 은 다수는 상대편의 대처 행동을 고려하면서 자기의 이익을 효과적으로 달성하기 위해 노력한다.

이 과정에서 선택에 따른 다양한 결과를 모형으로 만들고 그 결과를 분석할 수 있을 것이다. 이 게임이론은 1960년대 이후 사회학, 경제학, 정치학 등 사회과학의 영역을 포괄하는 의사결정의 핵심전략이 되었다. 사실 우리는 사실 끊임없이 선택과 판단의 순간에 직면한다. 이런 상황에 서 최적의 선택을 내리기 위한 전략은 필수적이다. 경영전략에서는 경쟁 기업의 제품개발 상태 등을 고려한다. 남북관계 등에서도 북한의 태도와 전략 즉, 미사일과 핵무기에 대한 위협은 대북정책에 영향을 끼친다. 우리정부는 북한의 전략과 선택을 파악하고 그 결과와 기회비용을 고려해 정책의 방향을 결정하게 된다. 결국 행위주체가 정부와 기업, 개인으로 다르지만 인간은 이해득실과 장단점을 모두 고려해 이익을 극대화하는 전략적 판단을 내리는 합리적 존재인 것이다.

▶ 존 폰 노이만

게임이론의 창시자는 존 폰 노이만(1903-1957)으로 볼 수 있다. 현대 컴퓨터의 모델, AI연구, 원자폭탄연구와 설계에 공헌했고 유대인 출신으로 프린스턴대학의 교수를 역임했다. 그의 천재성에 대한 많은 일화가 있을 정도로 뛰어난 재능을 가진 사람이었다. 게임이론의 결과는 기존의 고전경제학 이론에 대한 반박이기도 하다. 아담 스미스의 고전경제학 이론으로 현상을 이해하면 개인의 합리적 선택은 사회전체에 도움이 된다. 시장의 보이지 않는 손에 의해서 가격이 수요와 공급의 법칙에 의해서 결정되고 개인은 자신의 이익만을 추구하면 사회전체의 이익에 기여하기 때문이다. 이것이 아담 스미스의 이론이다. 물론 아담 스미스는 도덕 감정론에서 인간의 이기심은 이타심을 전제로 한다는 의미를 두고 인간을 신뢰하기는 했다. 이 부분을 잊으면 안 된다. 하지만 개인의 합리적 이익추구가 사회에 도움이 되지 않는 경우도 있다. 노이만은 1944년 그의 논문 『게임과 경제행동이론』을 발표한다. 게임이론은 우리가 당연하다고 믿고 있는 사고방식과 체계를 바꿔놓았고 새로운 방식으로 사고할 수 있는 계기도 마련해 주었다. 가장 유명한 사례인 죄수의 딜레마에 대해서 살펴보자.

죄수의 딜레마 – 개인의 합리적 선택은 최선을 결과를 만들 수 없다

아래에 표는 두 용의자가 선택할 수 있는 경우의 수이다. 용의자 A와 B는 은행을 털겠다고 결심하고 공모해 실행에 옮긴다. 그런데 완벽했던 계획에 문제가 생겨서 이들은 경찰에게 잡혔다. 관련된 증거는 모두 숨겼고 돈도 특정한 장소에 은폐해 놓았다. 물증은 없다. 심증만이 있을 뿐이다. 물증이 나오면 당연히 유죄가 확정된다. 자 이제 경찰과 검찰은 피의자를 심문한다. 물론 용의자 A와 B는 서로 커뮤니케이션을 할 수 없도록 격리된 상태다.

		용의자 B	
		자백 안함	자백함
용의자 A	자백 안함	둘 다 1년형	B 석방 A:20년
	자백함	B:20년 A:석방	둘 다 10년형

우선 용의자 B의 선택을 기준으로 보자. 순서를 바꿔도 상관은 없다. 용의자 B가 자백을 선택했다고 하면 용의자 A는 어떤 선택을 하게 되는가. 합리적인 개인 즉, 자신의 이익만을 추구한다면 자백하는 것이 유리하다. B가 자백을 했는데 자신이 자백하지 않는다면 자신의 형량만 높아

져 20년을 살아야 한다. B가 자백을 하지 않는다고 하더라도 A의 입장에서는 손해 볼 것이 없다. A는 석방이 되기 때문이다. 결국 A는 자백을 하는 선택이 유리하다. 그러나 B도 합리적 주체이기에 A의 판단에 대해서 동일한 생각을 하고 있다.

이 같은 상황이기에 용의자 둘은 결국 모두 자백을 해서 둘 다 10년형을 선택하는 상황이 되는 것이다. 이 죄수의 딜레마이론에서 말하고자하는 것은 결국 상대편을 끝까지 믿지 못하기 때문에 결과적으로 행위주체는 최선이 아니라 차선을 선택해 10년형을 선고 받게 되며, 이러한 선택이 가장 합리적일 수밖에 없다는 것이다. 만약 내가 끝까지 혐의를 부인했는데 상대편이 혐의를 인정하면 그 피해가 고스란히 자신에게 돌아온다. 이러한 딜레마 상황에서 90% 이상은 모두 자백을 선택하게 된다. 개인은 이기적이고 주체이기 때문이다. 따라서 아담스미스의 이론은 불완전하다는 결론이 도출된다. 고전경제학의 가장 핵심적인 이론의 예외가 발생했다.

사회는 윈윈 게임이 아니라 제로섬 게임이고 결국 개인의 합리적 이익추구는 구성원에게 손해를 가져오게 된다. 이러한 상황은 사회에서 유사하게 반복된다. 공유지의 비극을 생각해보자. 마찬가지 결과를 얻을 수 있다. 한 마을 공동체에 양을 키울 수 있는 공유지가 있다. 이 공유지는 어느 누구도 소유권을 주장할 수 없는 공간이다. 3명의 가구는 각각 10마리씩의 양을 키우고 있다. 특별한 제약 없이 모두 서로 4~5마리씩의 양을 풀어 놓는 것이 암묵적 규칙을 모두가 따랐다. 어느 날 한 집이 10마리의 양을 목초지에 방목하게 된다. 양털 생산량이 20% 높아졌다. 이를 안 다른 집도 양의 방목량을 늘린다. 결국 몇 달 후 목초지는 황무지로 변해버려 모두에게 막대한 피해를 가져오게 되었다. 개인의 합리적 선택이 결국 사회전체 이익을 가져오지 않았다.

마찬가지로 죄수의 딜레마 이론은 여러 상황에 적용할 수 있다. 냉전시기 미국이 핵탄두를 10개 제작하면 소련도 균형을 맞추려고 할 것이고 10개 이상의 핵탄두를 만든다. 이를 통해 균형을 맞출 수 있고 전쟁을 억제할 수 있기 때문이다. 다시 미국은 더 많은 핵무기를 제작하고 양을 늘린다. 결국 이 과정에서 양국의 국방비와 인류의 생존을 위협하는 핵무기는 증가하게 된다. 더 나은 방향이 있음에도 불구하고 지구전체에 이러한 상황은 긴장감만 높일 뿐이다. 경제는 선택의 문제이기에 이 비용은 인간의 더 나은 삶을 위해 활용될 수도 있었다. 기업체가 왜 비용을 지불하면서도 TV광고의 비용을 늘릴 수밖에 없을까. 일정한 비율로 시장을 점유한 기업이 광고를 하지 않고 마케팅의 비용을 줄이면 전체 매출을 더 늘릴 수 있다. 그러나 상대회사가 광고비를 올려 시장을 확장하는 방향으로 전략을 바꿨다. 이제 광고를 하지 않는 기업은 시장점유율과 매출이 줄어든다. 서로 합의를 해서 광고비를 줄이면 이익은 늘어나지만 언제까지 신뢰가 만들어지게 될지 알 수 없다. 실제 사례가 있다. 1970년대 미국의 의회는 담배광고를 TV에서 하지 못하는 법안을 만들었다. 기업들이 반대 할 것이라 생각했지만 그렇지 않았다. 담배제조 업체들은 모두 환영의 입장을 밝혔다. 담배광고가 법적으로 금지되면 상대회사를 고려해 책정한 광고비를 줄일 수 있다. 광고는 얼마든지 다른 방법으로 가능하다. 사람들은 흡연의 중독성 때문에 담배를 끊지 못해 매출은 크게 떨어지지 않을 것이라고 예상했고 그 예상은 적중했다. 담배회사들의 이윤은 크게 상승했다.

> **내시 균형**(Nash equilibrium)은 게임이론에서 경쟁자 대응에 따라 최선의 선택을 하면 서로가 자신의 선택을 바꾸지 않는 균형상태를 말한다. 상대방이 현재 전략을 유지한다는 전제 하에 나 자신도 현재 전략을 바꿀 유인이 없는 상태를 말하는 것으로 죄수의 딜레마 게임 또는 죄수의 딜레마(Prisoner's Dilemma)와 밀접한 관계가 있다 존 포브스 내시가 만든 개념이며, 그의 이름을 따서 명명되었다.

내시의 균형이론

개인의 합리적 선택은 사회전체, 공동체의 이익도 함께 고려해야 하는 방향으로 나아가야 한다. 균형이론은 경쟁상황이 지속될 때 상대방이 현재의 전략을 유지한다면, 주체는 스스로 지금의 상황이나 전략을 바꿀 필요가 없는 안정 상태에 이르게 된다. 죄수의 딜레마에서 결국 두 용의자가 차선의 선택을 해서 10년형에 이르게 되는 것이 균형상태이지만 균형상태가 구성원 모두의 이익을 가져오게 되는 최선의 선택은 아닌 것이다. 선거와 정당의 정치공약과 관련지어 이해해보자. 대부분의 정당은 내세우는 정책공약이 유사하다. 선거는 표를 가장 많이 얻는 자가 승리한다. 정치인은 선거를 통해 자신이 추구하고자 하는 이념과 공약을 발표하고 사람들의 지지를 받아야 한다.

이들은 당연히 가장 많은 사람들이 지지하거나 이슈가 되는 정책공약을 내세울 것이다. 하지만 선거를 앞두고 시간이 지나면 점차 이 들의 정책이 유사해지는 사례를 찾아볼 수 있다. 양극화와 소득격차와 분배의 문제가 선거이슈로 등장한 상황이다. 최저임금과 관련해서도 상대적으로 진보적이라 여겨지는 더불어 민주당이 시간당 1만원을 공약으로 내걸었다. 국민의 힘과 다른 정당도 이러한 경제 불평등과 사회적 갈등이 점차 늘어나는 상황에서 이러한 변화에 반대할 수 없다. 유권자의 지지를 얻지 못하기 때문이다. 이들도 이제 어느새 최저임금을 실질적으로 만 원정도가 되도록 올리겠다는 방안을 내놨다. 선거후 이 공약이 어떻게 바뀔지는 모르지만 최저임금을 올리겠다는 정책을 내건 상대편을 고려했을 때 상대편이 이를 쉽게 바꾸지 못할 것이다. 균형상태에 이르렀다.

이념지형에서 왼쪽에 있는 정의당의 공약은 더 진보적이다. 의료보험의 확대, 복지제도의 강화, 소득세율 인상, 재벌해체 등을 공약으로 제시했다고 생각해보자. 현재 유권자들의 인식에서 이러한 공약과 정책을 내세우면 당선이 쉽지 않다. 많은 사람들은 아직까지 이러한 정도의 진보적 정책을 수용하기 어려워하며 경제 성장에 집중해야 한다고 생각하기 때문이다. 또한 이런 정책을 공약으로 내걸면 당장 좌파라는 비난이 따라붙는다. 좀 더 오른 쪽에 있는 정당들이 이러한 공약을 제시할 수 없는 이유이기도 하다. 하지만 시대가 바뀌고 사회적 합의로 인해 진보적 정책들을 수용할 여건이 된다면 상황은 달라질지도 모른다. 결국은 선거에서 승리해야하기 때문에 공약은 사회구성원이 가장 많이 동의하는 이념에 따른 정책을 반영할 수밖에 없다. 결국 정도의 차이는 있지만 많은 지지자

▶ 〈뷰티풀 마인드, 내시 균형 2001〉

를 보유한 집권당이나 야당은 중도를 기준으로 좌와 우로 정도가 큰 차이가 없는 정책을 마련하게 되는 것이다. 결국 정치는 국민의 의식이 중요하고 항상 구성원 다수의 의식과 인식이 정부구성에 영향을 끼친다.

치킨게임도 게임이론과 관련이 깊다. 양보와 신뢰의 중요성에 대한 의미를 담고 있다. 이 게임은 1950년대 미국 젊은이들의 놀이로 설명할 수 있다. 이를 잘 보여주는 영화가 제임스 딘 주연의 〈이유없는 반항〉이다. 양쪽은 서로 차를 몰고 절벽가까이 돌진한다. 먼저 멈추면 지는 것이다. 물론 둘 다 멈추지 않으면 그 행위의 끝은 결과적으로 죽음이다. 또한 상대방과 같은 방향으로 돌진해 먼저 피하는 쪽이 지는 게임도 같은 형태의 게임이다. 한쪽이 핸들을 돌리기 전까지 둘 다 끝까지 포기하지 않으면 결국 최악의 상황이 된다.

치킨게임을 종종 일반명사로 쓰이고 있다. 경쟁자를 끝까지 몰고 가서 죽게 만들어 시장을 거의 독점해 이득을 극대화하는 전략이다. "반도체업체의 치킨게임이 시작되었고 삼성은 공급량을 압도적으로 늘리고, 일본과 대만 업체등도 뒤따라 생산량을 늘리고 있다"는 기사는 경쟁자를 없애고 시장에서 독점의 이익을 누리려는 전략이다. 막대한 투자비를 견딜 수 있는 쪽은 당장 손해를 감수하게 된다. 그러나 만약 이 게임에 참여해 패배하는 기업은 기회비용을 치러야하고 매몰비용을 감수하고 경쟁에서 물러나게 된다. 승자가 이익을 독점할 수 있다. 또한 스스로 선택할 수 있는 기회를 없애 상대방을 물러나게 하는 전략결행은 극단적인 방법이지만 나의 이익을 극대화할 수 있는 또 하나의 유사전략이다. 다음은 전략결행의 사례이다.

가) 코르체스의 아즈텍문명 정복기
　　500명으로 수백만의 아즈텍인들을 정복할 수 있었던 방법
　　– 배를 모두 태워 병사들에게 돌아갈 곳이 없다는 것을 알린다.
나) 한나라와 초나라의 싸움
가) 물러설 곳이 없음(배수의 진, 비가역적 조건을 만들어 낸다)
나) 명품은 할인을 하지 않는다. 제품 불태우기 전략
다) 냉전시기 미국과 소련의 핵공격 위협
　　미국과 소련/ 핵공격시 보복공격이 연쇄적으로 발생
　　(1960년대 후반 냉전시기), 통제불가의 상황을 만들어 놓는다.

인간은 이타적인 존재가 될 수 있다

〈다크 나이트〉에서 조커가 인간의 본성을 통해 사회를 혼란에 빠지게 만든 게임 상황에서 과연 어떤 결론에 도달하게 되었을까. 이 질문은 인간의 본성을 보는 입장과도 관련이 있다. 개인의 이익만을 추구하면 그 사회는 공유지의 비극처럼 공멸할 수도 있다. 다양한 이해관계가 충돌하는 현대사회에서 우리는 어떻게 개인의 합리적 선택과 집단의 이익을 모두 생각하는 전략을 만들 수 있을까. 인간은 이기적인 존재이기도 하지만 이타적인 존재이기도 하다. 둘은 야누스의 얼굴처럼 다른 방향을 하고 있

는지도 모른다. 〈다크 나이트〉의 죄수와 일반 시민들 은 양측 모두 기폭 장치를 누르지 않는다. 결국 서로 상대방을 신뢰했기 때문이다. 이기적인 선택이 아닌 타인을 고려하고 믿고 신뢰한 것이다. 공동체를 고려한 선택 은 결국 게임이론의 최선의 선택을 만들어 냈다. 개인과 공동체의 이익을 함께 생각해 최선의 결과를 이끌어 낸 것이다.

죄수의 딜레마 상황에서 벗어날 수 있는 방법을 찾고 공공성을 극대 화하려는 노력은 우리의 의무이며 목표다. 이를 위한 전략과 방법을 로버 트 액셀로드 교수는 실험을 통해 찾아냈고 이기적인 사람에게서 이타성 을 끌어낼 수 있으려면 어떤 전략과 방법이 필요한지를 제시했다. 경제학 에서는 이 개념을 '맞대응전략', '따라하기', '되갚기' 등으로 부르지만 기 본적인 원리는 유사하다. 이 전략은 팃 포 탯(tit for tak)전략으로 눈에는 눈 이에는 이를 추구하는 방법이다. 이 이론의 세 가지 원칙은 첫째, 내가 먼저 배신하지는 않고 상대방을 신뢰하면 되는 것이다. 경쟁 상태를 통해 균형 상태에 도달했지만, 게임은 바뀔 수 있다. 신뢰를 통해서 최선의 선 택을 만드는 것이다. 용의자 A와 B가 결국 끝가지 상대를 믿었다면 그 결 과는 최선의 결과를 가져올 수 있다. 둘째, 상대가 배신한다면 즉시 응징 해야 한다.

그렇지 않으면 상대는 언제든지 자신의 이익만을 생각해 배신을 하게 될 것이다. 신뢰와 거래의 약속을 게임 대상자가 위반하면 즉각적으로 대 응해야 한다. 이 과정에서 올바른 관계를 만들 수 있는 것이다. 배신에 댓 가가 따르지 않는다는 것을 안다면 상대는 언제든 자신의 이익을 위해 배신을 지속하게 된다. 마지막으로 세 번째 전략은 상대가 협조하면 다시 나도 협조한다는 전략과 원칙을 고수하는 것이다. 나는 관대하고 인정이 많다는 것을 상대에게 보여줘야 한다. 우리는 언제든 게임 상황에 우리는 놓일 수 있고, 협력을 통해 더 좋은 결과를 만들어 낼 수 있기 때문이다. 이러한 전략을 통해 우리는 개인의 이기심을 조절하고 공동체의 이익을 함께 추구할 수 있는 가능성을 찾을 수 있게 된다.

인간이 이타성만을 추구할 수 있을까. 동물이나 인간이나 생명체는 자신의 생존을 최우선으로 여긴다. 자신의 생명을 함부로 여기지 않는다. "왼뺨을 맞으면 오른뺨을 내밀어라" 식의 격언은 사회관계에서 제대로 실현될 수 없다. 이러한 원칙은 종교적 박애주의와 이상이다. 현실은 종교와 관념의 영역이 아니다. 이해관계와 이해관계가 부딪치는 전쟁터이며, 사르트르 식으로 말하면 타인은 지옥이다. 사람들은 조금의 손해도 용납하지 않으려 한다. 이러한 사회에서 순수한 의미의 이타주의는 사실 불가능한 것이다. 국제관계나 개인 간의 교우관계 그리고 학교에서의 집단 따돌림인 '왕따'의 문제도 본질은 같다. 게임 상대가 신뢰를 위반하면 즉각

▶ 히틀러의 전략

대응해야하고, 다양한 방법을 통해 문제의 본질을 해결할 방법을 찾아야 한다. 『정의론』에서 다뤘듯 신자유주의로 인한 2008년 서브프라임 모기지 사태처럼 사람은 탐욕을 조절하기가 어렵다.

제한 없는 시장의 자유를 바탕으로 힘의 우위를 통해 무한한 이윤추구하면 결국 공동체와 시장은 파멸을 가져온다. 역사적으로도 이와 유사한 상황은 끊임없이 반복된다. 히틀러의 제3제국과 유럽의 관계 그리고 2차 대전 팃포탯 전략의 부재로도 설명할 수 있다.

2차 세계대전은 유럽의 국가들이 추구했던 균형 전략의 실패가 큰 원인이었다. 1930년에 권력을 잡은 후 히틀러는 1차 대전의 종전으로 성립된 베르사유 조약을 어긴다. 이때 프랑스와 영국은 또다시 전쟁에 휘말릴 것을 두려워했다. 계약과 신뢰를 위반했을 때 즉각적인 응징과 보복이 이뤄져야 하지만 그렇지 않은 것이다. 히틀러는 이제 또 다른 전략적 판단을 내린다. 협정과 조약을 어겼는데도 상대가 나를 두려워해 공격을 하지 않았다고 판단하고 더 큰 도발을 일으킨다.

결국 2차 대전의 막이 오른다. 독일은 이제 본격적으로 전쟁에 돌입했다. 1936년 라인지역을 점령하고 1940년 오스트리아와 체코를 합병했다. 이후 역사상 가장 많은 사람이 생명을 잃은 2차 대전은 이렇게 시작되었다. 이들 국가들이 손실을 감수하고서라도 다른 판단을 했다면 역사는 달라질 수도 있었다. 이 사례는 결국 인간의 이기심은 적절히 제어되어야 한다는 것. 개인과 공동체를 모두 생각하는 선택을 해야 하며 남을 배려하는 이타적 행위도 손해를 보지 않을 수 있다는 것이다. 물론 게임 참여자 간의 신뢰는 이 과정에서 필수이다. 규칙과 원칙이 지켜질 때 모두를 위한 최선의 결과를 도출할 수 있다. 죄수의 딜레마 상황은 우리가 추구해야 하는 공동체의 바람직한 행위의 원칙을 고민하도록 만들어 준다.

300과
오리엔탈리즘

#잔혹한 이슬람 테러범을 쓸어버려야 한다

아랍이 서구사회에 가한 테러사건은 이슬람은 테러집단이라는 공포를 각인시켰다. IS국가 및 이슬람 극단주의 무장 세력은 주기적으로 테러를 일으킨다. 기사의 댓글에는 이들의 테러를 규탄하는 목소리가 높다. 무고한 사람의 목숨을 빼앗는 이들의 테러는 그 이유가 무엇이든 용납될 수 없는 비윤리적 행위이다. 이슬람세력의 테러는 이스라엘과 서방과의 오랜 역사적 갈등을 바탕으로 한 고립정책의 결과라고 보기도 한다. 그러나 이러한 역사적 상황을 고려해도 테러는 정당화될 수 없다. 더군다나 이들이 저지르는 테러행위는 무슬림에 대한 차별과 배타적 태도를 강화한다. 일부 원리주의 세력들의 테러를 모든 무슬림에 대한 무차별적 비난으로 활용되기에 문제가 되기도 한다. 소수의 문제를 전체로 확대해석하거나

▶ 2019년 파리의 폭탄테러 현장

일반화하는 오류도 경계해야 할 것이다.

이들이 테러를 일으키는 이유는 무엇인가. 언론이 테러를 다루는 보도는 문제의 본질과 진실을 추구하고자 하는 노력의 부족이다. 뉴스는 현상에 관심이 많다. 테러사건의 폭력성과 사상자의 숫자 그리고 바닥에 뿌려진 피 등 선정성에 초점을 맞추는 경우가 많다. 희생자의 모습이 주로 전시되어 소비되곤 한다. 국제문제와 정세에 대한 우리의 인식도 부족하다. 우리는 테러의 피해를 직접 잘 겪지 않기에 우리의 일상과 동떨어져 있는 것도 사실이다. 하지만 테러가 발생하면 우리는 감정적이 된다. 이러한 분노를 우리 주변의 무슬림 혹은 외국인 노동자를 향하게 된다. 결국 이 과정에서 타자에 대한 갈등과 증오 그리고 편견을 확대하고 재생산할 수 있기에 이러한 상황은 위험한 것이다.

테러로 인한 사상자수도 중요하지만 이러한 행위가 근본적으로 발생하지 않도록 해야 한다. "테러범들은 다 죽어야 돼"라는 감정적인 대응보다 좀 더 냉철하게 현상을 바라볼 필요가 있다.

지금도 팔레스타인과 이스라엘은 국지전을 치르고 폭력은 폭력을 않는 악순환이 반복되고 있다. 이 상황을 이해하는 가장 편한 방법은 이분법이다. 전쟁이나 물리적 폭력이 발생하는 극단적인 대립상황에서 우리들은 사물과 세계를 구분하는 가장 원초적인 방식인 이분법적 사고를 선호한다. 아랍인=테러리스트, 서구(유대인)=조국을 지키는 사람, 그리고 서방은 자유의 질서를 수호하는 편이라는 인식은 특별한 노력을 들이지 않고 편하게 세계를 편하게 인식하게 해 준다. 이 과정이 반복 강화되면 사람들은 자연스레 이슬람에 대한 부정적 시각을 내면화한다. 그러나 문제는 세계가 그리 단순하지 않다는 데 있다. 우리가 서구적 사고방식을 무비판적으로 따르고 있는 것은 아닌가. 서구의 사고가 우리의 의식을 지배하고 있는 것은 아닐까. 우리가 외국인 노동자와 동남아 사람들을 바라보는 태도와 시선은 서구가 이슬람을 바라보는 시선과 닮았다. 이 차별과 배제의 사고방식은 사회적 소수자인 동성애자, 장애인, 여성 등 일반적인 기준과 다른 타자에게 고스란히 적용된다.

오리엔탈리즘(orientalism)

사이드는 서구가 만든 동양을 바라보는 차별과 편견에 관한 태도와 인식을 오리엔탈리즘이라고 개념화 했다. 이후 이 용어는 보통명사로 자리를 잡게 된다. 아직도 인종차별이 있나 라는 의문을 제기할지도 모르지만 다민족 국가와 다인종 사회에서 차별과 배제는 명시적으로 드러나지 않는다. 교묘한 형태로 감춰져 있는 경우가 많다. 평소에는 드러나지 않지만 차별과 배제는 사회적, 인종적 갈등상황, 정치적 의도와 경제적 이권과 관련되기 시작할 때 슬그머니 머리를 내민다. 20세기 중반의 미국사회에서도 차별과 배제는 여전했다. 그 사회질서는 없어졌을까. 아직도 살아

있다. 1955년 미국 앨라바마의 로자 파크스는 백인에게 버스의 자리를 양보하지 않았다는 이유로 경찰에 체포되었다. 당시 미국의 남부지역은 흑인 노동력에 의존해 산업을 발전시켰던 역사적 특수성으로 인종차별이 남아 있던 지역이었다. 그녀가 재판에 넘겨진 뒤 미국사회의 흑인과 인권 운동가들 그리고 시민사회는 분노하기 시작했다. 이 사건을 계기로 미국 사회는 구조적이고 제도적 문제를 넘어 문화적 측면에서도 실질적인 차별을 철폐하기 위한 다양한 인권 운동이 활발하게 이뤄졌다. 불과 반세기 전의 일이다.

차별과 배제의 태도는 긴 역사성을 가지고 있다. 수세기에 걸쳐 다양한 문화콘텐츠는 이러한 차별적 사고를 재생산하는데 큰 역할을 한다. 타자에 대한 고정관념과 신화는 끊임없이 만들어 졌고 이 흐름은 지금도 크게 변하지 않았다. 특히 영화는 다양한 방법으로 이 편견을 강화했다. 헐리우드 영화나 드라마에 등장하는 제3세계 혹은 아시아인들의 이미지는 우스꽝스럽거나 과장된 행동을 하는 인물로 표현됐다. 정상적으로 보이지 않는 모습이 다수였고 끊임없이 스토리에서 에서 문제를 만드는 역할을 주로 담당한다. 이들은 주인공과 비교해 문제에 대해서 제대로 된 판단을 내리지도 못한다. 영화를 보는 사람들은 의식적 무의식적으로 이러한 사고와 태도에 영향을 받게 되고 인종에 대한 편견은 지속 강화됐다. 이러한 문제의식을 바탕으로 정치적 올바름으로 불리는 PC(political correctness)가 나타나기도 했지만 한 번 자리 잡은 편견은 오랫동안 무의식에 남아 있게 된다.

작가 잭 셔힌은 자신의 책에서, 할리우드 영화에 등장하는 아랍인과 무슬림에 대한 1200여 개의 이미지 중 97%가 동양적 미신이나 인종주의, 외국인 혐오증에 사로잡힌 인물이다. 〈아 메리칸 스나이퍼〉는 "무슬림은 모두 잠재적 테러리스트"라고 규정한다. 미군을 공격하려는 무슬림 여성과 아이를 저격하는 장면이 곧바로 등장한다. 카일은 자서전에서 "나는 오직 더 많은 사람을 죽일 생각만 했다. 미국인들의 생명을 앗아가는 야만인들이 사라져야 이 세상이 더 좋아질 것이라고 믿었기 때문"이라고 주장했다. 최근 개봉한 영화 〈런던 해즈 폴른〉에서 테러리스트를 죽이며 "빌어먹을 너희 나라로 꺼져라"라고 말한 주인공의 대사는 아랍 국가에 대한 혐오를 부추긴다. 〈한겨레 2015. 3.0〉

사람들이 반복적으로 특정한 의미에 노출되면 그 의미가 학습되고 각 인된다. 또한 편견은 스스로를 강화하고 재생산하기도 한다. 헐리우드 의 수많은 영화들은 이슬람에 대한 고정관념을 수 십년 동안 반복해왔다. 〈백 투 더 퓨처, 1984〉, 〈트루 라이즈, 1994〉, 〈300, 2008〉등 영화를 손 꼽자면 이루 헤아릴 수 없을 정도다. 디즈니가 2000년대에 들어 이런 비 판에서 벗어나기 위해 정치적 올바름(political correctness)을 내세우는 것도 이러한 이유다. 영화에서 대부분 무슬림은 기존의 자본주의와 민주 주의 질서를 위협하고 테러를 가한다. 그리고 미국과 서구인들에 대행하 는 이들은 위험한 세력이며 악의 존재로 등장한다. 〈300, 2008〉은 이슬 람에 대한 편견을 이용하고 활용한 대표적 사례이다. 영화에 등장하는 페 르시아에 대한 묘사는 많은 사람을 불편하게 만들기에 충분했다. 역사적 사실을 바탕으로 만들어진 영화이지만 특정문명을 왜곡하고 비하하는 태 도가 지나쳐 불쾌감을 유발한다.

〈300〉은 BC 470 테르모필레 전투에서 스파르타의 왕인 레오니다스

▶〈아메리칸 스나이퍼〉　　▶〈300〉

가 크세르크세스 황제의 수만 명의 대군에 300명의 전사로 맞서는 내용
을 담았다. 그러나 문제는 이 영화의 인물 묘사와 캐릭터 설정이다. 헐리
우드 영화의 공식처럼 영화에서 그리스 문명권은 위대한 문명이고 민주
주의의 가치와 자유를 상징한다. 외부의 침입으로부터 자신들의 질서와
가치를 지켜나가려 한다. 그러나 페르시아의 전사들은 전제정권에 의한
노예상태에서 전쟁에 수동적으로 참여하고 있다. 이들은 자유의지가 없
는 존재 전쟁을 위한 도구에 불과하다. 반면 스파르타 군대의 캐릭터는
전쟁에 참여하는 이유와 각각의 사연을 충실하게 드러내며 이들의 신념
과 의지를 특히 강조했다.

테르모필레 전투(Battle of Thermopylae)는 페르시아가 두 번째로 그리스를 침공할 당시
사흘 넘게 벌어진 전투이다. 이 전투는 테르모필레("뜨거운 문")에서 기원전 480년 8월 또는
9월에 아르테미시온 해전과 동시에 일어났다. 이 전투에서 스파르타가 이끄는 그리스 도시
국가 연합군과 크세르크세스 1세의 페르시아 제국이 맞붙었다. 제1차 그리스-페르시아 전
쟁에서 아테나이가 마라톤 전투에서 승리하면서 패배한 페르시아는 뒤늦게 앙갚음을 하고자
다시 그리스를 침공하였다. 크세르크세스는 거대한 육해군을 거느리고 그리스 전체를 정복

하고자 하였다. 아테나이 장군 테미스토클레스는 그리스 연합군이 테르모필레 고개에서 페르시아 육군의 진입을 막고, 동시에 아르테미시온 해협에서 페르시아 함대를 막자고 제안하였다.

그리하여 병력 7,000여 명의 그리스 연합군은 기원전 480년 여름에 북쪽으로 행군하여 고갯길을 봉쇄하였다. 고대 사료에서는 백만 명으로 짐작하였던 페르시아 군대는 8월 말 또는 9월 초에 고개에 다다랐다. 병력면에서 압도적인 열세였던 그리스 군대는 역사상 유명한 일전에서 후위대가 궤멸되기 전까지 총 이레 동안(그중 사흘간은 전투)이나 페르시아군을 막았다.

영화의 묘사에 과도하게 의미를 부여하는 것은 바람직한 분석과 비평은 아니다. 그러나 특정한 문명에 대한 부정적 태도가 반복적으로 유사하게 등장한다는 것은 의도가 개입되어 있는 것이다. 문화콘텐츠에 정치적의 의도가 지나치거나 작가의 주제의식이 과잉되어 표출되면 관객은 불편함을 느낀다. 이 영화는 서구와 페르시아 즉, 가톨릭 문명권과 이슬람을 구분 짓는 이분법적 사고를 과하게 드러내 보기가 불편하다. 스파르타의 레오니다스 왕은 그리스의 민주주의와 더불어 자유의 가치를 지키는 사람으로 묘사되는 것도 역사적 사실과도 잘 맞지 않는다. 왕비가 귀족들에게 왕의 군대를 지원해야 한다고 설득하는 의회 속 연설장면도 마찬가지다. 이 장면은 현재의 상황을 투영하도록 설정했다. 서구는 반대파를 위한 설득의 정치를 할 정도로 우수하고 성숙한 정치체제를 갖추고 있지만 페르시아군대와 황제 크세르크세스는 야만적이다. 인간 같지 않은 괴수의 형태를 갖추고 폭력적 억압적이며 전제정치를 한다. 하지만 페르시아는 오히려 당시의 그리스와 대등하거나 오히려 앞선 문명이었다. 이런 역사적 사실은 반영되지 않고 있다. 크세르크세스 황제는 목적을 위해 모든 수단을 고려하지 않는 비열함을 갖췄다. "나는 관대하다"는 대사가 유행하고 왕은 희화화된다. 페르시아 사람들은 약물과 마약에 취해있으며 어린아이와 여성까지 죽이는 잔혹한 집단이다. 가면을 쓰거나 거대한 코끼리를 동원하고 모든 그리스인들을 정복하려 한다. 이들은 판타지 영화에 등장하는 악마의 모습을 한 캐릭터가 되었다.

▶ 〈300〉의 페르시아인

이슬람과 팔레스타인에 대한 편견에 치우친 묘사가 자주 등장하는 이유는 무엇일까. 힐리우드 영화제작사 고위직 그리고 영화제작에 자본을 대는 투자사 등에는 이스라엘과 관련된 인물들이 많다. 이들 중 대표적인 인물은 스티븐 스필버그이며 감독으로 제작자로서 콘텐츠 산업에서 막강한 영향력을 발휘하고 있다. 하지만 그것이 주된 이유는 아닐 것이다. 서구문명은 사실 크리스트교의 역사이기도 하다. 성경 속에 등장하는 다양한 사건들과 세계관은 영화나 문화콘텐츠로 만들어져도 크게 거부감이 없다. 이들이 강조하는 주제의식은 내러티브 속에 감춰지고 신화의 형태로 유포되고 강화된다. 이러한 사고와 이데올로기는 전 세계에 자연스럽게 퍼져나간다.(신화의 의미는 2장 3강을 참고하라.)

이스라엘의 건국과 팔레스타인

오리엔탈리즘이라는 개념과 용어는 에드워드 사이드(1934~2003)가 개념화했다. 그의 대표작은 『오리엔탈리즘』, 『문화와 제국주의』, 『권력과 지성인』, 『음악은 사회적이다』 등이 있다. 그의 이론의 핵심은 바로 서구에 깊이 뿌리박힌 동양 즉, 오리엔트에 대한 편견이 무의식적으로 서구인들의 의식전반에 거대한 영향력을 행사하고 있다는 것이었다. 또한 그는 역사적으로 다양한 분야에 걸쳐 이러한 사례를 분석한다. 사이드는 1935년 팔레스타인 지역에서 태어났다. 그의 아버지는 부유한 사업가로 미국시민권도 가지고 있었기에 나중에 미국에서 공부할 수 있는 기회가 있었다. 이 지역은 2차 대전 이후 1947년 유엔에 관할권이 넘어간 뒤, 아랍계와 유대지역으로 나뉘게 된다. 사람들은 양측을 지날 때마다 통행권을 제시당하는 등의 상황에 놓이게 된다. 이후 1년이 지나 이 지역에 이스라엘이 건국되었다. 이러한 건국과정은 점차적으로 이 지역의 갈등을 불러 일으켰다. 아랍인들은 수천 년 동안 살아온 지역에서 갑작스레 밀려난

것이다. 갈등이 누적되는 것은 당연했다. 지역을 둘러싼 갈등과 복잡한 국제정세에서 그의 아버지는 이집트의 카이로로 가족을 데리고 이주한다. 이후 아랍-이스라엘 전쟁이 발발했다.

사이드는 카이로에서 영국계 고등학교에 진학한다. 제국주의의 영향력이 아직 남아있었던 이 시기 영국계 귀족학교는 전통이라는 이름으

▶ 에드워드 사이드, 1935-2003

로 엄격한 질서와 규율을 강조했다. 그러나 자유로움을 추구했던 사이드는 학교와 맞지 않는다는 것을 느끼고 미국에서 학교를 다닌다. 팔레스타인에서 자랐기에 그는 국제정세 중동의 상황을 잘 알고 있었다. 하지만 미국의 언론과 국제정세는 이스라엘에 유리하게 작동했다. 이스라엘의 건국은 정당화되며 팔레스타인의 입장을 전달하거나 정확한 상황을 알리는 언론은 거의 존재하지 않았다. 그는 이러한 상황에 대한 문제의식을 갖게 된다. 이후 프린스턴과 하버드에서 영문학을 전공하고 컬럼비아 대학의 교수로 재직한다. 그의 대표적 저작인 『오리엔탈리즘』도 이때 출간되었다.

서구중심의 국제정세와 질서 그리고 편견의 확대 재생산이라는 문제의식은 그를 1977년부터 1991년까지 팔레스타인의 국가평의회의원으로 일하도록 만든다. 이 기구에서 팔레스타인의 입장을 국제사회에 알리려는 노력을 지속했다. 이 기구가 이후 PLO 즉, 팔레스타인 해방기구가 된다. 그는 팔레스테인 문제와 입장을 국제사회에 꾸준히 알리고 공론화했다. 이스라엘 건국의 부당성에 대한 『팔레스타인 문제』를 쓴 뒤에는 유대인 극우단체의 테러위협에 시달리기도 했다. 하지만 공개강의에서도 팔레스타인의 입장을 대변하고 자신의 신념을 지켰다. 이스라엘의 건국이 결국 국제적인 갈등상황의 원인이라 점이다. 국제관계에서 힘의 논리는 곧 정의로 통용된다. 과거나 지금이나 변함이 없다. 미국과 이스라엘 등의 강대국의 입장이 아닌 약소국가들은 자신의 권리를 효과적으로 국제사회에 알리는 작업은 어려운 일이었고 많은 용기를 필요로 한다.

이스라엘은 국제여론과 미국의 도움을 바탕으로 건국의 정당성을 알릴 수 있었지만 팔레스타인 사람들은 국제여론이 어떻게 형성되는지에 대한 인식도 없었다. 더군다나 자신들의 입장을 대변하는 미디어도 조직도 전무했다. 결국 이들은 자살 테러라는 극단적인 방법을 선택하게

▶ 앵그르, 터키 목욕탕

된다. 사람들은 자신의 이야기를 아무도 들어주지 않을 때 인간이 선택하는 마지막 방법은 목숨을 담보하는 것이다. 미국과 서구 그리고 유대인을 중심으로 돌아가는 국제정세에서 죽음을 통해서 진실을 드러내는 선택에 내 몰리게 된 팔레스타인 사람들. 물론 그렇다고 테러행위가 정당화될 수는 없을 것이다. 현상에 숨겨져 있는 진실을 찾아내려 하고 이러한 현상을 비판적으로 폭넓게 이해하는 것이 우리가 추구하고자 하는 목표다. 왜 아랍은 테러행위를 하는가. 팔레스타인 문제와 오리엔탈의 의미를 다룰 때 이 부분은 함께 알고 넘어가야 한다. 헤게모니를 장악한 것은 유대인들이다. 미국과 국제질서를 업은 이들과 팔레스타인의 싸움은 언제나 일방적일 수밖에 없다. 사이드는 이러한 상황을 바꾸려고 노력했다. 그가 팔레스타인 해방 기구에서 일정한 역할을 한 이유도 팔레스타인과 이스라엘의 갈등이 극단으로 치닫는 것을 막고 폭력이 폭력을 낳는 악순환의 반복을 해결하려는 의도도 있었다.

오리엔탈리즘은 어떻게 강화되는가

서구 즉, 이스라엘과 팔레스타인의 갈등과 관련된 상황을 파악했다면 서양 사람들의 의식과 무의식을 지배하는 오리엔탈리즘이 어떻게 체계화되었는지 그 구조를 살펴봐야 한다. 사이드는 1장 3강에서 다뤘던 푸코가 시도했던 학문적 방법론을 활용하고 있다. 지식은 곧 권위와 권력이다. 서구사회가 과거로부터 쌓아온 지식의 체계가 곧 학문의 역사이며 계보이다. 역사, 철학, 인류학, 언어학 등의 인문학과 사회과학뿐만 아니라 물리, 화학, 등의 자연과학 역시 서구가 만든 지식의 체계가 절대적 기준이다. 그들은 전문가이고 지적 권위와 권력을 가졌다고 인정받는다. 대부분의 사람들은 전문가로 불리는 이들의 연구 결과를 고스란히 믿는다. 그러나 이들이 만든 지식 그리고 그 체계는 일부 특정한 의도와 목적을 가지고 만들어지기도 했다는 점을 기억해야 한다. 식민지배가 그 중 하나다. 자연과학의 방법론을 사회발전에 적용시킨 사회진화론은 좋은 사례이다. 동양은 무능한 존재라는 것을 스스로 느끼도록 만드는 작업이었다. 서구의 논리는 "먼저 산업화를 이루고 발전한 우리가 무능하고 발전하지 못한 너희를 우리가 잘 맡아서 다스려 발전시켜주겠다"라는 것 아닌가.

이 시기 서구인들에게 깊이 뿌리박혀 있었던 스펜서의 사회진화론은 식민지배의 이론적 토대를 제공했다. 사회진화론은 서구의 동양지배의 이론으로 환영받았다. 서구는 다윈의 진화론을 사회에 적용해 진화=진보의 공식으로 만들어 식민지를 착취하고 다른 문화와 문명에 대한 지배를 합리화 했다. 서양인에게 동양은 환상과 유토피아의 나라, 미지의 곳 그리고 기회의 땅이었다. 동양에 대한 환상을 자극한 대표적 서적이 마르코 폴로의 『동방견문록』이다. 그는 금으로 가득 차 있는 나라로 일본을 묘사한다. Japan, 지팡구의 어원이기도 하다. 동양여자는 이국(exotic)인 존재 그 자체였다. 서양 남성에게 동양의 여자를 만나는 것은 최고의 판타지 중 하나였다. 이러한 편견과 이미지와 개념들은 여러 문학작품에서 반복적으로 드러나게 되고 고정된 사고를 만든다. 이러한 관념이 문학작품과 회화와 조각 그리고 예술 전 영역에 확대되고 재생산 되는 과정이 수백년 간 지속된 것이다. 터키에 가보지 않은 앵그르는 자신이 상상한 동양을 바탕으로 〈터키 목욕탕〉을 그렸다.

오리엔탈리즘(orientalism)으로 상대를 바라본다는 것은 부정적 의미에 가까운 차별적 의미를 담고 있다. 우리는 과거 근대화와 산업화 그리고 진보의 기준을 서구세계에 맞춰놓았다. 서양의 기준에 따른 학문의 연구 방법이 표준이 되었고, 이에 미치지 못한다면 미개발 혹은 저 개발된 것이라는 등식을 받아들였다. 서구를 우월하다고 보는 이러한 사고는 아직도 여전히 우리의 의식한편에 존재하고 있다. 일본의 근대화 목표도 바로 서양처럼 되는 것이었다. 세계최고의 대학순위, 국제학술지 논문 등재 지수, 영어에 대한 문화자본과 열풍 등 최근에는 많이 바뀌었다고 하지만 그들의 기준은 아직 막강한 영향력을 행사하고 우리는 그들의 인정을 받으려 노력한다.

사회진화론(社會進化論)은 19세기 찰스 다윈이 발표한 생물진화론에 입각하여, 사회의 변화와 모습을 해석하려는 견해으로 허버트 스펜서가 처음 사용한 개념이

1997년 우리나라는 경제위기로 IMF에서 외화를 빌려와야 했다. 국가가 도산위기에 처한 것이다. 환율이 치솟고 많은 사람들이 일자리를 잃었다. 미국을 중심으로 한 이들 국제 통화기금은 자금을 빌려주며 자신들이 요구조건을 수용하도록 했다. 이들은 국내의 상황을 고려하지 않았다. 무조건 '서구의 기준'에 맞추라는 것이었다. 그들의 기준이 국제적 표준이기 때문이다. 당시 국내 현실을 무시한 요구로 대한민국 경제는 큰 댓가를 치렀다. 우리나라의 경제위기는 여러 문제가 복합적으로 원인이 되어 발생했고 문제에 대한 진단과 처방 그리고 해결책도 개별나라의 상황에 따라 달라야 했다. 그러나 사람들이 깨달은 것은 국제관계에서 결국 힘을 가진 자의 논리가 진리가 된다 것이었다. 힘과 권력은 지식과 전문성으로 포장되며 정의를 규정한다. 이후 여러 정책이 실행되었다. 미국의 대통령이 국제적인 평화를 위해서 힘쓴다고 하더라도 결과적으로 그는 미국의 이익을 대변하고 있으며, 뉴욕타임즈 같은 유력지들도 국제문제를 중립적이고 공정하게 다룬다고 하지만 자국의 이익을 국제관계와 문제에서 최우선으로 여기는 것뿐이다.

오리엔탈리즘은 본질보다 피상적인 이미지를 강조한다. 기호를 실제로 착각하도록 만든다. 복잡한 사회현상은 사실 수많은 이해관계가 얽혀

fuite.egloos.com

있는 중층적이고 모순적이기에 상대성을 띨 수밖에 없고, 모든 현상을 단순하게 설명하는 것은 어렵다. 그러나 오리엔탈리즘은 모든 것을 단순화한 이미지로 그 본질을 대체하도록 만들어 버리는 것이 문제다. 에펠탑, 버킹엄 궁전, 런던아이 그리고 이를 지키는 의장병, 자유의 여신상은 그들 나라 그 자체가 된다. 정치질서, 사회구조와 문화 다양한 사회적 쟁점은 어느새 휘발되어 없고 이미지만이 남게 되는 것이다. 인도의 이미지는 부정적이다. 빈민이 넘쳐나고 겐지스 강에서 목욕하거나 화장을 하는 사람들, 더러운 위생의 공중화장실 노상방뇨 등이 떠오를 것이다. 우리나라는 남대문과 동대문 그리고 명동에 있는 사람, 아이돌이 춤추는 모습인 한류, 국회에서 싸우는 사진, 노사갈등과 대립이 주된 이미지였다. 물론 한국에 대한 이미지는 많이 개선되기는 했다. 오리엔탈리즘의 개념을 빌리자면 진리와 본질이 아닌 피상적인 것이 본질을 대체하는 것. 그 과정에서 사람들이 사고는 단순화되는 것이다. 우리는 수세기 동안 이렇게 그들에게 타자로, 이미지로 치환된 존재에 불과했다.

　문제는 서구가 만들어 놓은 이러한 사고의 틀과 방식을 우리는 스스로 내면화하고 고스란히 적용시켜 모방했다는 것이다. 이 사고 회로는 일반인들이 장애인에게, 이성애자가 동성애자를, 다수가 소수를 보는 시각과 일치한다는 것이다. 그들이 만들어 놓은 해석의 틀을 아무런 문제의식 없이 수용하고 차별과 배제를 당연한 것으로 만드는 것은 아닐까. 우리에게 이 사고 회로는 깊이 각인되어 있다. 차이와 차별을 동일하게 생각하지 않아야 한다는 것 그리고 타자를 인정할 때 이 편견의 틀에서 벗어나 주체적인 새로운 사고로 나아갈 수 있다.

3장 요약

1강. 역사의 진실을 찾아서

1강에서는 역사를 보는 관점을 다뤘다. 수많은 문화콘텐츠들은 역사적 사실을 소재로 작품을 만든다. 그러나 그 사실에 대한 해석은 다르다는 것을 알 수 있다. 역사를 보는 관점과도 유사하다. 역사적 사실에 대한 다양한 해석은 빈번하게 이뤄진다.

역사학의 시작은 헤로도토스였다. 그는 역사학의 아버지로 불린다. 역사를 인간의 문제로 한정하고 연구해서 기록했다. 뒤이어 랑케의 역사관은 19세기 자연과학의 발달과 그 맥락을 같이한다. 이 시기의 사회현상에 대한 탐구는 자연과학의 연구 방법을 활용하는 시대적 흐름과 맞물려있다. 그는 역사를 사실과 객관성의 문제로 보고 과학의 영역으로 역사를 끌어왔다. 역사를 자신의 주관과 가치를 배제하고 오로지 사실 그 자체를 다뤄야 한다는 것이라 주장했다.

카는 20세기 중반 주목할 만한 역사연구 방법을 제시한다. 그는 랑케의 사실로서의 역사의 의미를 수용한다. 그러나 역사 기록과 연구는 현재의 관점이 필연적으로 개입될 수밖에 없다고 보았다. 또한 역사적 사실과 역사상의 사실을 구분하고 역사는 역사가의 선택과 해석으로 의미를 부여받을 수밖에 없으며 현재의 의미에서 해석될 수밖에 없다고 보았다. 그는 역사를 과거와 현재와의 끊임없는 대화라고 정의했다. 마지막으로 포스트모더니즘 역사는 역사를 특정지배집단의 이념으로 본다. 현재의 중요성에 의한 역사가의 판단도 지배집단의 이념이 반영된 것이라는 의미이다. 또한 역사는 언어를 통한 기록이며 해석이기에 의미의 다양성과 사회성을 인정해야 한다는 것이다. 특정한 집단이 교육을 통해 우리라는 문화적 유전자와 정체성을 주입하는 것으로 본다. 결국 역사는 의미에 대한 해석이 되는 것이다.

2강. 정의로운 사회: 한국 사람들은 정의에 목마르다

우리 사회는 정의에 열광했다. 우리 사회에서 정의롭지 못하다는 역설적 의미를 드러내는 것처럼 보인다. 현재 사회구성원의 우려도 빈부격차와 양극화를 지적한다. 이러한 의미를 볼 때 경제적 불평등의 문제는 공정한 배분 즉, 분배의 원칙과도 관련된다는 것도 확인해 볼 수 있다. 롤스는 평생 정의의 원칙에 대해 문제의식을 가지고 있었다. 그에 따르면 정의는 정당화될 수 없는 자의적 불평등이 없는 상태이다. 롤스가 정의의 원칙과 관련해 강조한 것은 개인의 도덕성보다 사회제도와 구조의 합리성이 우선이며, 개인의 도덕성으로는 불평등의 구조적 문제가 결코 해결될 수 없다는 것이었다. 특히 신자유주가 사회의 주요정책이 된 이후 미국사회의 공공성 즉, 의료 복지 삶의 조건, 빈곤 등은 더욱 악화되었고 정의가 더 필요한 상황이 되었다. 롤스의 정의론의 원칙은 사회계약론에서 출발한다. 따라서 개인의 자유를 최우선으로 보장하는 것을 목표로 한다. 그러나 경쟁은 항상 빈부의 격차를 발생시키고, 힘과 권력이 있는 사람들은 자신의 이익을 무한정 확대해 나가려 하는 탐욕에 빠지기 쉽다. 따라서 구성원들은 계약을 할 때, 혹은 분배의제도와 원칙을 만들 때는 무지의 베일상태에서 맺어야 한다는 원칙을 그는 강조했다. 다음으로 차등의 원칙을 추구해야 한다고 보았다. 사회의 최소수혜자에게 최대의 혜택을 제공해야 하고, 이를 통해 자본주의에서 자신의 미래의 가능성을 보장받을 수 있다면 구성원은 그 결과는 수용할 수 있다는 것이다. 또한 단순한 기회의 평등에서 벗어나 환경과 조건의 차이를 고려한 실질적 평등을 추구해야 한다는 정의의 원칙을 그는 제시했다.

3강. 게임이론과 죄수의 딜레마

인간은 이기적인 존재 즉 합리적인 존재이다. 우리는 수많은 선택의 순간에 놓인다. 이때 상대방을 고려해 자신의 이익을 극대화하는 전략을 추구한다. 게임이론은 상대편의 대처 행동을 고려하면서 자기의 이익을 효과적으로 달성하기 위해 노력하는 합리적 주체로 본다. 경제학의 기본적 전제와 같다. 이 과정에서 선택에 따른 다양한 결과를 모형으로 만들고 그 결과를 분석하게 된다. 게임이론은 사회학, 경제학, 정치학 등 사회과학의 영역을 포괄하는 의사결정의 핵심전략으로 볼 수 있다.

죄수의 딜레마 이론은 합리적 개인이 자신의 이익만을 추구하면 최선이 아닌 차선의 결과가 나올 수밖에 없다는 것을 보여준다. 또한 경쟁주체를 다수로 확대해도 마찬가지의 결론이 나온다. 즉, 아담 스미스의 이론이 맞지 않는 것이다. 개인의 합리적 이익추구로 인해 시장경제는 수요공급의 원칙에 의해서 가격이 결정되며, 구성원 모두에게 이익이 된다는 명제는 반박되었다. 냉전시대의 미국과 소련의 군사비 지출도 마찬가지 사례이다. 내시는 이와 관련해 내시균형을 만들었다. 내시균형은 게임주체와 상대방이 더 이상 전략을 바꾸지 않는 균형상태에 이르게 됨을 말한다. 이 이론으로 다양한 사회현상을 설명할 수 있다.

이념에 상관없이 대부분의 정당은 비슷한 공약을 갖는 형태로 수렴하게 되며 그 이유는 선거가 가장 많은 표를 받는 사람과 집단이 이기는 게임이기 때문이다. 치킨게임은 경쟁자를 시장에서 몰아내고 자신의 이익을 극대화하는 전략이다. 한쪽이 양보를 하게 되면 피해를 줄일 수 있다. 그러나 둘 다 자신의 이익만으로 추구하면 결과는 파멸이다. 전략결행은 스스로의 선택지를 없애 상대를 나의 의지대로 움직이게 하려는 의도를 가지고 있다. 이렇게 인간의 이기심은 최선의 결과를 가져올 수 없는 한계를 가지고 있다.

이러한 한계를 극복하기 위해서는 개인의 이익과 공동체의 이익을 함께 생각하는 전략이 필요하다. 그 중 팃포탯, 전략은 게임주체간의 신뢰와 협력을 강조한다. 개인과 공동체의 이익을 극대화 시킬 수 있는 방법은 여기에 있다.

4강. 300과 오리엔탈리즘

이슬람 즉, 무슬림에 대한 부정적 시각을 우리는 일상적으로 경험한다. 전 세계는 테러의 공포와 함께 이러한 테러를 저지르는 집단에 대해서 분노하고 있다. 그러나 이러한 분노가 이슬람 전체에게 향하는 것은 옳지 않다. 하지만 우리가 이슬람세력에 대해 제대로 파악하고 못하면 성급한 일반화나 편견과 차별적 시선을 바탕으로 모든 무슬림을 적대시하게 된다. 또한 이 사고방식은 소수자와 타자에 대한 차별의식으로 확대되기에 주의해야 한다. 이러한 사고를 고착화 시키는 서구가 동양을 바라보는 편견으로 만들어진 차별화된 시각이 바로 오리엔탈리즘이다. 오래전 서구는 다양한 분야에서 동양을 차별화된 시선으로 바라보고 있었고 그 태도는 많은 사람들에게 고정관념을 만들어 냈다.

문화콘텐츠 중 영화와 영상작품은 이러한 편견을 꾸준하게 등장시키는 장면을 반복적으로 보여주고 있다. 헐리우드 영화는 지금도 일부 작품에서 이러한 태도가 반영되고 있으며 특정 문화권을 대상으로 편견과 차별적 시선을 의도한 장면도 빈번하게 묘사하고 있다. 특정한 의미가 반복되면 학습되고 그 의미는 강화된다. 에드워드 사이드 차별과 편견이라는 문제의식을 통해 서구의 사고방식의 역사적 구조적 측면을 연구했다. 이스라엘과 미국이 국제여론을 강화해 이슬람과 팔레스타인을 고립시키고, 이것이 결국 중동지역의 갈등과 폭력의 악순환을 만들어낸다고 본 것이다. 서구가 가지고 있는 이러한 사고는 권력과 힘을 통해 지식과 정의로 바뀌어 정당성을 부여받는다. 차이와 차별을 구분하고 타자를 인정하는 형태로 오리엔탈리즘에 근거한 차별적, 부정적 사고회로를 끊어내야 한다.

인문학은 현실을 다루는 학문이다.

삶의 목표와 가치는 어디에 있나. 이런 질문을 받을 때 무엇이라고 답하겠는가. 경제라고 답할 사람들이 많을 것이다. 또한 이러한 경향은 비단 우리나라뿐만 아니라 다른 나라 혹은 다른 시대에서도 마찬가지였다. 먹고사는 문제는 무엇보다도 우선이니까. 그러나 지금은 수단과 목적이 뒤바뀐 시대에 사는 듯하다. 우리는 어떤 시점에서 방향을 잘못 잡고 타임슬립을 해버린 것은 아닐까. 경제와 돈이라는 가치는 블랙홀처럼 모든 것을 압도하고 있다. 소득은 늘어나고 생활은 편리해졌다. 그러나 삶은 더 각박하고 오히려 치열하다. 20대, 30대의 청년들은 최소한의 삶의 여유를 찾기도 힘든 생활을 고민해야 하는 상황이 되었다. 다수의 청년들은 지하와 옥탑과 고시원에 산다. 그리고 이들은 최소한의 삶의 조건을 만들기 위해 허덕이고 있다. 이러한 청년들의 모습이 미디어에 자주 소개된다. 시대가 변한 것이다.

TV에서는 1980, 1990년대로 자주 돌아간다. 복고정서가 몇 년간 유행했다. 왜 사람들은 그때의 기억을 떠올리고 과거를 소환하고 호명하는가. 사람들은 현재가 어렵거나 문제가 상황에 처했을 때 지난날을 추억하며 향수에 젖는다. 추억속의 과거는 지금의 기억에서 미화된 것이며 현실에서 도피하기 위한 것일 수 있다. 그러나 그때는 지금처럼 양극화가 극단적으로 진행되거나 삶이 각박하지는 않았다. 지금과 다르게 스스로의 노력을 통해 무엇인가를 만들고 성취할 수 있었던 가능성을 떠올렸을 수 있다. 공동체 그리고 연대의식을 갖춘 우리는 그 때 아직까지 희미하지만 존재했다. 다수는 우리가 중산층이라는 것을 몸으로 느끼고 있었다. TV에서는 "돈에 구애받지 않고, 자신이 하고 싶은 일을 하는 것이 가치 있는 삶"이라는 인터뷰가 심심찮게 등장하기도 했다. 물질이 그 모든 것은 아닌 시절이었다.

경제 문제로 모든 가치를 평가하는 사회가 바람직한 사회는 아니다. 최근 몇 년간의 이어진 인문학에 대한 관심은 이런 문제의식을 공유하고 있기 때문일 것이다. 부자 권하는 시대와 사회에서 인문학은 다른 가치도 중요하다고 목소리를 낸다. 인간의 삶의 이유와 목적 그리고 존재이유에 대해서 묻는다. 또한 공동체에 대한 고민을 함께 하자고 말하고 있다. 이 과정에서 역설적으로 현실의 문제에 대한 해결책을 제시하기도 한다. 인문학은 현실과 관련 없는 추상의 문제 즉, 뜬구름 잡는 허황된 관념의 세계에 빠져 있다고 여기지만 사실 그렇지 않다. 이 책은 다양한 인문학적 개념을 바탕으로 역사와 정치, 언론 그리고 차별과 편견의 문제 등 우리의 현실과 관련된 사회적 문제를 함께 다뤘다. 이러한 의미들은 추상의 영역에만 갇혀있는, 삶과 아무런 관련이 없는 것들이 아니다. 인문학 그리고 사회현상은 모두 가치판단을 요구한다. 책에서 다뤘던 개념들은 모두 이 문제에 대한 다양한 사람들의 고민의 결과인 것이다. 물질로만 채워지지 않는 채울 수 없는 것에 대해서 우리는 무엇인가 답을 찾아가려 하고 있다. 이러한 질문에 대한 스스로의 해답과 판단을 고민하고 있었다면 이 책이 조금이나마 도움이 되었으면 하는 바람이다.

참고 문헌

- 강유원의 고전강의 공산당선언 / 강유원 / 뿌리와 이파리
- 게오르그 짐멜의 문화이론 / 김덕영, 배정희 옮김 / 도서출판 길
- 그들의 경제 우리들의 경제학 / 강신준 / 도서출판 길
- 그리스철학 영화로 이해하기 / 박규철 / 동과서
- 기술복제시대의 예술작품 사진의 작은 역사 외 / 발터 벤야민 / 최성만 옮김 / 도서출판 길
- 광기의 역사 / 미셸 푸코 / 김부용 옮김 / 인간사랑
- 광기의 시대, 소통의 성 - 푸코&하버마스 / 하상복 / 김영사
- 구별짓기 - 문화와 취향의 사회학 / 피에르 부르디 외 / 최종철 옮김 / 새물결
- 국가란 무엇인가 / 유시민 / 돌베개
- 국가의 역할 / 장하준 / 이종태, 황혜선 옮김/부키
- 근대적 시공간의 탄생 / 이진경 / 푸른숲
- 너와나의 사회과학 / 우석훈 / 김영사
- 대중문화의 기만 혹은 해방 - 벤야민&아도르노 / 신혜경 / 김영사
- 도덕을 위한 철학 통조림 / 김용규 / 주니어 김영사
- 롤랑 바르트, 신화론자인가 도착적 쾌락주의자인가, 월간 인물과 사상, 조흡
- 모두를 위한 사회과학 / 김형태 / 휴머니스트
- 문제해결력을 기르는 경제고전 / 다케나카 헤이조 / 김소윤 옮김 / 북하이브
- 문학과 예술의 사회사4 / 아르놀트 하우저 / 백낙청, 염무웅 옮김 / 창작과 비평사
- 문화커뮤니케이션론 / 존피스크 / 강태환, 김선남 옮김 / 한뜻
- 미디어의 이해 - 인간의 확장 / 마샬 맥루한 / 박정규 옮김 / 커뮤니케이션북스
- 밝은방, 오늘날의 신화, 사진에 관한 작은노트 / 롤랑 바르트 / 김웅권 옮김 / 동문사
- 붐앤버블 - 호황 그이후, 세계경제의 그늘과 미래 / 로버트 브레너 / 정성진 옮김 / 아침이슬
- 비전을 상실한 경제학, 로버트 하일브러너 / 윌리엄 밀버그 / 박만섭 옮김 / 필맥
- 삐딱하게 보기 / 슬라보에 지젝 / 김소연, 유지희 옮김 / 시각과 언어
- 사다리 걷어차기 / 장하준 / 형성백 / 부키
- 사도세자의 고백 / 이덕일 / 휴머니스트
- 사유속의 영화 - 영화이론선집 / 이윤영 / 문학과 지성사
- 사회이론과 방법론에 다가서기 / 노먼 블래키 / 이기홍, 최대홍 옮김 / 한울아카데미
- 사회는 무엇으로 사는가 - 뒤르켐&베버 / 김광기 / 김영사
- 세계화의 두얼굴 - 부르디외&기든스 / 하상복 / 김영사
- 세상물정의 사회학 / 노명우 / 사계절
- 시각과 현대성 / 주은우 / 한나래
- 역사의 진실을 찾아서 - 랑케&카 / 조지형 / 김영사
- 영화가 정치다 / 조흡 / 인물과 사상사
- 이데올로기 - 문화해부학 또는 하이퍼코드의 문제제기 / 김광현 / 열린책들
- 아름다운 가짜, 대중문화와 센티멘탈리즘 / 김혜련 / 책세상
- 이미지와 환상 / 다니엘부어스틴 / 정태철 옮김 / 사계절
- 일방통행로 사유이미지 / 발터벤야민 / 김영욱, 윤미애, 최성만 옮김 / 도서출판 길
- 자기반영의 영화와 문학 / 로버트 스탬 / 오세필, 구종상 옮김 / 한나래
- 정치적인 것의 귀환 / 샹탈무페 / 이보경 옮김 / 후마니타스
- 조직의 재발견 / 우석훈 / 개마고원
- 죽은 경제의 살아있는 아이디어 / 토드 부크홀츠 / 이승환 옮김 / 김영사
- 진화론도 진화한다 다윈&페일리 / 장대익 / 김영사
- 카메라폴리티카 / 라이언 캘너 / 백문임, 조만영 옮김 / 시각과 언어
- 케인즈 하이에크, 시장경제를 위한 진실게임 / 박종현 / 김영사
- 탈현대의 사회이론 / 스티븐 베스트 / 정일준 옮김 / 현대미학사
- 탐욕의 경제학 / 키에런 파커, 게리 그리핀/ 정경호 옮김 / 북플래너
- 헐리우드 장르의 구조 / 토마스 샤츠 / 한창호, 허문영 옮김 / 한나래
- 현대철학산책 / 황원권 / 백산서당
- 혼돈의 기원 - 세계경제 위기의 역사(1950~1988) / 로버트 브레너 / E이후
- 헤겔&마르크스 역사를 움직이는 힘 / 손철성 / 김영사
- 힘, 몸 그리고 성 - 미셸 푸코를 어떻게 읽을 것인가 / 조흡 / 월간 인물과 사상
- Essntials of Masscommunication / Aurthur Berger / Sagapublications
- NEW POWER - 초연결된 대중은 어떻게 사회를 지배하는가 / 제러미 하이먼즈, 헨리팀스 / 홍지수 옮김 / 비즈니스북스